维权帮 / 编

人生法律解答书

RENSHENG FALÜJIEDASHU

- 关注百姓热点问题
- 解读身边法律疑惑
- 详尽解答以案说法
- 守法用法经营人生

综合卷

中国法制出版社
CHINA LEGAL PUBLISHING HOUSE

图书在版编目 (CIP) 数据

人生法律解答书 . 综合卷 / 维权帮编 .—北京：中国法制出版社，2019.4

（法律解答书系列）

ISBN 978-7-5093-9617-9

Ⅰ . ①人…　Ⅱ . ①维…　Ⅲ . ①法律—中国—普及读物

Ⅳ . ① D920.5

中国版本图书馆 CIP 数据核字（2018）第 158273 号

策划编辑：戴　蕊（dora6322@sina.com）

责任编辑：陆紫薇（luziwei@zgfzs.com）

封面设计：周黎明

人生法律解答书 . 综合卷

RENSHENG FALÜ JIEDASHU. ZONGHE JUAN

编者 / 维权帮

经销 / 新华书店

印刷 / 三河市紫恒印装有限公司

开本 / 730 毫米 ×1030 毫米　16 开

印张 / 15.75　字数 / 241 千

版次 / 2019 年 4 月第 1 版

2019 年 4 月第 1 次印刷

中国法制出版社出版

书号 ISBN 978-7-5093-9617-9

定价：49.80 元

北京西单横二条 2 号　邮政编码 100031

传真：010-66031119

网址：http://www.zgfzs.com

编辑部电话：010-66010406

市场营销部电话：010-66033393

邮购部电话：010-66033288

（如有印装质量问题，请与本社印务部联系调换。电话：010-66032926）

前　言

从“一五”普法到“七五”普法，我国的全民普法已历经了三十几年。在普法的进程中，社会的法治声音逐渐由小变大，公民的法律意识也逐渐由弱变强，走在新世纪的征程上，社会生活的方方面面都能听到“法”的回声。毋庸置疑的是，全民法治观念进步，社会法治管理提升，普法工作卓有成效。但是，同样不可否认的是，我国尚未形成全社会人人懂法、知法、用法、守法的局面，普法工作任重而道远。

中共中央、国务院“七五”普法会议指出，全民普法要精准有效，引导人们养成遇事找法、解决问题靠法的思维习惯。这一要求深刻反映了我国的普法现状，也许我们每个人都能说出几个基本法律常识，但是，我们可能对这些基础性的法律常识仅仅是知其然而不知其所以然，甚至即使知道也不会运用。当我们在生活中遇到问题时，我们的第一反应应当是：“法”是如何规定的，用“法”如何解决。这就要求我们首先必须懂法、知法，想要做到这一点，普法教育就必须从每一个人抓起，让法律变成众人皆知的知识。

人生的道路很漫长，有无数种可能，但关键的却只有几步。在作出人生的重要选择时，我们必须做到心中有数，而这个“数”的底线就是法律。无论我们作出怎样的选择，我们都必须遵法、守法。为了帮助大家学法用法，我们特意编写了这本《人生法律解答书》。

首先，在内容的选取上，本书结合实际生活，选取了我们在社会生活中最有可能遇到的各种小问题，着重突出与家庭生活、工作相关的各种法律知识，非常适合大众阅读。贴近生活，贴近百姓，实用性极强！

其次，在法律专业性上，每一个小问题的分析都是由法律专业人士来完成的，并且，考虑到法言法语的晦涩性，我们在解答问题的时候，使用的都是通俗易懂的语言，相信大家一定能看得懂。

最后，不得不提的是，本书的一大亮点，就是在传播法律知识的同时，让大家有所“收获”与“领悟”。学法的最高境界是如何用法，但用法是在社会生活环境中去用，不是纸上谈兵，也不是机械地照搬法条，怎么去用法维权，怎么去懂法守法，怎么去依法经营我们的人生，这是一门大学问。本书在每个小问题解答的最后，都设置了一个小总结，希望和大家一道，探讨完成学法、知法、守法、用法！

由于时间关系，书中难免有不妥之处，敬请批评指正！

本书编委会

2019 年 3 月

目 录

第一章 婚姻家庭

第二章 职场闯拼

第三章 房屋汽车

第四章 看病就医

第五章 消费维权

第六章 食品安全

第七章　交通事故

第八章　游山玩水

第九章 人财保护

第十章 失踪死亡

第十一章 常见合同

第十二章　民间借贷

第十三章　违法犯罪

第一章

婚姻家庭

1. 男女双方同居时共同出资购买的房屋，在分手后应当如何分割？

案情再现

梁某与方某是大学同学，两人在大学期间相恋，大学毕业后便一起到某地工作。两人的感情一直很好，但由于刚刚毕业时都不想太早结婚，便没有办理结婚登记，直接居住在了一起。工作了三年之后，两人都有了一定的积蓄，共同出资购买了一套三居室。买了房子之后，梁某向方某提出结婚，称自己的父母也一直希望他们可以快一点儿结婚。但是，方某不想被婚姻束缚，认为他们两个人现在这样生活也很好。为此，两人发生了矛盾。因为两人在婚姻问题上一直无法达成一致意见，所以，方某提出分手。分手后，梁某非常想知道，他与方某共同购买的房屋应当要如何处理。

法律疑点

男女双方同居时共同出资购买的房屋，在分手后应当如何分割？

法律分析

男女双方在同居时共同出资购买的房屋，应当按照按份共有处理。

对于男女双方同居期间的财产分割，我国《最高人民法院关于适用〈中华人民共和国婚姻法〉若干问题的解释（二）》中只规定，当事人因同居期间财产分割或者子女抚养纠纷提起诉讼的，人民法院应当受理。也就是说，如果对同居期间的财产分割问题协商不成的，当事人可以通过诉讼途径解决，但并没有具体说明分割的方式。对此，《最高人民法院关于人民法院审理未办结婚登记而以夫妻名义同居生活案件的若干意见》第十条明确规定，解除非法同居关系时，同居生活期间双方共同所得的收入和购置的财产，按一般共有财产处理。此外，我国《物权法》第一百零三条规定，共有人对共有的不动产或者动产没有约定为按份共有或者共同共有，约定不明确的，除共有人具有家庭关系等外，视为按份共有。据此可知，非婚同居期间男女双方共同出资购买的房屋，应当按照共有财产进行处理，即按照当时双方出资的份额对房屋进行分割。

法律规定非婚同居者共同购置的房屋按照一般共有财产处理，是因为非婚同居者并未办理结婚手续，两人虽然共同生活，但并不是合法夫妻。因此，非婚同居者共同购置的财产不能按照夫妻共同财产的性质认定为当事人双方共同共有。法律这样规定，可以让人们清楚非婚同居中的法律保护与法定婚姻受到的法律保护是有区别的，进而引导当事人办理结婚登记，以确立双方合法的夫妻身份。此外，这也有利于保护双方当事人的财产权益，符合公平原则。

在上面的案例中，梁某与方某两人一直在一起同居生活，并未办理结婚登记，因此，根据法律相关规定，梁某与方某共同出资购买的房屋在他们分手后，应当按照一般共有财产处理。由于两人并未约定共有财产的性质，所以，应当确定为按份共有。在分割财产时，双方可以按照购买房屋时的出资比例确定份额。

条文链接

《最高人民法院关于适用〈中华人民共和国婚姻法〉若干问题的解释（二）》

第一条 当事人起诉请求解除同居关系的，人民法院不予受理……

当事人因同居期间财产分割或者子女抚养纠纷提起诉讼的，人民法院应当受理。

《中华人民共和国物权法》

第一百零三条 共有人对共有的不动产或者动产没有约定为按份共有或者共同共有，或者约定不明确的，除共有人具有家庭关系等外，视为按份共有。

《最高人民法院关于人民法院审理未办结婚登记而以夫妻名义同居生活案件的若干意见》

第十条 解除非法同居关系时，同居生活期间双方共同所得的收入和购置的财产，按一般共有财产处理。同居生活前，一方自愿赠送给对方的财物可比照赠与关系处理；一方向另一方索取的财物，可参照最高人民法院〔1984〕法办字第112号《关于贯彻执行民事政策法律若干问题的意见》第（18）条规定的精神处理。

法律人生

随着社会的不断发展，现在越来越多的人选择非婚同居。但是，非婚同居者在分手后，其共同生活期间共有的财产是不能按照夫妻共同财产来处理的。因此，非婚同居无法与法定婚姻中的夫妻一样受到相同的法律保护。所以，在实际生活中，我们还是应该选择去办理结婚登记，成为合法夫妻，这样各方面的权益才能得到保障。

2. 女方在恋爱期间人工流产的，在分手后其是否可以向男方主张精神损害赔偿？

案情再现

小芳与小涛在大学时经人介绍相识，后来，两人确定恋人关系。虽然在大学时两人是异地恋，但是感情却非常好。大学毕业之后，两人都在某地找到了工作，便生活在一起。此时，小芳提出结婚，可是，小涛却以各种理由推托。后来，小芳怀孕，小涛却说他们现在的状况不适合抚养孩子，无奈之下，小芳做了人工流产。不久后，小芳无意中发现小涛一直与自己公司的一个女同事走得很近。但是，小芳认为两人走在一起不容易，一直假装不知道此事。直到一天，小涛和小芳提出分手，小涛认为他们两个人现在越来越没有共同语言，已经不适合生活在一起。对此，小芳非常伤心。

小芳认为自己可以答应分手，但是，她曾经因为小涛做过人工流产，要求小涛支付自己精神损害赔偿20万元。

法律疑点

小芳是否可以向小涛主张精神损害赔偿?

法律分析

女方在恋爱期间人工流产的，在分手后不可以向男方主张精神损害赔偿。

我国《民法总则》第一百一十条第一款规定，自然人享有生命权、身体权、健康权、姓名权、肖像权、名誉权、荣誉权、隐私权、婚姻自主权等权利。同时，《最高人民法院关于确定民事侵权精神损害赔偿责任若干问题的解释》第一条规定，自然人因生命权、健康权、身体权等人格权利遭受非法侵害，向人民法院起诉请求赔偿精神损害的，人民法院应当依法予以受理。并且，我国《侵权责任法》第六条也明确规定，行为人在主观上存在过错时，才能要求其承担侵权责任。由此可知，侵权行为中的侵权者可以承担精神损害赔偿，而侵权人存在故意或过失的主观过错是其必备的要件。但是，对恋爱或同居中的男女而言，发生性行为系双方自愿，即便造成了损害后果，由于男方并不具备侵权的主观要件，因此，女方不能要求男方承担精神损害赔偿责任。

法律之所以作出上述规定，体现了过错责任原则，即一般情况下，只有当事人存在过错时，受害人才能要求其承担精神损害赔偿责任。而对于双方自愿的行为，如果法律仍然要求其承担法律责任，这对于其中一方当事人而言是不公平的，也会导致法律的过于严格，不利于法律的执行，更可能会导致整个社会秩序的不稳定。

在上面的案例中，小芳与小涛在恋爱期间怀孕并进行人工流产，这并非因小涛的主观过错所导致的，虽然人工流产对小芳的身体健康造成了伤害，但这也并不是其遭受非法侵害所导致的。所以，小芳并不具备提起精神损害赔偿的请求权基础。因此，小芳不能要求小涛承担其精神损害赔偿责任，即便向法院起诉，其诉讼请求也不会得到法院的支持。

条文链接

《中华人民共和国民法总则》

第一百一十条第一款　自然人享有生命权、身体权、健康权、姓名权、肖像权、名誉权、荣誉权、隐私权、婚姻自主权等权利。

《中华人民共和国侵权责任法》

第六条　行为人因过错侵害他人民事权益，应当承担侵权责任。

根据法律规定推定行为人有过错，行为人不能证明自己没有过错的，应当承担侵权责任。

《最高人民法院关于确定民事侵权精神损害赔偿责任若干问题的解释》

第一条　自然人因下列人格权利遭受非法侵害，向人民法院起诉请求赔偿精神损害的，人民法院应当依法予以受理：

（一）生命权、健康权、身体权；

（二）姓名权、肖像权、名誉权、荣誉权；

（三）人格尊严权、人身自由权。

违反社会公共利益、社会公德侵害他人隐私或者其他人格利益，受害人以侵权为由向人民法院起诉请求赔偿精神损害的，人民法院应当依法予以受理。

法律人生

在现代社会，随着人们思想观念的解放，女方在恋爱期间怀孕的现象非常常见。但是，需要我们注意的是，即便女方进行人工流产，在分手后也无法得到任何损害赔偿。因此，女性应当懂得保护自己，明确自己的哪些权益受到侵害时可以得到法律的保护。

3. 男女双方在分手后，其同居期间所生的子女应当由哪一方抚养？

案情再现

高某是某村村民，因高考时没有考上大学，便一个人到城里打工。高某在打工期间，认识了同在当地打工的杜某。两人相识不久后便同居，后来，高某怀孕生下一个女儿。然而，在生下女儿之后，由于生活压力越来越大，所有的经济负担都落到了杜某一个人身上。因此，高某与杜某经常为此而吵架。一天，两人在吵架时，高某提出她受够了这种生活，没有办法再和杜某继续生活下去，向杜某提出分手，并称在分手后女儿由杜某抚养。但是，杜某认为，女儿应当跟随高某生活，自己与高某并没有结婚，没有抚养孩子的义务。为此，两人因为孩子的抚养问题发生纠纷。杜某声称，如果高某执意要求自己抚养孩子，那么他就要起诉到法院，让法院依法判决。

法律疑点

男女双方在分手后，其同居期间所生的子女应当由哪一方抚养？

法律分析

男女双方在分手后，其同居期间所生的子女由何方抚养，应根据具体情况确定。

关于男女双方同居期间所生子女的抚养权问题，《最高人民法院关于人民法院审理未办结婚登记而以夫妻名义同居生活案件的若干意见》第九条和《婚姻法》第二十五条规定，非婚生子女享有与婚生子女相同的法律地位。对于男女双方同居期间所生子女，在双方分手时，子女的抚养权应当先由双方协商，如果协商不成，哺乳期内的子女原则上由母方抚养。如果子女是限制民事行为能力人，法院在判决时，还应当征求子女的意见。

法律对于男女双方非婚同居期间子女的抚养问题作出了明确规定，是因为子女的合法权益应当受到保护，双方当事人在解除同居关系时，也必须要顾及子女的利益，应当从有利于子女的角度出发，为子女确定监护人。这样规定，能够保障未成年子女的合法权益，为未成年子女提供一个良好的生活环境，有利于保障其健康成长。

在上面的案例中，杜某与高某在同居期间生下孩子，两人在分手时，女儿还在哺乳期，杜某不愿意抚养孩子，因此，根据法律规定，杜某与高某的孩子应当由高某抚养。但是，非婚生子女与婚生子女享有同等的权利，所以，即便杜某不直接抚养女儿，他也必须负担女儿的生活费和教育费，直至女儿成年。

条文链接

《中华人民共和国婚姻法》

第二十五条　非婚生子女享有与婚生子女同等的权利，任何人不得加以危害和歧视。

不直接抚养非婚生子女的生父或生母，应当负担子女的生活费和教育费，直至子女能独立生活为止。

《最高人民法院关于人民法院审理未办结婚登记而以夫妻名义同居生活案件的若干意见》

第九条　解除非法同居关系时，双方所生的非婚生子女，由哪一方抚养，双方协商；协商不成时，应根据子女的利益和双方的具体情况判决。哺乳期内的子女，原则上应由母方抚养，如父方条件好，母方同意，也可由父方抚养。子女为限制民事行为能力人的，应征求子女本人的意见。一方将未成年的子女送他人收养，须征得另一方的同意。

法律人生

在现实生活中，非婚同居者之间经常因子女的抚养问题发生纠纷。但是，子女是无辜的。非婚同居者即使要解除同居关系，在有子女的情况下，双方也应当首先就子女问题进行协商，协商不成时，可以到法院起诉，请求法院依法判决。然而，不管采取哪种方式，我们都要从子女的利益出发，将对子女的伤害降到最低，为他们提供一个良好的生活环境。

4. 没有到法定婚龄而结婚的，可以申请婚姻无效的人有哪些？

案情再现

何某的女儿小丽刚刚上大学，何某一直视其为掌上明珠。小丽放暑假回家时，告诉何某她和男朋友已经结婚了。何某听到后觉得非常奇怪，因为女儿今年才 19 周岁，还未达到法定婚龄。何某的女儿称自己在学校外面办理了一个假的身份证和户口本，并且把自己的结婚证拿给何某看。何某看到后非常生气，认为女儿才刚刚上大学就结婚太草率，而且女儿的男朋友比她大了近 10 岁。因此，何某表示不同意女儿的婚事。但是，何某想到女儿已经领取了结婚证，生米煮成了熟饭自己也无可奈何。后来，何某想到他曾经在电视上看到过一个法制节目，节目中说没有到结婚年龄而缔结的婚姻是没有法律效力的，这种婚姻可以向法院申请无效。于是，何某想向法院申请女儿的婚姻无效。可是，何某想到自己不是当事人本人，不知道是否可以申请女儿的婚姻无效。

法律疑点

没有到法定婚龄而结婚的，可以申请婚姻无效的人有哪些？

法律分析

因未到法定婚龄而结婚的，可以申请宣告婚姻无效的主体包括婚姻当事人及利害关系人。

我国《婚姻法》第六条规定，男女双方结婚的，男不得早于22周岁，女不得早于20周岁。同时，该法第十条还规定，未到法定婚龄而结婚的，婚姻无效。对于无效婚姻，当事人和利害关系人可以向法院申请婚姻无效。对于可以申请婚姻无效的利害关系人，根据《最高人民法院关于适用〈中华人民共和国婚姻法〉若干问题的解释（一）》第七条第（二）项的规定，以未到法定婚龄为由申请宣告婚姻无效的利害关系人，为未达法定婚龄者的近亲属。据此可知，因未到法定婚龄而结婚的，可以申请婚姻无效的主体包括婚姻当事人本人以及未达法定婚龄的当事人近亲属。这里的近亲属包括配偶、父母、子女、兄弟姐妹、祖父母、外祖父母、孙子女、外孙子女等。

法律之所以规定未达法定婚龄的婚姻可以由未达法定婚龄者的近亲属来申请婚姻无效，是因为未达法定婚龄者可能生理和心理等各方面的条件还没有发育成熟，甚至可能是未成年人，此时，其对结婚可能无法作出理性判断。法律这样规定，是为了保护婚姻当事人中未到法定婚龄者的合法权益，同时也是倡导公民结婚要遵守法律规定，在没有达到法定婚龄之前的婚姻是违法的。

在上面的案例中，小丽虽然是婚姻当事人，但是她还未满20周岁，并不符合结婚的法定年龄。所以，其婚姻是无效的。根据法律的相关规定，小丽及其父亲何某都可以向法院申请小丽的婚姻是无效的。

条文链接

《中华人民共和国婚姻法》

第六条 结婚年龄，男不得早于二十二周岁，女不得早于二十周岁。晚婚晚育应予鼓励。

第十条 有下列情形之一的，婚姻无效：

（一）重婚的；

（二）有禁止结婚的亲属关系的；

（三）婚前患有医学上认为不应当结婚的疾病，婚后尚未治愈的；

（四）未到法定婚龄的。

《最高人民法院关于适用〈中华人民共和国婚姻法〉若干问题的解释（一）》

第七条 有权依据婚姻法第十条规定向人民法院就已办理结婚登记的婚姻

申请宣告婚姻无效的主体，包括婚姻当事人及利害关系人。利害关系人包括：

（一）以重婚为由申请宣告婚姻无效的，为当事人的近亲属及基层组织。

（二）以未到法定婚龄为由申请宣告婚姻无效的，为未达法定婚龄者的近亲属。

（三）以有禁止结婚的亲属关系为由申请宣告婚姻无效的，为当事人的近亲属。

（四）以婚前患有医学上认为不应当结婚的疾病，婚后尚未治愈为由申请宣告婚姻无效的，为与患病者共同生活的近亲属。

法律人生

婚姻不仅关系到个人，是个人的人生大事，更关系到民族的健康和社会的发展，是整个社会和国家的事情。既然法律规定了结婚的法定年龄，那么，我们就应当遵守法律的规定，在达到法定年龄之后再结婚。否则我们的婚姻得不到法律的保护。

5. 举办结婚仪式是否算是结婚?

案情再现

小江是某村的村民，他初中毕业后就一直在外地打工。一天，小江接到母亲的电话，让他回老家参加哥哥的婚礼。婚礼过后，小江询问哥哥什么时候领取的结婚证。但是，小江的哥哥认为，他们已经举办了婚礼，就算是结婚了，应该就不需要再领取结婚证了。小江听到后告诉哥哥，只举办结婚仪式是不行的，结婚仪式并不会得到法律的承认，只有领取了结婚证才能算是合法夫妻。而小江的哥哥却说小江的说法是错误的，既然办了酒席，那么就表示已经结婚了，也是受到法律保护的，还说那些只领结婚证而没有办婚礼的人才不是真正的结婚，得不到大家的认可。小江听到哥哥的话之后，再三劝说，但是，哥哥还是坚持自己的想法。

法律疑点

只举办结婚仪式算是结婚吗？

法律分析

在我国，只举办结婚仪式并不能算作法律上的结婚，这种婚姻是不能得到法律认可的。

关于结婚的形式要件，我国《婚姻法》第八条要求结婚的男女双方必须亲自到婚姻登记机关进行结婚登记。符合本法规定的，予以登记，发给结婚证。取得结婚证，即确立夫妻关系。未办理结婚登记的，应当补办登记。据此可知，在我国，结婚必须要到婚姻登记机关进行登记，凡是没有进行结婚登记，即使举行了一定的结婚仪式，婚姻也不能有效成立。换言之，结婚登记是合法婚姻成立的唯一形式。

通过国家机关对婚姻当事人双方是否符合结婚条件的审查，继而领取结婚证，确立合法婚姻关系，这有利于规范公民的结婚行为，可以在一定程度上减少违法婚姻的数量，使婚姻当事人双方得到法律的保护，减少重婚的现象。

在上面的案例中，小江的说法是正确的，小江的哥哥只举办了婚礼，未领取结婚证，其婚姻并不能得到法律的承认和保护，只有在办理结婚登记之后，婚姻当事人才能成为合法夫妻。因此，小江的哥哥应当到婚姻登记机关办理结婚登记，领取结婚证。否则，即使他的婚姻得到公众的认可，但却得不到法律的认可和保护。

条文链接

《中华人民共和国婚姻法》

第八条 要求结婚的男女双方必须亲自到婚姻登记机关进行结婚登记。符合本法规定的，予以登记，发给结婚证。取得结婚证，即确立夫妻关系。未办理结婚登记的，应当补办登记。

法律人生

在我们的现实生活中，很多人认为只有举办了结婚仪式才能成为真正的夫妻，这种认识是错误的。在我国，婚姻成立的唯一形式就是结婚登记，除此之外，任何结婚形式都得不到法律的认可。因此，结婚不能仅是举办婚礼，宴请宾客，最重要的是要到登记机关办理结婚登记，领取结婚证，这样的婚姻才是合法的。否则，没有办理结婚证而只是举办结婚仪式的婚姻是得不到法律保护的。

6. 在配偶长期失踪的情况下，另一方想再婚的应该怎么办？

案情再现

肖某是某公司的员工，其丈夫在十年前到国外出差，至今下落不明。自从丈夫失踪之后，肖某含辛茹苦地独自将两个女儿抚养成人。现在两个女儿都已经结婚，有了自己的家庭，生活也非常幸福。肖某的好朋友范某多年来一直在照顾她和两个孩子，最近，范某向肖某求婚，希望肖某能够嫁给他。但是，肖某想到虽然丈夫已经失踪多年，杳无音信。可她和丈夫一直都是合法夫妻关系，在这种情况下，肖某觉得自己无法和范某结婚。肖某认为，如果自己和范某结婚，那么她就是重婚，这样对范某来说也是不公平的。后来，肖某的一个同事告诉她，像她这种情况应该是可以再婚的，只不过可能需要办理一些手续。

法律疑点

在配偶长期失踪的情况下，另一方想再婚的应该怎么办？

法律分析

在配偶长期失踪的情形下，另一方想再婚的，可以通过申请配偶失踪或者死亡解除婚姻关系。

根据我国法律规定，配偶一方长期

失踪的，如果另一方想要再婚，可以通过以下两种途径：（1）宣告配偶为失踪人。根据《民法总则》第四十条规定，自然人下落不明满两年的，利害关系人可以向人民法院申请宣告该自然人为失踪人。同时，根据《婚姻法》第三十二条第四款的规定，一方被宣告失踪，另一方提出离婚诉讼的，人民法院应准予离婚。因此，在宣告配偶一方为失踪人之后，另一方可以向法院起诉离婚，进而解除与配偶的婚姻关系。（2）宣告配偶死亡。根据《民法总则》第四十六条的规定，自然人下落不明满四年的，利害关系人可以向人民法院申请宣告该自然人死亡。同时，该法第五十一条规定，被宣告死亡的人的婚姻关系，自死亡宣告之日起消灭。死亡宣告被撤销的，婚姻关系自撤销死亡宣告之日起自行恢复，但是其配偶再婚或者向婚姻登记机关书面声明不愿意恢复的除外。由此可知，在宣告下落不明的配偶死亡后，另一方与配偶的婚姻关系也自宣告死亡之日起消灭。

法律明确规定了在配偶一方被宣告失踪时，另一方可以起诉离婚，以及配偶一方被宣告死亡的，其婚姻关系自然消灭。这样规定有利于保护下落不明一方配偶的合法权益，从而使另一方可以通过法律途径解除与其的婚姻关系，并获得再婚的权利。否则，如果配偶一方长期下落不明，那么，另一方则可能永远无法再婚，使很多社会关系永远处于无法确定的状态，此时，对于另一方而言，损害了其婚姻自主权，这是不公平的。

在上面的案例中，肖某同事的说法是正确的。虽然肖某一直未与其下落不明的丈夫解除婚姻关系，但是，如果她想要与范某结婚，那么可以向法院申请宣告其丈夫为失踪人或者死亡。在法院判决宣告其丈夫为失踪人之后，肖某可以起诉离婚。如果其想宣告丈夫死亡，那么，自法院判决宣告之日起，肖某与丈夫的婚姻关系自动消灭，也就可以再婚了。

条文链接

《中华人民共和国民法总则》

第四十条　自然人下落不明满二年的，利害关系人可以向人民法院申请宣告该自然人为失踪人。

第四十六条　自然人有下列情形之一的，利害关系人可以向人民法院申请宣告该自然人死亡：

（一）下落不明满四年；

（二）因意外事件，下落不明满二年。

因意外事件下落不明，经有关机关证明该自然人不可能生存的，申请宣告死亡不受二年时间的限制。

第五十一条　被宣告死亡的人的婚姻关系，自死亡宣告之日起消灭。死亡宣告被撤销的，婚姻关系自撤销死亡宣告之日起自行恢复，但是其配偶再婚或者向婚姻登记机关书面声明不愿意恢复的除外。

《中华人民共和国婚姻法》

第三十二条第四款　一方被宣告失

踪，另一方提出离婚诉讼的，应准予离婚。

法律人生

在现实生活中，下落不明的自然人可能导致很多社会关系无法确定，尤其是对于下落不明的自然人的配偶，其也可能因为下落不明的自然人无法获得再婚的权利。因此，在配偶一方下落不明时，另一方如果要再婚，只能通过宣告配偶失踪或者是死亡的方式来获得这种权利。

7. 无效或被撤销的婚姻当事人所生的子女应当由谁抚养？

案情再现

小晨在大学期间学习的是珠宝设计专业，毕业后在某珠宝公司找到了一份工作。小晨参加工作之后，由于长得非常漂亮，该公司销售部的经理项某便不断追求小晨。后来，小晨与项某成为恋人。可是，在接触了一段时间之后，小晨发现项某的性格非常奇怪，便提出分手。然而，项某执意不愿分手，并且胁迫小晨马上和他去办理结婚登记手续，否则小晨不但以后无法在设计行业立足，他也会让小晨的父母"不得安生"。小晨在无奈之下不得不与项某进行了结婚登记。在结婚之后，小晨生下了一个女儿。项某虽然对小晨非常好，但是很少让她出门，也让小晨辞去了工作。一次，小晨的朋友到家里看望她，才得知原来小晨是被迫结婚的。小晨的朋友听说此事后非常生气，称他们的婚姻应该属于可撤销婚姻，她可以向法院申请撤销。但是，小晨想到自己还有一个不到一个月的女儿，如果他们的婚姻被撤销，不知道女儿会由谁抚养。

法律疑点

无效或被撤销的婚姻当事人所生的子女应当由谁抚养？

法律分析

无效或被撤销的婚姻当事人所生的子女的抚养权问题适用关于离婚时父母子女的相关规定。

我国《婚姻法》第十二条规定，无效或被撤销的婚姻，自始无效。当事人不具有夫妻的权利和义务。当事人所生的子女，适用本法有关父母子女的规定。该法第三十六条第三款规定，离婚后，哺乳期内的子女，以随哺乳的母亲抚养为原则。哺乳期后的子女，如双方因抚养问题发生争执不能达成协议时，由人民法院根据子女的权益和双方的具体情况判决。由此可知，无效或可撤销婚姻当事人所生子女，在其婚姻被撤销或者宣告无效时，如果子女在哺乳期内原则上由母亲抚养。哺乳期后的子女，如果双方因抚养问题发生争议，则由人民法院根据具体情况判决。

法律明确规定无效婚姻或可撤销婚姻当事人所生子女，适用关于父母子女的规定。这样的规定有利于保护无效婚姻或可撤销婚姻当事人所生子女的合法权益，体现了无效婚姻关系所生子女与婚生子女享有平等的法律地位，父母对于非婚生子女也要履行抚养义务，避免了父母因婚姻被撤销或宣告无效而不履行自己的抚养义务。

在上面的案例中，小晨因受胁迫与项某结婚，根据《婚姻法》第十一条的规定，小晨与项某之间的婚姻关系属于可撤销婚姻，小晨可以向婚姻登记机关或人民法院请求撤销婚姻。但是，她应当在结婚登记之日起一年内提出。在其提出撤销申请后，虽然他们之间的婚姻无效，但是，她与项某的女儿仍然要适用父母子女关系的规定。根据相关法律规定，由于他们的女儿还在哺乳期，因此，应当由小晨抚养。但是，项某应当支付一定的抚养费，仍然要履行自己的抚养义务。

条文链接

《中华人民共和国婚姻法》

第十一条　因胁迫结婚的，受胁迫的一方可以向婚姻登记机关或人民法院请求撤销该婚姻。受胁迫的一方撤销婚姻的请求，应当自结婚登记之日起一年内提出。被非法限制人身自由的当事人请求撤销婚姻的，应当自恢复人身自由之日起一年内提出。

第十二条　无效或被撤销的婚姻，自始无效。当事人不具有夫妻的权利和义务。同居期间所得的财产，由当事人协议处理；协议不成时，由人民法院根据照顾无过错方的原则判决。对重婚导致的婚姻无效的财产处理，不得侵害合法婚姻当事人的财产权益。当事人所生的子女，适用本法有关父母子女的规定。

第三十六条第三款　离婚后，哺乳期内的子女，以随哺乳的母亲抚养为原则。哺乳期后的子女，如双方因抚养问题发生争执不能达成协议时，由人民法院根据子女的权益和双方的具体情况判决。

法律人生

在现实生活中，有些当事人之间的婚姻可能是违法的，其中一方当事人有可能顾及孩子而没有向法院申请婚姻无效或者是撤销。然而，需要我们注意的是，即便当事人之间的婚姻无效，但并不影响当事人与子女之间的权利义务关系，无论是哪一方当事人都应当履行自己对子女的抚养义务。

8. 应当如何认定“有配偶者与他人同居”？

案情再现

何女士是某房地产公司的部门经理，不仅事业成功，家庭也非常幸福，与丈夫吴某的感情一直很好。然而，一天何女士在外出见客户时，发现丈夫在和一名年轻女子逛街，两人举止非常亲密。事后何女士才得知，该女子是丈夫公司的同事，吴某已经和她在一起将近一年了，吴某偶尔还会到该女子家里居住。何女士这才明白为何最近一年丈夫时不时以加班为借口不回家居住。于是，何女士向丈夫提出离婚。吴某不同意，他认为自己与公司的同事并没有真正的感情，只是逢场作戏，让何女士不要误会。然而，何女士无法忍受自己的丈夫出轨。何女士听朋友说，她丈夫的行为属于有配偶者与他人同居，这本来就是离婚的法定理由。

法律疑点

有配偶者与他人同居应当如何进行认定？

法律分析

所谓有配偶者与他人同居，必须是有配偶者与婚外异性，不以夫妻名义，持续、稳定地共同居住。

我国《婚姻法》第三条第二款明确规定，禁止有配偶者与他人同居。另外，《最高人民法院关于适用〈中华人民共和国婚姻法〉若干问题的解释（一）》第二条明确规定，《婚姻法》第三条、第三十二条、第四十六条规定的“有配偶者与他人同居”的情形，是指有配偶者与婚外异性，不以夫妻名义，持续、稳定地共同居住。据此可知，有配偶者与他人同居的认定标准是：（1）在主体上，必须是至少有一方是有配偶的人；（2）同居的对象必须是异性，而不能是同性；（3）同居者之间不能以夫妻名义同居；（4）同居双方必须是持续、稳定地共同生活，即共同生活要有持续性和稳定性。

法律对有配偶者与他人同居的认定标准作出了明确的规定，即要求时间上的持续、状态上的稳定。这样的规定，有利于在实践中判断同居者是否属于有配偶者与他人同居，从而判断是否符合法定的离婚理由，并且让违反此项规定的人承担相应的法律责任。

在上面的案例中，何女士的丈夫吴某与其同事之间并不属于有配偶者与他人同居的情况。因为吴某只是偶尔到该女子家里居住，并不具有时间上的持续性和状态上的稳定性。因此，根据上述法律规定，吴某虽然出轨，但是，他的行为并不构成有配偶者与他人同居。

条文链接

《中华人民共和国婚姻法》

第三条第二款 禁止重婚。禁止有配偶者与他人同居。禁止家庭暴力。禁止家庭成员间的虐待和遗弃。

《最高人民法院关于适用〈中华人民共和国婚姻法〉若干问题的解释（一）》

第二条 婚姻法第三条、第三十二条、第四十六条规定的“有配偶者与他人同居”的情形，是指有配偶者与婚外异性，不以夫妻名义，持续、稳定地共同居住。

法律人生

随着社会的不断发展，越来越多的家庭因夫妻一方的出轨而选择离婚。需要我们注意的是，配偶一方出轨并不一定属于有配偶者与他人同居。此种行为有一定的标准，只有其符合法律规定的标准时才能被认定。

9. 结婚后父母赠与的房屋属于夫妻共同财产吗？

案情再现

王某夫妇都是某医院的医生，家里的经济条件非常好，两人只有一个女儿小云。去年，小云和大学时的男朋友结婚。但是，由于男方家里经济条件比较困难，两人在结婚之后一直都是租房住。王某夫妇心疼女儿，于是，两人便决定为女儿购买一套房子。但是，在购买完房子准备送给女儿时，王某突然想到，如果他们将房子送给女儿，一旦以后离婚，很可能女婿也要分得房屋的一半，这样女儿就吃亏了。为此，王某便将自己的担心告诉了妻子。王某的妻子却说，既然是他们赠送给女儿的房屋，即便是结婚后赠与的，女儿也应当是房子的所有权人，女婿对房屋没有所有权。王某认为，为了避免以后真的为房屋问题发生纠纷，他们应当找律所咨询一下再作决定。

法律疑点

结婚后父母赠与的房屋属于夫妻共同财产吗？

法律分析

结婚后父母赠与的房屋原则上属于夫妻共同财产，除非产权登记在一方名下，或者父母明确表示赠与一方。

我国《最高人民法院关于适用〈中华人民共和国婚姻法〉若干问题的解释（二）》第二十二条第二款规定："当事人结婚后，父母为双方购置房屋出资的，该出资应当认定为对夫妻双方的赠与，但父母明确表示赠与一方的除外。"另外，《最高人民法院关于适用〈中华人民共和国婚姻法〉若干问题的解释（三）》第七条第一款也规定："婚后由一方父母出资为子女购买的不动产，产权登记在出资人子女名下的，可按照《婚姻法》第十八条第（三）项的规定，视为只对自己子女一方的赠与，该不动产应认定为夫妻一方的个人财产。"据此可知，在结婚后，父母为子女所购买的房屋，如果产权登记在子女名下的或者是其明确表示只赠与子女一方的，则视为子女的个人财产，否则，将认定为夫妻共同财产。

法律明确规定了在双方当事人结婚后，父母一方赠与的房产的所有权归属问题。法律这样规定，有利于夫妻双方在因父母赠与财产问题发生纠纷时有法可依，也为夫妻双方共同财产的认定提供了依据，便于以后夫妻财产的分割。此外，这也有利于引导公民明确在赠与子女财产时应当注意的问题。

在上面的案例中，王某夫妇的说法是不正确的。他们所赠与女儿的房产的所有权的归属应当如何认定，还要取决于他们自己。王某夫妇如果想要让赠与的房产归女儿一人所有，那么，他们可以在赠与时说明是赠与女儿一方的财产，并且在房产证上只写女儿一个人的名字。否则，他们在女儿婚后赠与的财产就应当属于夫妻共同财产。

条文链接

《最高人民法院关于适用〈中华人民共和国婚姻法〉若干问题的解释（二）》

第二十二条 当事人结婚前，父母为双方购置房屋出资的，该出资应当认定为对自己子女的个人赠与，但父母明确表示赠与双方的除外。

当事人结婚后，父母为双方购置房屋出资的，该出资应当认定为对夫妻双方的赠与，但父母明确表示赠与一方的除外。

《最高人民法院关于适用《中华人民共和国婚姻法》若干问题的解释（三）》

第七条第一款 婚后由一方父母出资为子女购买的不动产，产权登记在出资人子女名下的，可按照婚姻法第十八条第（三）项的规定，视为只对自己子女一方的赠与，该不动产应认定为夫妻一方的个人财产。

法律人生

在现代社会中，父母为子女购买房产是非常普遍的现象。一般情况下，父母都希望自己为子女购买的房产只属于子女一个人所有，以避免以后离婚时其子女配偶分走房产的一部分。因此，需要我们注意的是，我们在子女婚后赠与其房产时，应当在房产证上只写子女一个人的名字，这样就能够确定房产的所有权人，也可以避免以后为此发生纠纷。

10. 嫁妆是否属于夫妻共同财产？

案情再现

小梦家里的经济条件非常好，父亲自己有一家运输公司，小梦在高中毕业之后便一直在家里帮助父亲打理公司。后来，小梦到了谈婚论嫁的年龄，经人介绍认识了张某，两人在接触了一年之后准备结婚。在筹备小梦的婚礼时，小梦的父亲认为女儿一直帮自己管理公司非常辛苦，因此，小梦的父母准备给小梦一辆奥迪轿车和30万元现金作为嫁妆。此时，小梦正在上大学的妹妹称父母给姐姐的嫁妆她同意，但是，姐姐的嫁妆未必是属于自己的个人财产，因为她曾经听自己一个学法律的同学说，嫁妆属于夫妻共同财产，一旦以后离婚，对方就有一半的所有权。在听到妹妹的说法之后，小梦和父母也都非常担心。

法律疑点

嫁妆是否属于夫妻共同财产？

法律分析

父母在女儿结婚前送给女儿的嫁妆不应当属于夫妻共同财产。

根据我国《婚姻法》第十七条第一款第（四）项的规定，夫妻在婚姻关系存续期间继承或赠与所得的财产，除了本法第十八条第（三）项规定的之外，应当被认定为夫妻共同财产。而该法第十八条第（三）项规定，遗嘱或赠与合同中确定只归夫或妻一方的财产，应被认定为夫或妻一方的个人财产。此外，《最高人民法院关于适用〈中华人民共和国婚姻法〉若干问题的解释（一）》第十九条也规定，《婚姻法》第十八条规定为夫妻一方所有的财产，不因婚姻关系的延续而转化为夫妻共同财产。据此可知，一般情况下，夫妻在婚姻关系存续期间赠与所得的财产应该属于夫妻共同财产。但是，如果是父母在婚前陪送给女儿的嫁妆则应当属于其婚前财产，应当被认定为个人财产；如果是在结婚之后陪送的，除非明确只赠与子女的财产，否则应当被认定为夫妻共同财产。

法律对夫妻赠与所得的财产的归属作出了明确的规定，这样规定一方面有利于明确夫妻共同财产与个人财产的范围，避免在以后夫妻双方因各自所得的赠与财产的归属问题而发生纠纷。另一方面有利于督促赠与人在赠与当事人时及早明确是赠与双方的财产，还是赠与一方的财产。

在上面的案例中，小梦的父母陪送给小梦的嫁妆，如果是小梦还没有办理结婚登记之前赠送的，则应当属于小梦的个人财产。但是，如果是在小梦已经办理结婚登记之后赠送的，只要小梦的父母在赠送时没有说明是给小梦自己的，那么，就应当被认定为夫妻共同财产。因此，小梦妹妹的说法是错误的。

条文链接

《中华人民共和国婚姻法》

第十七条　夫妻在婚姻关系存续期间所得的下列财产，归夫妻共同所有：

（一）工资、奖金；

（二）生产、经营的收益；

（三）知识产权的收益；

（四）继承或赠与所得的财产，但本法第十八条第三项规定的除外；

（五）其他应当归共同所有的财产。

夫妻对共同所有的财产，有平等的处理权。

第十八条　有下列情形之一的，为夫妻一方的财产：

（一）一方的婚前财产；

（二）一方因身体受到伤害获得的医疗费、残疾人生活补助费等费用；

（三）遗嘱或赠与合同中确定只归夫或妻一方的财产；

（四）一方专用的生活用品；

（五）其他应当归一方的财产。

《最高人民法院关于适用〈中华人民共和国婚姻法〉若干问题的解释（一）》

第十九条　婚姻法第十八条规定为夫妻一方所有的财产，不因婚姻关系的延续而转化为夫妻共同财产。但当事人另有约定的除外。

法律人生

一般情况下，在子女结婚，尤其是在女儿结婚时，父母都要给女儿陪送结婚用品。但是，一般父母都是在女儿举办婚礼之前给女儿嫁妆。在此需要我们注意的是，如果父母只想将嫁妆赠与女儿一个人，那么其应当在女儿办理结婚登记之前陪送。否则，其应当说明是只赠送给女儿自己的财产。

11. 女方在婚姻关系存续期间个人专用的奢侈品包是否属于其个人财产？

案情再现

方某是某服装公司的设计部总监，平时经常到国外出差，由于她非常喜欢购买各种各样的奢侈品包，因此，方某家里有很多自己专用的奢侈品包，有的甚至是全球限量版。原本方某有富裕的生活，幸福的家庭。可是有一天，方某无意间发现丈夫有了外遇，遂提出离婚。方某的丈夫同意双方协议离婚，但是，在分割财产时，方某的丈夫认为方某平时所购买的奢侈品包加起来价值上百万元，应当属于夫妻共同财产，自己有一半的所有权。而方某认为这些包都是自己平时个人专用的生活用品，而且她已经咨询过律师，个人专用的生活用品应当属于自己的个人财产，其丈夫没有权利进行分割。为此，双方发生纠纷。方某准备起诉到法院，要求法院依法判决。

法律疑点

女方在婚姻关系存续期间个人专用的奢侈品包是否属于其个人财产？

法律分析

女方在婚姻关系存续期间个人专用的奢侈品包应当属于其个人财产。

我国《婚姻法》第十八条第（四）项明确规定，一方专用的生活用品应当属于夫妻一方的个人财产。由此可知，依据法律规定，只要属于夫或妻一方专用的生活用品，那么，不管该财产的价值大小，都应当被认定为夫妻一方的个人财产。所谓的专用生活用品，是指夫妻因各自日常生活、职业所需的专业物品，如个人使用的服装、书籍、电子产品等，而女方专用的包应当属于其日常生活用品，所以，也应当属于夫妻一方的个人财产。

法律明确规定一方专用的生活用品属于夫妻一方的财产，是因为既然是夫妻一方专用的生活用品，其具有一定的人身性，法律将一方专用的生活用品归于一方方便生活，对保护夫妻个人财产具有一定的现实意义。如果将个人的专用生活用品予以分割，则不利于保护该财产的完整性。

在上面的案例中，由于方某的奢侈品包都是其个人专用的生活用品，因此，根据法律规定，虽然这些包的价值比较高，但是，法律并未限制个人生活用品的实际价值。所以，即便奢侈品的价值比较大，如果是方某的个人生活用品，那么，也应当归为其个人财产。因此，方某丈夫的想法是错误的，方某的这些奢侈品包并不属于他们的夫妻共同财产，而是方某的个人财产。所以，如果方某起诉到法院，法院也会将这些包认定为方某的个人财产。

条文链接

《中华人民共和国婚姻法》

第十八条　有下列情形之一的，为夫妻一方的财产：

……

（四）一方专用的生活用品；

……

法律人生

在离婚夫妻双方分割夫妻共同财产时，需要注意的是，像个人日常使用的衣物、书籍、箱包、手提电脑等都应当属于一方的专用生活用品。由于法律没有对个人生活用品的价值进行限制，所以，一旦属于专用生活用品，就应当是夫妻一方的财产。我们不能错误地认为，价值较大的个人专用物品应当属于夫妻共同财产。

12. 离婚时对于尚未取得所有权的房屋有争议的，应当如何处理？

案情再现

张某与范某经人介绍相识，两人接触了不到一个月便结婚。然而，由于结婚之前双方了解非常少，结婚之后张某发现自己与范某并不合适。两人经常因为一些家庭琐事而争吵，而且范某非常喜欢在晚上打游戏，有时甚至是通宵玩。对此，张某非常反感。在结婚三个月之后，张某无法再继续忍受范某，于是便提出离婚。但是，由于两人在婚后共同出资购买了一套房子，而现在房子的手续还没有办理完，房产也还未过户。随着近期房价不断上涨，张某与范某购买的房屋已经升值了将近10万元。因此，在离婚时，双方为房屋的分割发生纠纷。经过多次协商，张某与范某在房屋所有权归属问题上无法达成一致，于是，张某准备起诉到法院，请求法院依法判决。

法律疑点

离婚时对于尚未取得所有权的房屋有争议的，应当如何处理？

法律分析

离婚时对于尚未取得所有权的房屋，双方无法达成协议的，人民法院也不宜判决房屋所有权的归属。

《最高人民法院关于适用〈中华人民共和国婚姻法〉若干问题的解释（二）》第二十一条规定：“离婚时双方对尚未取得所有权或者尚未取得完全所有权的房屋有争议且协商不成的，人民法院不宜判决房屋所有权的归属，应当根据实际情况判决由当事人使用。当事人就前款规定的房屋取得完全所有权后，有争议的，可以另行向人民法院提起诉讼。”据此可知，对于离婚时尚未取得所有权或者是未取得完全所有权的房屋，离婚双方无法协商一致的，即使起诉到法院，法院也不会作出判决。此时，法院只会根据实际情况判决由当事人使用，即法院只会处理房屋的使用权，当事人可以在取得房屋的所有权之后再向法院另行起诉。

法律之所以规定法院不会对未取得所有权的房屋作出判决，是因为法院的判决具有强制执行力，代表着国家的权威，相应的，房管部门所出具的房屋产权证书也具有物权公示的效力。在房屋所有权尚未确定之前，如果法院提前对未取得所有权的房屋的归属作出判决，就可能会出现法院的判决与房屋产权证不一致的情形，会影响法律的威慑力，甚至会加深当事人之间的矛盾，引起不必要的纠纷。

在上面的案例中，因张某与范某所购买的房屋还未办理过户手续，即双方还未取得房屋的所有权，此时，在双方无法达成一致意见的情况下，即使张某起诉到法院，法院也不会对房屋的所有权归属作出判决。因此，张某可以先与范某离婚，等到取得房屋的产权证之后，再向法院另行起诉。

条文链接

《最高人民法院关于适用〈中华人民共和国婚姻法〉若干问题的解释（二）》

第二十一条 离婚时双方对尚未取得所有权或者尚未取得完全所有权的房屋有争议且协商不成的，人民法院不宜判决房屋所有权的归属，应当根据实际情况判决由当事人使用。

当事人就前款规定的房屋取得完全所有权后，有争议的，可以另行向人民法院提起诉讼。

法律人生

随着房价的不断上涨，离婚中当事人因为房产分割而发生的纠纷也在不断增加。现实生活中，当事人在离婚时，很多时候可能并未取得房子的所有权。此时，如果离婚双方无法就房子的问题协商一致，即使起诉到法院，法院也不会分割房屋的所有权。因此，在遇到此种情况时，我们争取各退一步，双方协商解决房屋的分割问题。

13. 离婚时女方因生活困难而没有地方居住的，是否可以请求居住男方的房屋？

案情再现

顾某在大学毕业后便与任某结婚。结婚后，由于任某自己创业，成立了一家公司，平常工作非常忙。因此，顾某便一心一意照顾家庭，成为了全职太太。后来，因为孩子已经上小学，顾某便打算出去工作，而任某却坚决不同意。为此，双方经常吵架。无奈之下，顾某准备提出离婚。但是，顾某想到自己离婚之后暂时没有收入，而且也没有住的地方。因此，顾某非常犹豫。一次，顾某和正在上大学学习法律专业的表妹说了自己的情况，询问表妹自己在这种情况下是否可以请求居住丈夫现在的房子。顾某的表妹说，如果她离婚时生活困难，可以要求居住其丈夫的房屋，这种请求是会得到法院支持的。

法律疑点

离婚时女方因生活困难而没有地方居住的，是否可以请求居住男方的房屋?

法律分析

离婚时女方因生活困难而没有地方居住的，其可以请求居住男方的房屋。

我国《婚姻法》第四十二条规定："离婚时，如一方生活困难，另一方应从其住房等个人财产中给予适当帮助。具体办法由双方协议；协议不成时，由人民法院判决。"同时，《最高人民法院关于适用〈中华人民共和国婚姻法〉若干问题的解释（一）》第二十七条也规定："婚姻法第四十二条所称'一方生活困难'，是指依靠个人财产和离婚时分得的财产无法维持当地基本生活水平。一方离婚后没有住处的，属于生活困难。离婚时，一方以个人财产中的住房对生活困难者进行帮助的形式，可以是房屋的居住权或者房屋的所有权。"据此可知，在离婚后，一方没有住处的，属于生活困难，可以要求对方给予帮助，可以请求居住对方的房屋。这实际上是离婚经济帮助制度，这一制度赋予离婚时生活困难一方的经济帮助请求权，可以解决其离婚后的经济困难，进而保障当事人的离婚自由权。

在上面的案例中，顾某如果在与丈夫离婚时没有住处，根据上述法律规定，其应当属于生活困难的一方。此时，顾某可以向法院提出经济帮助请求权，请求对方给予一定的帮助，这种帮助可以是房屋的居住权或者是所有权。其表妹的说法是正确的。

条文链接

《中华人民共和国婚姻法》

第四十二条　离婚时，如一方生活困难，另一方应从其住房等个人财产中给予适当帮助。具体办法由双方协议；协议不成时，由人民法院判决。

《最高人民法院关于适用〈中华人民共和国婚姻法〉若干问题的解释（一）》

第二十七条　婚姻法第四十二条所称"一方生活困难"，是指依靠个人财产和离婚时分得的财产无法维持当地基本生活水平。

一方离婚后没有住处的，属于生活困难。

离婚时，一方以个人财产中的住房对生活困难者进行帮助的形式，可以是房屋的居住权或者房屋的所有权。

法律人生

离婚是不可避免的社会现象，然而，在现实生活中，没有经济收入或者经济收入较低的当事人一方通常会担心离婚后失去维持基本生活的条件。但是，需要我们注意的是，在夫妻感情已经破裂的情况下，收入较低的一方这种担忧是不必要的，我们可以在离婚时向对方提出给予经济帮助的要求，以维持自己的基本生活。

14. 夫妻双方分居满两年的，是否肯定会被法院判决离婚？

案情再现

程某是某公司的员工，由于其平时工作非常认真，因此，公司便派程某到国外进修学习两年。然而，程某在国外进修学习期间认识了周某，两人很快便在一起。后来，程某在学习期满回国之后，便向妻子提出离婚。但是，程某的妻子坚决不答应。此时，程某的一个朋友告诉他，他们两人已经分居满两年，根据法律规定，分居满两年的法院就会判决离婚。于是，程某便和妻子说，如果她不同意协议离婚，自己就到法院起诉离婚。只要他提起诉讼，以他们已经分居满两年为理由，法院就一定会支持他的诉讼请求。但是，程某的妻子依然不答应离婚。为此，程某准备向法院提起诉讼，请求法院判决离婚。

法律疑点

夫妻双方分居满两年的，是否肯定会被法院判决离婚？

法律分析

分居两年是法定离婚理由，但是，夫妻分居满两年并不一定会被法院判决离婚。

我国《婚姻法》第三十二条规定，人民法院审理离婚案件，应当进行调解；如因感情不和分居满二年的，感情确已破裂，调解无效，应准予离婚。由此可知，认定夫妻因感情不和分居满两年必须具备三个条件：第一，双方在客观上已经分居、分食，夫妻之间的同居义务、共同生活已经中止。第二，主观上有分居的故意，即夫妻一方或者双方在主观上拒绝共同生活。但是，因工作、学习、生病住院、出国等客观原因而分居的，不属于因感情不和而分居。第三，夫妻双方的分居必须具有连续性，即连续分居两年以上。如果因感情不和分居后又同居的，则从最后一次分居起连续两年以上，不能将多次分居的时间累计计算。因此，夫妻分居满两年，法院并不一定会判决双方离婚。

法律对于夫妻分居满两年的条件作出了规定，是因为如果夫妻并非因感情不和而分居，则并不能认定为夫妻感情破裂。如果法律不对此作出严格规定，有的当事人很可能会故意利用分居来达到离婚的目的，导致部分人草率离婚，会导致离婚的随意性，甚至会因没有统一的标准而使法院在司法实践中作出矛盾判决。

在上面的案例中，即使程某向法院以分居满两年为由提起诉讼，其诉讼请求也不会得到法院的支持。根据法律规定，夫妻分居的前提条件是因感情不和而分居，而程某与妻子分居是由于其出国进修等客观原因。所以，程某并不符合因感情不和分居满两年的条件，其并不符合法定的离婚条件，其朋友的说法是错误的。

条文链接

《中华人民共和国婚姻法》

第三十二条　男女一方要求离婚的，可由有关部门进行调解或直接向人民法院提出离婚诉讼。

人民法院审理离婚案件，应当进行调解；如感情确已破裂，调解无效，应准予离婚。

有下列情形之一，调解无效的，应准予离婚：

……

（四）因感情不和分居满二年的；

……

一方被宣告失踪，另一方提出离婚诉讼的，应准予离婚。

法律人生

在现实生活中，很多人为了达到离婚的目的而故意与配偶分居。但是，我们需要注意的是，夫妻分居要成为法定的离婚理由，必须是因感情不和而分居，并且分居的时间必须要有连续性。否则，即便满足了分居满两年的时间要求，也无法得到法院的支持。另外，婚姻是人生大事，我们在作出离婚决定时应当慎重。

15. 夫妻离婚后，妻子还需要为丈夫在婚姻关系存续期间以个人名义所负的债务承担责任吗？

案情再现

王某与肖某是夫妻，两人于2017年12月因夫妻感情破裂而离婚。但是，在两人离婚后不久，董某找到肖某，称她的丈夫王某曾经在他们结婚期间向他借款20万元，要求肖某承担连带责任。对此，肖某认为自己已经和丈夫离婚，王某在婚姻关系存续期间所借的债务与她没有关系。但是，董某认为肖某的丈夫是在他们婚姻关系存续期间欠下的债务，而且王某称是为了他们共同生活向他借钱的。所以，董某坚持要求肖某承担连带责任。然而，肖某认为这笔债务是王某以个人名义所欠下的，而且她并不知道王某的这笔借款，并称王某从来没有将这些钱用于他们的共同生活。由于肖某执意不承担偿还债务的责任，董某准备起诉至法院，要求法院判决王某与肖某共同承担王某对自己的欠款。

法律疑点

那么，董某的诉讼请求是否会得到法院的支持？夫妻离婚后，妻子还需要为丈夫在婚姻存续期间所负的个人债务承担责任吗？

法律分析

董某的诉讼请求不能得到法院的支持，除非他能证明此笔借款是王某用于他们夫妻的共同生活。

对于夫妻婚姻关系存续期间的共同债务，我国《婚姻法》第四十一条以及最新出台的《最高人民法院关于审理涉及夫妻债务纠纷案件适用法律有关问题的解释》都作出了详细的规定。根据法律的规定，离婚时夫妻为共同生活所负的债务为夫妻共同债务。但是，如果夫妻一方以个人名义所负的债务超过其日常生活需要，那么，除非债权人能够证明此笔债务用于债务人夫妻共同生活、共同生产经营或者基于夫妻双方共同意思表示，否则，债权人要求夫妻双方对此债务承担连带责任的请求是不能得到法院支持的。

法律对于夫妻共同债务的认定标准作出了详细的规定，尤其是对于夫妻一方在婚姻关系存续期间以个人名义所欠下的债务，要求债权人承担证明债务人用于夫妻共同生活。法律这样规定，是因为夫妻一方以个人名义对外欠债，而另一方并不知情，此时，如果轻易地要求非举债方为此承担连带责任，则会导致很多人不明不白地背负巨额债务，这可能维护了市场交易的安全，却牺牲了夫妻中非举债方的利益，因此，法律对夫妻共同债务的认定标准提出了更加严格的要求。

在上面的案例中，王某虽然是在婚姻关系存续期间欠下的债务，但是，该笔债务是其以个人名义所欠，而且超过了日常生活需要。因此，董某如果要求肖某承担此笔债务的连带责任，就必须证明王某将此笔债务用于他们的共同生活。否则，即使董某向法院起诉，他的诉讼请求也不会得到法院的支持。

条文链接

《中华人民共和国婚姻法》

第四十一条 离婚时，原为夫妻共同生活所负的债务，应当共同偿还。共同财产不足清偿的，或财产归各自所有的，由双方协议清偿；协议不成时，由人民法院判决。

《最高人民法院关于审理涉及夫妻债务纠纷案件适用法律有关问题的解释》

第一条 夫妻双方共同签字或者夫妻一方事后追认等共同意思表示所负的债务，应当认定为夫妻共同债务。

第二条 夫妻一方在婚姻关系存续期间以个人名义为家庭日常生活需要所负的债务，债权人以属于夫妻共同债务为由主张权利的，人民法院应予支持。

第三条 夫妻一方在婚姻关系存续期间以个人名义超出家庭日常生活需要所负的债务，债权人以属于夫妻共同债务为由主张权利的，人民法院不予支持，但债权人能够证明该债务用于夫妻共同生活、共同生产经营或者基于夫妻双方共同意思表示的除外。

法律人生

在现实生活中，很多人在离婚之后

因配偶一方对外欠债而导致自己背上了巨额债务。在此需要我们注意的是，当债权人要求非举债方承担责任时，如果非举债方并不知道该笔债务的存在，而且举债方并未将此笔债务用于夫妻的共同生活，那么，作为非举债方，就不必答应债权人承担偿还责任。

16. 离婚后，父母对子女所负担的抚养费包括哪些？

案情再现

曹某与方某两人是大学同学，在毕业后，两人便结婚生子。然而，在他们的女儿出生之后，由于两个人既要带孩子，又要工作，而且每个月孩子的花销都非常多，两人都觉得生活压力非常大。因为收入非常有限，每个月都没有任何存款，两人经常为经济问题而争吵。曹某认为方某花钱大手大脚，而方某总是抱怨曹某没有挣钱能力。无奈之下，方某提出离婚，称自己无法再忍受这样的生活。曹某也认为两个人已经不能再继续生活在一起，也同意离婚。经过两人商量，他们的女儿由方某抚养，但是，方某要求曹某每月支付女儿一定的生活费、教育费、医疗费等抚养费用，而曹某认为，抚养费应当只包括生活费，其只需支付女儿的生活费即可。

法律疑点

离婚后父母对子女所负担的抚养费包括哪些？

法律分析

父母对子女所负担的抚养费包括生活费、教育费、医疗费等子女正常生活所需要的必要费用。

我国《婚姻法》第二十一条明确规定，父母对子女有抚养教育的义务，父母不履行抚养义务时，未成年的或不能独立生活的子女，有要求父母付给抚养费的权利。父母所支付的子女抚养费，根据《最高人民法院关于适用〈中华人民共和国婚姻法〉若干问题（一）的解释》第二十一条的规定，包括子女生活费、教育费、医疗费等费用。据此可知，生活费、教育费、医疗费等费用都在抚养费的范围之内。

法律明确规定了抚养费的范围，是因为生活、教育、医疗三个方面是未成年子女在成长的过程中必不可少的。法律予以明确的规定，一方面，可以为司法实践中法官判案时提供法律依据，避免矛盾的判决；另一方面，有利于保障未成年子女的基本生活，为未成年子女的健康成长提供一个良好的条件。

在上面的案例中，方某的说法是正确的，虽然曹某不直接抚养女儿，但是其必须支付女儿一定的抚养费，保障女儿的基本生活所需。根据上述法律规定，抚养费并不只是生活费，还包括教育费、医疗费等。因此，曹某并不能只支付给女儿生活费。

条文链接

《中华人民共和国婚姻法》

第二十一条 父母对子女有抚养教育的义务；子女对父母有赡养扶助的义务。

父母不履行抚养义务时，未成年的或不能独立生活的子女，有要求父母付给抚养费的权利。

子女不履行赡养义务时，无劳动能力的或生活困难的父母，有要求子女付给赡养费的权利。

……

《最高人民法院关于适用〈中华人民共和国婚姻法〉若干问题（一）的解释》

第二十一条 婚姻法第二十一条所称"抚养费"，包括子女生活费、教育费、医疗费等费用。

法律人生

当夫妻双方离婚时，通常情况下不直接抚养子女的一方也要承担对子女的抚养义务。但是，需要我们注意的是，父母支付子女的抚养费，并不只是包括生活费，其中还要包括医疗费、教育费等，以保障未成年子女的健康成长。作为父母，离婚本身对子女而言就是一种伤害，即使离婚，我们也应当尽到做父母的义务，支付给子女足够的抚养费，给子女提供一个良好的成长环境。

17. 夫妻双方离婚时可以约定子女的抚养费由一方全部承担吗？

案情再现

周某与张某是夫妻，两人都是某学校的大学教师。在周某与张某的儿子出生后，张某向周某提出想要去国外继续深造，因此，张某希望周某也可以申请一所学校，以便一家人一起出国。但是，周某认为孩子还太小，而且两人现在在国内发展得也很好，想等儿子大一点儿再考虑出国。然而，张某想要让自己的事业更上一层楼，为此，双方发生矛盾。因为周某反对张某出国深造，张某一气之下提出离婚。周某答应离婚，但前提是儿子要由自己抚养，并且和张某约定以后儿子所有的抚养费由他承担，不会让张某出任何费用。

法律疑点

夫妻双方离婚时可以约定子女的抚养费由一方全部承担吗？

法律分析

夫妻双方离婚时，在一方有抚养能力的前提下可以约定子女的抚养费由其全部负担。

关于子女的抚养费问题，《最高人民法院关于人民法院审理离婚案件处理子女抚养问题的若干具体意见》第十条规定："父母双方可以协议子女随一方生活并由抚养方负担子女全部抚育费。但经查实，抚养方的抚养能力明显不能保障子女所需费用，影响子女健康成长的，不予准许。”由此可知，在父母双方协商一致的情况下，可以由一方抚养子女并负担子女全部的抚养费。但是，如果抚养方不能保障子女的健康成长所需要的费用的情况除外。

对于夫妻双方是否可以约定一方负担子女全部的抚养费问题，我国相关法律作出了明确的规定。法律这样规定，一方面体现了法律尊重双方当事人的意愿，体现了民法中的意思自治原则；另一方面法律在抚养方没有能力承担的情况下予以禁止，这体现了法律是从未成年子女的角度出发，体现了法律以子女的最大利益为原则，父母双方的自愿不能损害未成年子女的利益。

在上面的案例中，周某与张某约定，其儿子由周某一个人抚养，并由他一个人承担全部抚养费是符合法律规定的。因为周某有经济能力抚养儿子，其一个人承担全部抚养费用并不会影响儿子的健康成长。所以，周某与张某之间的约定是合法的。

条文链接

《最高人民法院关于人民法院审理离婚案件处理子女抚养问题的若干具体意见》

第十条　父母双方可以协议子女随一方生活并由抚养方负担子女全部抚育费。但经查实，抚养方的抚养能力明显不能保障子女所需费用，影响子女健康成长的，不予准许。

法律人生

夫妻双方在离婚时，有时夫妻一方可能为了得到子女的抚养权而提出自己一个人承担子女所有的抚养费用，这在法律上是允许的。但是，作为父母，我们应当为子女着想，不能为了自己而牺牲子女的利益，应当尽自己所能为子女提供一个良好的成长环境，使子女健康长大。

18. 子女的抚养权是否可以变更?

案情再现

黄某是某公司的员工，其与胡某在三年前因感情破裂而离婚。双方在离婚时，由于黄某认为胡某的经济条件非常好，而且他们的女儿从小就跟着爷爷奶奶长大，所以，黄某当时同意让胡某抚养女儿。然而，最近黄某到学校看望女儿时，学校的老师告诉黄某，女儿最近一段时间变得沉默寡言，性格非常奇怪。后来，黄某询问女儿，女儿称她非常想念黄某，称胡某自从再婚之后就经常打她。黄某听后非常生气，觉得当初自己将女儿交给胡某抚养就是希望女儿能够在一个良好的环境下长大，而现在黄某觉得胡某并没有将女儿照顾好，认为女儿现在只有八岁，如果长期生活在这样的环境下，不利于女儿的健康成长。为此，黄某准备向胡某要回女儿的抚养权。

法律疑点

子女的抚养权是否可以变更？

法律分析

离婚后，子女的抚养权是可以变更的。《最高人民法院关于人民法院审理离婚案件处理子女抚养问题的若干具体意见》第十五条规定，离婚后，一方要求变更子女抚养关系的，或者子女要求增加抚育费的，应另行起诉。该法第十六条规定，在四种法定情形下，父母一方要求变更子女抚养关系时，人民法院应当支持。该法第十七条规定，父母双方可以协议变更子女抚养关系。据此可知，子女的抚养权可以通过两种方式变更：（1）协议变更，即父母双方达成一致协议的情况下，可以变更子女的抚养权；（2）诉讼变更，在无法达成协议时，父母一方可以向法院起诉，在抚养方出现法律规定的情形时，法院会准许变更抚养权。

法律明确规定了变更子女抚养权的方式以及法定情形，是因为任何事物都是在变化的，父母双方的条件也随着时间而变化，法律允许变更子女的抚养权有利于保护未成年子女的利益，使未成年子女能够在一个较好的环境下成长，体现了法律遵循子女最大利益原则。否则，如果抚养权一旦确定就不允许变更，不仅会损害未成年子女的身心健康，影响其健康成长，而且对于不直接抚养子女一方来说也是不公平的。

在上面的案例中，由于胡某经常殴打女儿，因此，黄某可以要求变更女儿的抚养权。黄某如果要变更女儿的抚养权，可以首先与胡某进行协商，如果协商不成，则黄某可以向法院提起诉讼，根据《最高人民法院关于人民法院审理离婚案件处理子女抚养问题的若干具体意见》第十六条的规定，与子女共同生活的一方不尽抚养义务或有虐待子女行为，或其与子女共同生活对子女身心健康确有不利影响的，一方要求变更抚养权的，人民法院应予支持。因此，黄某向法院提起诉讼，其诉讼请求也会得到法院的支持。

条文链接

《最高人民法院关于人民法院审理离婚案件处理子女抚养问题的若干具体意见》

第十五条 离婚后，一方要求变更子女抚养关系的，或者子女要求增加抚育费的，应另行起诉。

第十六条 一方要求变更子女抚养关系有下列情形之一的，应予支持。

（1）与子女共同生活的一方因患严重疾病或因伤残无力继续抚养子女的；

（2）与子女共同生活的一方不尽抚养义务或有虐待子女行为，或其与子女共同生活对子女身心健康确有不利影响的；

（3）十周岁以上未成年子女，愿随另一方生活，该方又有抚养能力的；

（4）有其他正当理由需要变更的。

第十七条 父母双方协议变更子女

抚养关系的，应予准许。

法律人生

夫妻双方离婚时，一般情况下，都会争夺子女的抚养权。然而，需要我们明确的是，子女的抚养权并非一旦确定就不能再变。没有直接抚养子女的一方，当发现子女的生活环境发生变化，影响了子女的健康成长时，如果自己有抚养能力，可以与对方协商变更子女的抚养权，也可以向法院提起诉讼，进而为子女提供一个更好的成长环境。

19. 子女可以因为父亲再婚而拒绝承担赡养义务吗？

案情再现

徐某是某村村民，徐某的母亲在他很小的时候就去世了，他从小与父亲相依为命。多年来，父亲为了能够全心全意地抚养徐某长大，一直都没有再婚。徐某成家立业之后，徐某的父亲准备再婚，希望自己的晚年可以有人陪伴。但是，徐某听说后却大发雷霆，扬言只要父亲敢再婚，自己就会与他断绝父子关系，不会给父亲养老送终。徐某的父亲听到儿子的话后十分伤心，觉得自己含辛茹苦地将他抚养长大，最后儿子却因为自己再婚而拒绝赡养自己。由于徐某的父亲担心如果自己再婚，一旦徐某真的不赡养自己，等自己老了以后就真的是老无所依了。因此，徐某的父亲便不敢再和儿子说再婚的事情。

法律疑点

子女可以因为父亲再婚而拒绝承担赡养义务吗？

法律分析

子女不能因为父母再婚而拒绝承担赡养义务。

我国《婚姻法》第二十一条及第三十条规定，父母对子女有抚养教育的义务；子女对父母有赡养扶助的义务。子女应当尊重父母的婚姻权利，不得干涉父母再婚以及婚后的生活。子女对父母的赡养义务，不因父母的婚姻关系变化而终止。另外，我国《老年人权益保障法》第二十一条也规定，老年人的婚姻自由受法律保护。子女或者其他亲属不得干涉老年人离婚、再婚及婚后的生活。赡养人的赡养义务不因老年人的婚姻关系变化而消除。据此可知，赡养义务是子女对父母的法定义务，此种义务不会因为父母再婚而消除。子女不能干涉老年人的婚姻自由，更不能因父母再婚而拒绝承担对父母的赡养义务。

法律明确规定子女的赡养义务不能因老年人的婚姻关系变化而消除，禁止子女干涉老年人的婚姻自由。这样规定，一方面有利于引导公民保护老年人的婚姻自由，依法履行对父母的赡养义务。另一方面这也有利于保护老年人的婚姻自由权，使老年人不会因为子女拒绝承担赡养义务而影响自己的婚姻自由。

在上面的案例中，徐某的行为是违反法律规定的。根据上述法律可知，老年人的婚姻自由权是受到法律保护的，徐某不能干涉父亲再婚，更不能以父亲再婚为由而拒绝承担自己的赡养义务。即使徐某的父亲再婚，其赡养义务也不会因此而消灭。所以，徐某的做法是错误的。徐某的父亲可以行使自己的婚姻自由权而再婚。如果再婚之后徐某不承担赡养义务，那么，徐某的父亲可以要求徐某支付赡养费。

条文链接

《中华人民共和国婚姻法》

第二十一条第一款 父母对子女有抚养教育的义务；子女对父母有赡养扶助的义务。

第三十条 子女应当尊重父母的婚姻权利，不得干涉父母再婚以及婚后的生活。子女对父母的赡养义务，不因父母的婚姻关系变化而终止。

《中华人民共和国老年人权益保障法》

第二十一条 老年人的婚姻自由受法律保护。子女或者其他亲属不得干涉老年人离婚、再婚及婚后的生活。

赡养人的赡养义务不因老年人的婚姻关系变化而消除。

法律人生

在现实生活中，老年人的婚姻自由权经常会受到子女的限制，子女以老年人再婚为由拒绝履行赡养义务的现象是非常多的。然而，这种行为不但违反法律，也是不道德的。父母含辛茹苦地将我们抚养长大，在他们年老之后，我们应当尊重父母的婚姻自由权，让他们根据自己的意愿选择是否再婚，而不能干涉父母的婚姻自由权，更不能因此而不赡养父母。

20. 没有对子女尽抚养义务的父母，子女是否还需要承担对父母的赡养义务？

案情再现

付某是某房地产公司的部门经理，付某的父亲在他很小的时候因违法犯罪而入狱，付某从小跟着母亲长大。由于没有父亲的关怀，付某与母亲的生活非常艰苦，而且经常被人嘲笑是罪犯的孩子。为此，付某一直都非常恨父亲。一天，付某在上班时接到姑姑的电话，称他的父亲马上就要出狱，但是，由于他的父亲年事已高，出来之后无家可归，希望付某可以照顾他的父亲。而付某认为自己从小到大父亲都没有尽到过抚养义务，现在自己也没有义务来赡养他。因此，付某拒绝了姑姑的请求。后来，付某的妻子听说了这件事告诉付某，不管他的父亲是否尽到过抚养义务，付某作为子女，都应当履行自己的赡养义务。

法律疑点

没有对子女尽抚养义务的父母，子女是否还需要承担对父母的赡养义务？

法律分析

没有对子女尽到抚养义务的父母，子女仍然要承担对父母的赡养义务。

我国《婚姻法》第二十一条第一款规定，父母对子女有抚养教育的义务；子女对父母有赡养扶助的义务。同时，《老年人权益保障法》第十四条第一款规定，赡养人应当履行对老年人经济上供养、生活上照料和精神上慰藉的义务，照顾老年人的特殊需要。第十九条第一款规定，赡养人不得以放弃继承权或者其他理由，拒绝履行赡养义务。据此可知，赡养父母是子女的法定义务，该项义务不能因任何理由而消灭。即便父母曾经因各种缘故而无法履行对子女的抚养义务，子女也不能以此为理由拒绝承担赡养义务。

法律明确规定子女对父母的赡养义务不能因放弃继承或者其他理由而消除，这样规定有利于督促子女履行对父母的赡养义务，避免部分子女因父母未抚养过自己而拒绝承担赡养义务，从而也保障了老年人的合法权益，使得老年人在年老时能够老有所依。否则，如果允许子女随便拒绝对父母的赡养义务，这不仅会造成对老年人的伤害，也会导致社会负担加重。

在上面的案例中，付某的说法是错误的，他不能因为父亲没有对自己尽到过抚养义务而拒绝赡养父亲。根据上述法律规定，付某对父亲仍然是要承担赡养义务的。付某妻子的说法是正确的。

条文链接

《中华人民共和国婚姻法》

第二十一条第一款　父母对子女有抚养教育的义务；子女对父母有赡养扶助的义务。

《中华人民共和国老年人权益保障法》

第十四条第一款　赡养人应当履行对老年人经济上供养、生活上照料和精神上慰藉的义务，照顾老年人的特殊需要。

第十九条第一款　赡养人不得以放弃继承权或者其他理由，拒绝履行赡养义务。

法律人生

在实际生活中，有的父母可能出于一些特殊情况没有尽到对子女的抚养义务。但是，作为子女，只要其与父母的关系没有消除，无论父母是否尽到过抚养义务，在父母年老时，我们都应当赡养父母，这不仅是法律的要求，也是道德的要求。

第二章

职场闯拼

21. 用人单位向新入职员工收取培训费用的行为是否合法？

案情再现

2018年4月，即将研究生毕业的小赵到大海软件开发公司应聘职位。在经过两轮选拔之后，小赵以优异的成绩被该公司录取。后该软件开发公司便打算与小赵签订为期三年的劳动合同，并约定一个月的试用期。但是，在签订劳动合同时，小赵发现合同中规定，公司要在员工入职后进行一个月的专业培训，所以，需要他们缴纳2000元的培训费用。在看到需要交培训费用后，小赵心里非常犹豫，认为公司是在乱收费。于是，小赵便向正在做律师的表姐进行咨询，表姐告诉他，公司要求他们缴纳培训费的行为是违法的。为此，小赵向公司提出异议。然而，公司却说，如果他不交培训费用，公司便不会录取他。

法律疑点

大海软件开发公司可以要求新入职员工支付一定的培训费用吗？

法律分析

大海软件开发公司不能要求新入职员工支付培训费用。

我国《劳动法》第六十八条规定，用人单位应当建立职业培训制度，根据本单位的实际情况对劳动者有计划地进行培训。另外，我国《劳动部关于严禁用人单位录用职工非法收费的通知》第二条和第三条也规定，用人单位不得在招工条件中规定个人缴费内容。由此可知，为员工提供职业培训是用人单位的义务，所需培训费用应当由用人单位支付，而不能让劳动者自己承担。否则，如果其非法向劳动者收取相关费用，相关部门会责令其退还。

接受职业培训是劳动者的一项法定权利，同时也是用人单位的一项法定义务。用人单位有计划地对员工进行培训不仅可以提高员工的工作能力，而且还可以为企业创造更大的效益，有利于企业的长远发展。因此，为了更好地保护劳动者参加职业培训的权利，创造良好的就业环境，我国法律严禁用人单位以任何理由在招工条件中规定个人缴费内容。

在上面的案例中，大海软件开发公司可以在劳动合同中规定要对员工进行专业的入职培训。但是，该项培训费用是由用人单位自己负担的，不能向劳动者收取。小赵向用人单位提出异议的做法是正确的。在此种情况下，大海软件开发公司应当停止收取培训费用，按照法定程序与员工签订劳动合同。

条文链接

《中华人民共和国劳动法》

第六十八条　用人单位应当建立职业培训制度，按照国家规定提取和使用职业培训经费，根据本单位实际，有计划地对劳动者进行职业培训。

从事技术工种的劳动者，上岗前必须经过培训。

《劳动部关于严禁用人单位录用职工非法收费的通知》

第二条 用人单位不得在招工条件中规定个人缴费内容，劳动行政部门要加强对用人单位招工启事、简章的审查，对违反规定的，应给予警告，并责令其改正。

第三条 劳动行政部门要加强对用人单位录用职工行为的监督检查。对用人单位在录用职工时非法向劳动者个人收取费用的，应责令用人单位立即退还劳动者；对用人单位招工后不能向职工提供正常工作岗位或不能保障职工其他各项劳动权利的应依法予以纠正；给劳动者造成经济损失的，应责令其赔偿。因此而发生的劳动争议，当事人有权向劳动争议仲裁委员会申请仲裁。

法律人生

在工作中，对于用人单位对劳动者进行的培训，劳动者是无须向用人单位支付任何培训费用的。因为接受职业培训是劳动者的权利，是用人单位的义务。劳动者如果在职场中遇到类似情况，可以向劳动行政部门进行反映，以维护自己的合法权益。此外，如果因此而发生劳动争议的，也可以向劳动仲裁委员会申请仲裁。

22. 免除用人单位法定责任的劳动合同条款是否具有法律效力？

案情再现

何某是某建筑公司的工作人员。一天，他在建筑工地上工作时，不慎从楼上摔下来，导致腰椎受伤。何某认为自己所受的是工伤，因此向公司申请工伤认定。但是，该建筑公司却予以拒绝，并称在签订劳动合同时，上面已经写明“建筑公司对何某在工作中所受的一切伤害概不负责”。对此，何某十分气愤。后来，何某的亲戚到医院看望何某时听说了这件事。在经过详细了解后，何某的亲戚告诉他，当时他与建筑公司在劳动合同中约定的免除用人单位法定责任的劳动合同条款是无效的。所以，何某的亲戚建议何某向劳动仲裁委员会申请该条款无效。

法律疑点

免除用人单位法定责任的劳动合同条款是否具有法律效力？

法律分析

劳动合同中免除用人单位法定责任的条款是无效的，但合同中其他部分的效力不受影响。

我国《劳动合同法》第二十六条第一款规定了劳动合同无效或者部分无效的三种法定情形：以欺诈、胁迫的手段或者乘人之危，使对方在违背真实意思的情况下订立或者变更劳动合同的；用人单位免除自己的法定责任、排除劳动者权利的；违反法律、行政法规强制性规定的。由此可知，用人单位免除自己的法定责任、排除劳动者权利的劳动合同条款无效。

由于用人单位免除自己责任的条款加重了劳动者的负担，也与法律公平正义的精神相违背，因此，在此种情况下，即使是劳动者出于追求高报酬等动机自愿与单位签订劳动合同，那么相应条款也是无效的。法律作出这样的规定，是为了禁止用人单位通过利用合同的形式来规避自己的责任和义务，损害劳动者的合法权益。

在上面的案例中，建筑公司与何某在劳动合同中约定的“建筑公司对何某在工作中所受的一切伤害概不负责”内容就是属于用人单位排除自己法定责任的条款。因此，何某仍然可以要求建筑公司为自己申请工伤鉴定，并享受相应的工伤保险待遇，而建筑公司以此合同条款拒绝承担责任的行为是错误的。

条文链接

《中华人民共和国劳动合同法》

第二十六条　下列劳动合同无效或者部分无效：

（一）以欺诈、胁迫的手段或者乘人之危，使对方在违背真实意思的情况下订立或者变更劳动合同的；

（二）用人单位免除自己的法定责任、排除劳动者权利的；

（三）违反法律、行政法规强制性规定的。

对劳动合同的无效或者部分无效有争议的，由劳动争议仲裁机构或者人民法院确认。

法律人生

现实生活中“工伤概不负责”“加班不给加班费”等霸王条款极大地损害了劳动者的合法权益。因此，在与用人单位签订劳动合同时，一方面要注意查看劳动合同中是否有免除用人单位法定责任的相关条款；另一方面即便我们与用人单位签订的劳动合同条款中存在此类条款，那么这些条款也是无效的，我们仍然可以要求用人单位承担相应的法律责任。

23. 劳动者使用假学历证书签订的劳动合同是否具有法律效力？

案情再现

小佳毕业于某职业技术学院，他在大学期间主修的是计算机专业。由于小佳从小的梦想就是长大后去上海生活，因此，在毕业后，小佳毫不犹豫地选择了到上海找工作。可是在来到上海后，小佳才发现，像他这种专科学历的学生，在上海根本无法找到一份满意的工作。于是，小佳便在同学的介绍下，花了300元办理了一个假的上海某重点大学的毕业证书与学位证书。在办理了假的学位证书后，由于小佳是计算机专业学生，对该领域非常熟悉，于是，很快便在某个大型的游戏开发公司找到了一份工作，并签订了为期三年的劳动合同。后来，该公司无意中发现小佳的学历证书是伪造的。于是，该公司便主张其与小佳签订的劳动合同无效。

法律疑点

劳动者使用假学历证书签订的劳动合同是否具有法律效力？

法律分析

劳动者使用假学历证书签订的劳动合同是无效的。

我国《劳动合同法》第二十六条第一款第（一）项明确规定，以欺诈、胁迫的手段或者乘人之危，使对方在违背真实意思的情况下订立或者变更劳动合同的，劳动合同无效或者部分无效。由此可知，劳动者或者用人单位任何一方采用欺诈或者胁迫等手段订立的劳动合同，将会导致劳动合同的无效或者部分无效。因此，求职者在求职时，谎报自己的毕业信息，明显属于一种欺诈行为，在这种情况下签订的劳动合同是没有法律效力的。另外，根据《劳动合同法实施条例》第十九条规定，在此种情况下签订的劳动合同，用人单位可以与劳动者解除。

如果劳动者以欺诈等方式，使用人单位在不知情的前提下，违背自己的真实意思录用了劳动者，该劳动合同因为存在瑕疵而并没有有效成立，用人单位享有解除权。无论是固定期限劳动合同，还是无固定期限劳动合同，用人单位都依法享有合同解除权，这消除了用人单位不能解除劳动合同的错误理解。虽然法律倾向于保护劳动者，但是，劳动者的违法行为也是会被法律否定的。

在上面的案例中，小佳使用假学历证书应聘成功，与用人单位签订劳动合同的行为属于欺诈。根据上述法律的规定，小佳与用人单位签订的劳动合同是无效的。该游戏开发公司可以主张解除与小佳的劳动合同。

条文链接

《中华人民共和国劳动合同法》

第二十六条第一款 下列劳动合同无效或者部分无效：

（一）以欺诈、胁迫的手段或者乘人之危，使对方在违背真实意思的情况下订立或者变更劳动合同的；

……

《中华人民共和国劳动合同法实施条例》

第十九条 有下列情形之一的，依照劳动合同法规定的条件、程序，用人单位可以与劳动者解除固定期限劳动合同、无固定期限劳动合同或者以完成一定工作任务为期限的劳动合同：

……

（六）劳动者以欺诈、胁迫的手段或者乘人之危，使用人单位在违背真实意思的情况下订立或者变更劳动合同的；

……

法律人生

对于规模较大的公司而言，对员工基本素质的要求较高，在高校数量众多的情况下，一些重点院校的毕业生被贴上了拥有相对较高的知识水平的标签，因此成了部分企业的热门招工对象，随之而来的是求职者以假毕业证蒙混过关。但须注意的是，劳动者使用假的学历证书、资格证书等签订劳动合同的行为属于欺诈，是无效的。劳动者在求职时，应当凭借自己的真才实学，而不能采取任何不法手段。否则，到最后只会自食其果。

24. 退休后被返聘的，还要签订劳动合同吗？

案情再现

刘某是某师范院校的毕业生，毕业以后，刘某经过层层选拔，应聘到了省城里某个重点高中的英语教学部，成了一名英语老师。刘某工作认真负责，多次被省教育厅评为“模范教师”“优秀老师”，她带的班级升学率也非常高。去年，到了退休年纪的刘某离开工作岗位，退休在家，每月享受养老待遇，刘某的儿女们都在外地工作，刘某闲来无事，整日与楼下的姐妹们一起跳跳广场舞，逛逛街。过了一年，刘某觉得自己的生活有些单调，想回老家去生活，正好刘某老家的亲戚张某想返聘刘某去自己刚开办的一个私立学校德利中学教书。刘某教了一辈子书，一提到重回讲台，非常高兴，经过与丈夫和子女商议，刘某决定答应张某，去德利中学教书。

法律疑点

如果刘某被返聘到德利中学，她还需要签订劳动合同吗？

法律分析

刘某不需要与德利中学签订劳动合同，但是需要签订一份明确聘用期内的工作内容、报酬、医疗、劳保待遇等权利和义务的书面协议。

根据我国《劳动合同法》第四十四条的规定可知，劳动者开始依法享受基本养老保险待遇的，劳动合同终止。即已经开始享受养老待遇的劳动者，不再是劳动合同的一方当事人，此时，如果其被返聘，则应该按照《劳动部关于实行劳动合同制度若干问题的通知》第十三条的规定，与用人单位签订书面协议，明确聘用期内的工作内容、报酬、医疗、劳保待遇等权利和义务，但该书面协议并不是劳动合同。如果退休返聘人员与新的工作单位发生纠纷该按照怎样的关系处理呢？依据《最高人民法院关于审理劳动争议案件适用法律若干问题的解释（三）》第七条的规定：“用人单位与其招用的已经依法享受养老保险待遇或领取退休金的人员发生用工争议，向人民法院提起诉讼的，人民法院应当按劳务关系处理。”

法律之所以将退休返聘人员与返聘

单位的关系界定为劳务关系，是因为劳动关系的主体为劳动者与用人单位，而劳动者的主体资格始于劳动者最低用工年龄，终于法定退休年龄。也就是说，劳动者达到法定退休年龄后即丧失劳动者主体资格，不能再与单位形成劳动关系。这样规定也是为了更加规范劳动力市场，并与我国基本养老保险制度的初衷相契合。但是法律也尊重每个人的劳动权，退休返聘人员的正当权利也应该受到保护。所以，当退休返聘人员与返聘单位发生纠纷时，法律会按照劳务关系来进行处理。

在上面的案例中，刘某从某重点中学退休以后，被返聘到了德利中学。刘某应该与德利中学签订一份关于工作内容、报酬、医疗、劳保待遇的协议，但是不能与该单位签订劳动合同。刘某和返聘单位之间是一种劳务关系，当出现纠纷时，应该按照劳务关系的权利义务来处理。

条文链接

《中华人民共和国劳动合同法》

第四十四条 有下列情形之一的，劳动合同终止：

（一）劳动合同期满的；

（二）劳动者开始依法享受基本养老保险待遇的；

（三）劳动者死亡，或者被人民法院宣告死亡或者宣告失踪的；

（四）用人单位被依法宣告破产的；

（五）用人单位被吊销营业执照、责令关闭、撤销或者用人单位决定提前解散的；

（六）法律、行政法规规定的其他情形。

《劳动部关于实行劳动合同制度若干问题的通知》

第十三条 已享受养老保险待遇的离退休人员被再次聘用时，用人单位应与其签订书面协议，明确聘用期内的工作内容、报酬、医疗、劳保待遇等权利和义务。

《最高人民法院关于审理劳动争议案件适用法律若干问题的解释（三）》

第七条 用人单位与其招用的已经依法享受养老保险待遇或领取退休金的人员发生用工争议，向人民法院提起诉讼的，人民法院应当按劳务关系处理。

法律人生

日常生活中我们经常遇到退休后又被返聘的情况，这时候，很多人都会认为要再次和用人单位签订劳动合同，这种观念是错误的。退休并开始享受养老保险待遇，就不再是劳动者，与返聘单位之间并不能再次形成劳动关系。当然，为了维护返聘人员在工作中的合法权益，要记得与返聘单位签订一个有关工作内容和待遇等权利义务的协议，这样，当发生纠纷的时候，也有可以维权的依据。

25. 用人单位与劳动者达成一致“不交社保”，该约定是否有效？

案情再现

张某从2014年开始就在某城市打工，

由于张某仅初中毕业，学历低无法找到好工作，所以经常给饭店或者商场做一些零工，挣的钱也不多。直到2018年，张某都没有找到稳定的工作，就在张某觉得自己在这个城市无法立足，想要回老家的时候，张某的老乡何某告知张某，某商场刚开业，在招聘售货员和商场保洁人员，初中以上学历就可以报名参加面试。于是，张某和何某就一起到该商场进行面试，张某成功应聘成了该商场的一名保洁员。在入职之前，经理找到张某，称商场与张某签订劳动合同以后可以每个月多支付张某500元钱，但条件是不能给张某缴纳社会保险。张某对社会保险不太了解，觉得自己既然每个月可以多拿到500元，何乐而不为呢？于是，很痛快地答应了经理。

法律疑点

张某和商场协商一致“不交社保”，该约定是否有效呢？

法律分析

张某和商场协商一致“不交社保”是无效的。

根据我国《劳动法》第七十二条的规定：“社会保险基金按照保险类型确定资金来源，逐步实行社会统筹。用人单位和劳动者必须依法参加社会保险，缴纳社会保险费。”员工的社会保险与员工自己自由投保的商业保险不同，社会保险是法定的强制性保险，用人单位和职工都有参加社会保险的法定义务，用人单位和劳动者必须依法缴纳社会保险费。

法律之所以对缴纳社会保险作出了硬性规定，是因为用人单位和劳动者之间其实并不完全平等，与用人单位比起来，劳动者往往处于弱势和被动地位，因此国家对二者的关系作了一定的介入，通过一些强制性的规定，来平衡用人单位和劳动者的地位，实质上也是为了保障劳动者各方面的权益。

在上面的案例中，商场作为用人单位，应该为张某依法缴纳社会保险，其不可以与员工擅自约定“不交社保”，即使劳动者和用人单位协商一致“不交社保”，该约定也是无效的。

条文链接

《中华人民共和国劳动法》

第七十二条 社会保险基金按照保险类型确定资金来源，逐步实行社会统筹。用人单位和劳动者必须依法参加社会保险，缴纳社会保险费。

《社会保险费征缴暂行条例》

第三条 基本养老保险费的征缴范围：国有企业、城镇集体企业、外商投资企业、城镇私营企业和其他城镇企业及其职工，实行企业化管理的事业单位及其职工。

基本医疗保险费的征缴范围：……国家机关及其工作人员，事业单位及其职工，民办非企业单位及其职工，社会团体及其专职人员。

失业保险费的征缴范围：国有企业、城镇集体企业……事业单位及其职工。

省、自治区、直辖市人民政府根据当地实际情况，可以规定将城镇个体工商户纳入基本养老保险、基本医疗保险的范围，并可以规定将社会团体及其专职人员、民办非企业单位及其职工以及有雇工的城镇个体工商户及其雇工纳入失业保险的范围。

社会保险费的费基、费率依照有关法律、行政法规和国务院的规定执行。

法律人生

为职工缴纳社会保险是用人单位的义务，法律对社会保险作出强制性规定，也是为了保障劳动者的合法权益。有时候，可能有人会因贪图一时的利益，而与单位约定不交社会保险，其实是对自己以后生活保障的不负责任。而用人单位和职工之间关于不参加社会保险的约定，与社会保险法、劳动法等法律、法规的强制性规定相抵触，属于无效约定。

26. 劳动者在试用期内的最低工资标准是什么？

案情再现

任某在大学毕业后就结婚生子，一直没有参加工作。后来，在孩子上幼儿园之后，任某觉得自己应当出去工作。由于其在大学时学的是室内设计，于是，任某便在某装修公司找到了一份室内设计的工作。在应聘成功后，任某便与该公司签订了为期两年的劳动合同，并约定了一个月的试用期。同时，该公司在合同中约定，试用期内的工资为每月3000元，在转正之后，每月7000元，并且会有提成。任某对这份工作非常满意。在一次同学聚会时，任某与同学们聊起了自己的工作。此时，任某的一个同学说该公司给她的试用期内的工资太低，没有达到法律规定的最低工资标准。任某听后，想到只有一个月的工资，自己找到一份合适的工作也不容易，认为多一事不如少一事，因此，并未向单位提出异议。

法律疑点

劳动者在试用期内的最低工资标准是什么？

法律分析

根据《劳动合同法》第二十条的规定，劳动者在试用期的工资不得低于本单位相同岗位最低档工资或者劳动合同约定工资的百分之八十，并不得低于用人单位所在地的最低工资标准。对此，我国《劳动合同法实施条例》第十五条也作出了相同的规定。由此可见，劳动者在试用期内的最低工资标准为本单位相同岗位最低档工资或者劳动合同约定工资的百分之八十，并且该标准不得低于用人单位所在地的最低工资标准。

劳动者在试用期内，用人单位支付给劳动者的工资不能低于法律规定的最低标准。法律之所以对试用期内劳动者的最低工资标准作出严格限制，是因为有的用人单位可能会以劳动者在试用期内表现不佳或者未完成工作任务为由，支付给劳动者较少的工资。这对于劳动者而言是不公平的，而且这种行为实际上是在变相剥夺劳动者的劳动力，因此，法律对于试用期内劳动者的最低工资标准作出了强制性的规定。

在上面的案例中，某装修公司的做法是错误的，按照任某转正之后的最低工资计算，装修公司在试用期内应当至少支付其5600元工资。如果未达到当地的最低工资标准，还应当以最低工资标准为准。而任某在得知后，应当要求公司补发自己在试用期内的工资，其认为多一事不如少一事的想法是错误的。

条文链接

《中华人民共和国劳动合同法》

第二十条　劳动者在试用期的工资不得低于本单位相同岗位最低档工资或者劳动合同约定工资的百分之八十，并不得低于用人单位所在地的最低工资标准。

《中华人民共和国劳动合同法实施条例》

第十五条　劳动者在试用期的工资不得低于本单位相同岗位最低档工资的80％或者不得低于劳动合同约定工资的80％，并不得低于用人单位所在地的最低工资标准。

法律人生

在实际的工作中，用人单位不按规定支付劳动者在试用期内的工资的现象是非常常见的。然而，有的劳动者因不清楚试用期内最低工资标准的规定，对于用人单位的违法行为并不知情。而有的劳动者即使知道用人单位没有按照最低标准支付试用期内的工资，为了工作或者其他原因，也选择听之任之。在此，我们需要提醒劳动者，对于劳动者的劳动，用人单位应该给予相应的报酬。用人单位对于劳动者在试用期的工资应该按照相关法律规定支付，用人单位如果有违法行为的，劳动者应当依法维护自己的合法权益。

27. 实行提成工资的用人单位，底薪可以低于最低工资标准吗？

案情再现

魏某是某房地产公司销售部的员工，他在与该公司签订劳动合同时约定，每月工资采用底薪加提成的形式，每月底薪为3000元，每卖出一套房子按房屋价格的一定比例提成。在入职后，魏某听其他同事说，每月只要卖出一套房子，工资就会过万。为此，魏某非常努力地为客户介绍房源。但是，由于魏某刚刚工作，销售经验不足，连续三个月都没有卖出一套房子，因此他只能每月领3000元的底薪。后来，魏某在和朋友聚会时，说起了自己的工作，魏某称自己每月的工资根本达不到最低工资标准，并和自己的朋友说出了自己的困难。朋友告诉他说，即使是底薪，也不能低于最低工资标准。

法律疑点

实行提成工资的用人单位，底薪可以低于最低工资标准吗？

法律分析

实行提成工资的用人单位，底薪不可以低于最低工资标准。

《最低工资规定》第十二条第二款规定，实行计件或提成工资的用人单位，在科学、合理的劳动定额基础上，其支付给劳动者的工资不得低于相应的最低工资标准。据此可知，以提成方式计算工资的用人单位，其支付给劳动者的工资如果只有底薪，底薪不能低于最低工资标准。最低工资是指劳动者在法定工作时间提供了正常劳动的前提下，雇主（或用人单位）支付的最低金额的劳动报酬。最低工资不包括加班工资、特殊工作环境、特殊条件下的津贴，最低工资也不包括劳动者保险、福利待遇和各种非货币的收入，最低工资应以法定货币按时支付。

法律之所以规定最低工资标准，一方面是为了避免部分用人单位采用提成工资的形式剥夺劳动者的劳动力，以此为由故意降低劳动者的工资，损害劳动者的合法权益；另一方面，法律作出这样的规定，是给劳动者的生活提供保障。

在上面的案例中，魏某作为房地产公司的员工，虽然房地产公司是以提成的形式为他发放工资。但是，魏某因没有售出房屋，每月只能领取底薪。根据法律规定，魏某所领取的底薪是不能低于相应的最低工资标准的。因此，房地产公司规定的底薪低于最低工资标准的做法是错误的。

条文链接

《最低工资规定》

第十二条 在劳动者提供正常劳动的情况下，用人单位应支付给劳动者的工资在剔除下列各项以后，不得低于当地最低工资标准：

（一）延长工作时间工资；

（二）中班、夜班、高温、低温、井下、有毒有害等特殊工作环境、条件下的津贴；

（三）法律、法规和国家规定的劳动者福利待遇等。

实行计件工资或提成工资等工资形式的用人单位，在科学合理的劳动定额基础上，其支付劳动者的工资不得低于相应的最低工资标准。

劳动者由于本人原因造成在法定工作时间内或依法签订的劳动合同约定的工作时间内未提供正常劳动的，不适用于本条规定。

法律人生

在实际工作中，很多用人单位为了激励员工努力工作，同时为了提高企业的经济效益，都采用底薪加提成的形式为员工发放工资。但是，需要劳动者注意的是，如果自己每月的工资是采用这种方式计算的，那么，用人单位发放给自己的底薪是不能低于相应的最低工资标准的。否则，就是违反法律的规定。对此，劳动者可以通过法律途径来维护自己的合法权益。

28. 拒付劳动报酬有可能构成何种犯罪？

案情再现

王某是某公司的员工，该公司的业务主要是给各个企业单位进行房屋装修和装潢。王某自2012年入职以来，工资每个月都按时发放，如果王某跟进项目，还会有额外的奖金。然而，从2015年2月开始，公司就开始以各种理由不再为王某等人支付工资，王某等人每次向公司索要工资，公司就以账上没钱推托。实际上，从2015年1月开始，公司会计就不断将公司的资产转移到不同的私人账户，只要公司账上出现资产，会计会马上将其转出。至于转出的资金去向以及目的，会计称自己也不知情，是领导的意思。2018年，公司已经拖欠王某等人工资长达三年，王某认为公司以转移资产的方式逃避支付劳动报酬，已经是犯罪行为，准备向公安机关报案。

法律疑点

公司拒付劳动报酬的行为可能构成哪种犯罪呢？

法律分析

公司可能会构成拒不支付劳动报酬罪。

根据《刑法》第二百七十六条之一第一款的规定："以转移财产、逃匿等方法逃避支付劳动者的劳动报酬或者有能力支付而不支付劳动者的劳动报酬，数额较大，经政府有关部门责令支付仍不支付的，处三年以下有期徒刑或者拘役，并处或者单处罚金；造成严重后果的，处三年以上七年以下有期徒刑，并处罚金。"据此可知，拒不支付劳动报酬罪，就是指以转移财产、逃匿等方法逃避支付劳动者的劳动报酬或者有能力支付而不支付劳动者的劳动报酬，数额较大，经政府有关部门责令支付仍不支付的行为。

法律之所以将拒不支付劳动报酬的行为入罪，是因为近些年来，企业拖欠农民工工资的问题日益严重。许多农民工辛苦一年，却拿不到任何回报，所有的利益都被企业的老板、领导等人剥夺。为了保障劳动者的合法权益，也是为了进一步打击这种拒付劳动报酬的行为，《刑法修正案（九）》将拒不支付劳动报酬设定为一个新的罪名。这不仅是对劳动者权益的有效保障，也可以有效避免一些社会问题的发生。

在上面的案例中，王某所在的公司拖欠王某等人三年工资，三年期间不断转移财产，其行为系以转移财产的方法逃避支付劳动者报酬，如果涉及的数额较大，且经政府有关部门责令支付仍不支付，有可能会构成拒不支付劳动报酬罪。

条文链接

《中华人民共和国刑法》

第二百七十六条之一 以转移财产、逃匿等方法逃避支付劳动者的劳动报酬或者有能力支付而不支付劳动者的劳动报酬……处三年以下有期徒刑或者拘役，并处或者单处罚金；造成严重后果的，处三年以上七年以下有期徒刑，并处罚金。

单位犯前款罪的，对单位判处罚金，并对其直接负责的主管人员和其他直接责任人员，依照前款的规定处罚。

有前两款行为，尚未造成严重后果，在提起公诉前支付劳动者的劳动报酬，并依法承担相应赔偿责任的，可以减轻或者免除处罚。

法律人生

在生活中，如果劳动者遇到用人单位拖欠劳动报酬的情况，要考虑单位是否存在以下几种情形：（1）隐匿财产、恶意清偿、虚构债务、虚假破产、虚假倒闭或者以其他方法转移、处分财产的；（2）逃跑、藏匿的；（3）隐匿、销毁或者篡改账目、职工名册、工资支付记录、考勤记录等与劳动报酬相关的材料的；（4）以其他方法逃避支付劳动报酬的。如果有上述情形之一，劳动者应该及时报案，让有关机关介入进行处理，最大限度地降低自己可能因此遭受的损害。

29. 劳动者在法定的工作时间内参加社会活动的，用人单位是否需要支付工资？

案情再现

方某是某企业的一名员工，一天，方某到邻居赵某家串门时，看到赵某的好朋友董某正在向赵某借钱。赵某觉得与对方是好朋友，便没有要求董某出具借条。后来，董某却不承认该笔借款。为此，赵某将董某诉至法院。在法院通知赵某开庭后，赵某请方某出庭作证，证明董某曾向自己借钱。方某也答应了赵某的请求。但是，在方某向公司请假时，公司的经理告诉方某，他可以去作证，但是要按照公司规定扣除他一天的工资。对此，方某觉得公司这样的规定不太合理，可想到毕竟是自己因为出庭作证要耽误工作，因此，也没有反对。后来方某在一次与朋友聊天时意外得知，劳动者在法定工作时间依法参加社会活动的，用人单位应该支付其工资。

法律疑点

劳动者在法定的工作时间内参加社会活动的，用人单位是否需要支付工资？

法律分析

劳动者在法定的工作时间内参加社会活动的，用人单位应当支付工资。

劳动者依法参加社会活动的权利是受法律保护的。《工资支付暂行规定》第十条规定，劳动者在法定工作时间内依法参加社会活动期间，用人单位应视同其提供了正常劳动而支付工资。社会活动包括：依法行使选举权或被选举权；当选代表出席乡（镇）、区以上政府、党派、工会、青年团、妇女联合会等组织召开的会议；出任人民法庭证明人；出席劳动模范、先进工作者大会；《工会法》规定的不脱产工会基层委员会委员因工作活动占用的生产或工作时间；其他依法参加的社会活动。此外，我国《劳动法》第五十一条也规定，劳动者在法定工作时间内参加社会活动，应视为提供了正常劳动，用人单位应向劳动者支付工资。据此可知，劳动者在法定工作时间内参加社会活动的，用人单位必须支付劳动者工资。

劳动者依法参加社会活动，如参加选举、出庭作证、当选代表出席相关组织召开的会议等，这些活动都是带有公益性质的，是按照国家法律规定依法应当参加的活动，而且这些活动并不是为了劳动者自己的私人利益。而如果劳动者参加这些活动，用人单位要扣除劳动者工资，那么将会导致很多人都不愿再去参加这些社会活动，从而使很多社会活动无法正常进行，进而影响整个社会的秩序。法律这样规定是为了鼓励劳动者积极参加这些社会活动，同时也保护了劳动者相关的合法权益。

在上面的案例中，方某作为证人出庭作证，也属于依法参加社会活动的范围。因此，根据上述法律规定，在方某向公司请假时，公司应当允许方某出席法庭庭审，并且依法支付方某工资。而案例中，公司在方某作为证人出席庭审时扣除方某工资的行为是违法的。

条文链接

《中华人民共和国劳动法》

第五十一条　劳动者在法定休假日和婚丧假期间以及依法参加社会活动期间，用人单位应当依法支付工资。

《工资支付暂行规定》

第十条　劳动者在法定工作时间内依法参加社会活动期间，用人单位应视同其提供了正常劳动而支付工资。社会活动包括：依法行使选举权或被选举权；当选代表出席乡（镇）、区以上政府、党派、工会、青年团、妇女联合会等组织召开的会议；出任人民法庭证明人；出席劳动模范、先进工作者大会；《工会法》规定的不脱产工会基层委员会委员因工作活动占用的生产或工作时间；其它依法参加的社会活动。

法律人生

在实际工作中，劳动者因为个人事情向工作单位请假的现象非常常见。而需要劳动者注意的是，除了婚丧假之外，如果劳动者请假是因为依法参加诸如选举、出任人民法庭作证等社会活动时，是受国家法律保护的。用人单位应视其为正常劳动而支付其工资，不能以此为理由，扣除劳动者的工资，否则，就是侵害劳动者的合法权益。

30. 没有书面劳动合同，劳动者在工作中所遭受的伤害是否可以认定为工伤？

案情再现

赵某是某大学机械自动化专业的学生，毕业后在北京某机械生产公司找到了一份工作。赵某应聘成功后，该企业称赵某要经过一个月的试用期，在试用期通过之后，公司才能与他签订正式的劳动合同。赵某觉得反正试用期也不是很长，因此，答应了该公司的要求。然而，在赵某工作的第二天，他在工作时因不小心而导致左手受伤。在经过住院治疗后，医生称赵某的手很可能以后无法再正常活动，会导致残疾。于是，赵某向公司申请工伤认定。但是，该机械公司却称，赵某并未与他们签订正式的劳动合同，不是公司正式聘用的员工，所以，赵某的伤不能被认定为工伤。

法律疑点

没有书面劳动合同，劳动者在工作中所遭受的伤害是否可以被认定为工伤？

法律分析

没有书面劳动合同，劳动者在工作中所遭受的伤害也可以被认定为工伤。

根据《劳动合同法》第七条和第十条的规定，用人单位自用工之日起即与劳动者建立劳动关系。建立劳动关系，应当订立书面劳动合同。据此可知，即便劳动者没有与用人单位订立书面劳动合同，但其与用人单位自用工之日起就建立了事实劳动关系。所谓事实劳动关系，是指用人单位招用劳动者后不按规定订立劳动合同，或者用人单位与劳动者以前签订过劳动合同，但是劳动合同到期后用人单位同意劳动者继续在本单位工作却没有与其及时续订劳动合同的情况。在事实劳动关系中，依据《工伤保险条例》第二条的规定，劳动者享有劳动保障法律法规所规定的一切权利，包括工伤保险待遇。因此，根据《工伤保险条例》第十八条的规定，只要劳动者在申请工伤认定时能够向劳动保障部门提供事实劳动关系存在的证明材料（如录用登记表、考勤表、工资单等）或者相关人证（如同事），就可以享受工伤保险待遇。

事实劳动关系只是缺乏有效的书面合同这一形式要件，但是这并不能影响劳动关系的成立，也不能影响事实劳动关系中劳动者享受工伤保险待遇。法律规定事实劳动关系中的劳动者也可以享受工伤保险待遇，有利于维护劳动者的合法权益，避免用人单位为了推脱责任而故意不与劳动者订立书面合同。

在上面的案例中，赵某虽然没有与该机械生产公司签订正式的书面劳动合同，但是，根据《劳动合同法》的相关规定可知，赵某与该公司存在事实劳动关系，自其从该公司上班之日起就与该公司建立了劳动关系。因此，赵某也应当享受工伤保险待遇，其在因工受伤之后，公司应当为其申请认定工伤。而案例中公司以赵某未与用人单位签订书面劳动合同为由拒绝为其认定工伤的做法是违反法律规定的。

条文链接

《中华人民共和国劳动合同法》

第七条　用人单位自用工之日起即与劳动者建立劳动关系。用人单位应当建立职工名册备查。

第十条　建立劳动关系，应当订立书面劳动合同。

已建立劳动关系，未同时订立书面劳动合同的，应当自用工之日起一个月内订立书面劳动合同。

用人单位与劳动者在用工前订立劳动合同的，劳动关系自用工之日起建立。

《工伤保险条例》

第二条第二款　中华人民共和国境内的企业、事业单位、社会团体、民办非企业单位、基金会、律师事务所、会计师事务所等组织的职工和个体工商户的雇工，均有依照本条例的规定享受工伤保险待遇的权利。

第十八条　提出工伤认定申请应当提交下列材料：

（一）工伤认定申请表；

（二）与用人单位存在劳动关系（包括事实劳动关系）的证明材料；

（三）医疗诊断证明或者职业病诊断证明书（或者职业病诊断鉴定书）。

工伤认定申请表应当包括事故发生的时间、地点、原因以及职工伤害程度等基本情况。

……

法律人生

在职场中，很多劳动者在工作后，用人单位出于各方面原因的考虑可能并未及时与劳动者订立书面劳动合同。但是，这并不代表不签订书面劳动合同的劳动者就不能享受工伤保险待遇。在用人单位以不存在书面劳动合同为由拒绝为劳动者申请工伤认定时，劳动者要用法律维护自己的合法权益。

31. 用人单位可以擅自延长劳动者的工作时间吗?

案情再现

朱某在一家餐饮公司从事行政工作。应聘时朱某与该公司签订了劳动合同，并在劳动合同中规定了每天的工作时间以及工资等事项。然而，在朱某工作了半年之后，该公司的经理突然宣布，由于公司最近的业务不断增多，因此，该公司将在下个月开始延长工作时间，由每天的八小时工作制延长至九个小时。朱某在收到通知后，认为公司不能擅自延长劳动时间。但是，该公司的经理称，这是公司的规定，朱某如果有异议，可以辞职另谋高就。

法律疑点

用人单位可以擅自延长劳动者的工

作时间吗？

法律分析

用人单位不能擅自延长劳动者的工作时间。

我国实行每天工作时间不超过8小时、平均每周工作时间不超过44小时的工时制。《劳动法》第四十一条规定，用人单位由于生产经营需要，经与工会和劳动者协商后可以延长工作时间，一般每日不得超过一小时；因特殊原因需要延长工作时间的，在保障劳动者身体健康的条件下延长工作时间每日不得超过3小时，但是每月不得超过36小时。由此可见，用人单位不能擅自决定延长劳动者的工作时间，其要延长劳动者的工作时间的前提是用人单位必须有特殊情况和紧急任务，并且要与劳动者协商。

为保障工人享有合理的休息时间，法律对于工作时间的长度作出了明确的规定。劳动合同的达成是双方真实意愿的表达，协商一致的结果，如果企业因为生产等多方面原因想要延长工作时间，需要与工人或者工会进行协商，在取得同意的基础之上方可实行，这是保障工人合法权益不受侵害的保障性规定。

具体到本案中，餐饮公司在没有与劳动者协商的情形下，自行决定延长劳动时间的行为是违反法律规定的。根据上述法律规定，餐饮公司如果因为生产经营的需要延长劳动时间，其应当事先与工会和劳动者进行协商，在双方达成一致意见后才可以延长劳动者的工作时间。但是，其延长劳动时间一般不能超过一个小时，特殊情形下不能超过三个小时。

条文链接

《中华人民共和国劳动法》

第三条 劳动者享有平等就业和选择职业的权利、取得劳动报酬的权利、休息休假的权利、获得劳动安全卫生保护的权利、接受职业技能培训的权利、享受社会保险和福利的权利、提请劳动争议处理的权利以及法律规定的其他劳动权利。

劳动者应当完成劳动任务，提高职业技能，执行劳动安全卫生规程，遵守劳动纪律和职业道德。

第四十一条 用人单位由于生产经营需要，经与工会和劳动者协商后可以延长工作时间，一般每日不得超过一小时；因特殊原因需要延长工作时间的，在保障劳动者身体健康的条件下延长工作时间每日不得超过三小时，但是每月不得超过三十六小时。

法律人生

在工作中，用人单位自行延长劳动时间的现象是比较常见的。劳动者在遇到此种情形时，需要注意用人单位是否按照法律规定的程序事先与其进行了协商。换言之，用人单位延长劳动时间必须要取得劳动者的同意，在未经劳动者同意的情况下，不能擅自决定。

32. 在什么情况下，劳动者可以不通知用人单位而随时解除劳动合同？

案情再现

梁师傅是工作多年的老矿工，经验丰富，厂里经常安排他带领新人熟悉和了解矿厂的地下工作。在一次采矿任务中，梁师傅发现矿内情况异常，随时有出现坍塌的可能，便赶忙将情况汇报给领导，并请求停止采矿，但领导说有一份订单急着赶货，停止采矿就无法及时完成交易，不同意梁师傅的请求，并且强制命令他们冒险作业，还威胁说如果完成不了订单的矿量就都别干了。梁师傅知道继续作业的后果远比失去工作严重得多，于是最终决定带着一帮新人回到地面。梁师傅通过这件事对矿场领导的做法失望透顶，不想再在矿厂工作了，当天便要求与矿厂解除劳动合同。

法律疑点

梁师傅的情况可以不通知用人单位而随时解除劳动合同吗？

法律分析

在本案中的情况下，梁师傅有权随时解除劳动合同，而不用通知用人单位。

根据《劳动合同法》第三十二条的规定，劳动者拒绝用人单位管理人员违章指挥、强令冒险作业的，不视为违反劳动合同。劳动者对危害生命安全和身体健康的劳动条件，有权对用人单位提出批评、检举和控告。同时，该法第三十八条第二款规定，用人单位以暴力、威胁或者非法限制人身自由的手段强迫劳动者劳动的，或者用人单位违章指挥、强令冒险作业危及劳动者人身安全的，劳动者可以立即解除劳动合同，不需事先告知用人单位。由此可见，用人单位强令冒险作业危及人身安全时，劳动者有权紧急撤离现场，并有权无须提前通知用人单位而随时解除劳动合同。

在劳动生产过程中，存在着各种不安全因素，如不采取措施对劳动者加以保护，就会危害劳动者的生命安全和身体健康，妨碍生产的正常进行。因此，在劳动安全卫生权受到侵害、生命健康权受到威胁时，法律赋予劳动者紧急处置权，以严格保护劳动者在履行劳动合同、进行生产劳动过程中的劳动安全卫生权利。

在上面的案例中，矿厂管理人员明知道矿下情况异常，仍强令梁师傅等人冒险作业，严重违反了安全生产及劳动者劳动安全卫生保护的义务，因此，梁师傅可以立即解除劳动合同，且不需事先告知用人单位。

条文链接

《中华人民共和国劳动合同法》

第三十二条　劳动者拒绝用人单位管理人员违章指挥、强令冒险作业的，不视为违反劳动合同。

劳动者对危害生命安全和身体健康的劳动条件，有权对用人单位提出批评、检举和控告。

第三十八条第二款 用人单位以暴力、威胁或者非法限制人身自由的手段强迫劳动者劳动的，或者用人单位违章指挥、强令冒险作业危及劳动者人身安全的，劳动者可以立即解除劳动合同，不需事先告知用人单位。

法律人生

在一些高危的行业中，突发情况或危险随时可能发生，如果用人单位存在强令劳动者违章冒险作业的情况，劳动者应该果断拒绝且可以选择立即解除合同，不用事先书面告知用人单位，而且法律也不会将其在此种情况下的行为视为违约。用人单位与劳动者之间的关系往往处于不平等的状态，为了避免再就业的艰辛，多数劳动者在受到用人单位不合理的待遇或强制工作时一般会选择忍气吞声以保全自己的工作，实际上，相关法律对此已有保护规范，在遭遇此种情况时，劳动者可以对用人单位提出批评、检举和控告，坚决维护自身的合法权益。

33. 用人单位有权解聘上班用QQ、微信等私聊的员工吗？

案情再现

于某大学毕业不久，就应聘到一家软件公司上班，成为该公司的一名职员。公司的员工手册中明确禁止员工在上班时间用QQ、微信等即时聊天工具私聊，情节严重的将予以开除。于某也很清楚这项规定，但因为一时没有办法改掉在学校养成的懒散习惯，仍然经常趁大家不注意用QQ或者微信跟网友聊天，并经常发出大笑的声响。一天，于某在用公司的电脑与网友聊天时，被正好经过的公司经理发现，于某马上承认错误，并表示不会再犯。但没过几天，于某又开始继续偷偷用公司的电脑上网与网友私聊。公司经理知道后非常生气，对于某进行了严厉的批评，并提出要解雇于某。

法律疑点

公司有权解雇上班用QQ、微信等私聊的于某吗？

法律分析

公司有权解雇上班用QQ、微信等私聊的于某。

我国《劳动合同法》第三十九条规定，劳动者严重违反用人单位的规章制度的，用人单位可以与其解除劳动合同。对劳动者来说，利用单位设备做与本职工作无关的事情，这种行为是不可取的。

一般来说，员工偶尔使用微信、QQ等工具进行私人聊天，只是轻微违纪，即使单位的规章制度规定“一次网聊私事即解除劳动合同”，但这对于员工而言惩处力度过大，也难为人所接受，公司一般也会原谅员工的这一行为。但是员工多次违反公司规定网聊，并经指出后拒不改正，这就加重了违纪情节。因此，对于劳动者严重无视用人单位的规章制度，多次违反并拒不改正，尤其是对于一些严重违反公序良俗和法律底线、破坏正常工作秩序的行为，如员工上网聊天时大量传播淫秽图片等，即使规章制度中未将此列入应当解聘的行为，用人单位据此解除劳动关系，也有可能得到法律的支持。

在上面的案例中，于某所在公司明确规定在上班时间用QQ、微信等即时聊天工具私聊，情节严重的将予以开除，而于某也明知这一规定，但仍然以身试法，在被公司领导发现并受过一次警告后仍多次违反，所以于某所在的公司可以解除其与于某的劳动合同关系。

条文链接

《中华人民共和国劳动合同法》

第三十九条 劳动者有下列情形之一的，用人单位可以解除劳动合同：

（一）在试用期间被证明不符合录用条件的；

（二）严重违反用人单位的规章制度的；

（三）严重失职，营私舞弊，给用人单位造成重大损害的；

（四）劳动者同时与其他用人单位建立劳动关系，对完成本单位的工作任务造成严重影响，或者经用人单位提出，拒不改正的；

（五）因本法第二十六条第一款第一项规定的情形致使劳动合同无效的；

（六）被依法追究刑事责任的。

法律人生

国有国法，家有家规，劳动法律规范作为调整劳动市场秩序的法律规范，不仅对用人单位作出了诸多的要求，同时也对劳动者提出了相应的要求。一个单位要想顺利、有序地发展，需要有自己的规章制度，而作为这个单位的成员，劳动者应当自觉遵守单位规定的各项规章制度，严于律己，切勿严重违反用人单位的规章制度。对于劳动者严重违反用人单位规章制度的情况，单位有权将其解聘；而且若劳动者的违反行为因此给单位造成损失的，还将面临赔偿问题。

34. 当用人单位违法解除劳动合同时，劳动者有权同时要求补偿金和赔偿金吗？

案情再现

2017年4月，陆某经过同村人介绍到城里打工，在一家建筑公司当工人，与公司签订的劳动合同期限为三年。一天，陆某在工作期间不慎从5楼摔下，工友们立即将陆某送到医院，经过抢救陆某虽然脱离了生命危险，但伤势严重仍需长期治疗，且体质大不如前，丧失了大部分劳动能力。公司见陆某不能再胜任建筑工作，不愿再照顾陆某这个大麻烦，便单方解除了与陆某的劳动合同。陆某收到劳动合同解除的通知书后非常生气，马上找到公司领导理论，但最终还是被解雇了。无奈之下陆某向劳动仲裁机构申请仲裁，并要求公司支付补偿金和赔偿金。

法律疑点

建筑公司违法解除劳动合同，陆某有权同时要求补偿金和赔偿金吗？

法律分析

建筑公司违法解除劳动合同，陆某只能要求公司支付赔偿金。

依照《劳动合同法》第四十二条的规定，劳动者因工负伤并被确认部分丧失劳动能力后，用人单位不能以劳动者不能胜任工作为由而解除劳动合同。另根据《劳动合同法实施条例》第二十五条以及《劳动合同法》第八十七条的规定，用人单位违反劳动合同法的规定解除或者终止劳动合同，应当依照本法第四十七条规定的经济补偿标准的二倍向劳动者支付赔偿金。用人单位依照劳动合同法的规定支付了赔偿金的，不再支付经济补偿。

一般来说，赔偿金具有对用人单位作出惩罚的性质；补偿金是用人单位在并未有违法行为的时候对劳动者的补偿，赔偿金和补偿金的性质不同，两者可以同时主张，但在劳动合同关系中，法律规定赔偿金和补偿金却不可并列。

在上面的案例中，陆某因工负伤并被确认部分丧失劳动能力后，建筑公司以劳动者不能胜任工作为由而解除劳动合同，其行为属于一种违法行为。但根据法律规定，支付了赔偿金的，不再支付经济补偿，所以我们说，陆某要求建筑公司同时支付给自己补偿金和赔偿金的请求是不能实现的，建筑公司支付给了他赔偿金便不会再支付他补偿金了。针对陆某的情况，我们建议他去申请做工伤认定，鉴定出伤残等级后陆某就能依法获得相应的工伤赔偿，进而使自己的合法权益得到维护。

条文链接

《中华人民共和国劳动合同法实施条例》

第二十五条 用人单位违反劳动合同法的规定解除或者终止劳动合同，依照劳动合同法第八十七条的规定支付了赔偿金的，不再支付经济补偿。赔偿金的计算年限自用工之日起计算。

《中华人民共和国劳动合同法》

第八十七条 用人单位违反本法规定解除或者终止劳动合同的，应当依照本法第四十七条规定的经济补偿标准的二倍向劳动者支付赔偿金。

法律人生

用人单位违法解除或者终止劳动合同的，应当依法向劳动者支付赔偿金。这一规定，事实上是对用人单位违法解除或者终止劳动合同的惩罚性约束，要求用人单位按照经济补偿标准的二倍支付赔偿金。劳动法律规范一直在强调对劳动者权益的保护，因此，用人单位违法解除劳动合同时，法律对在此情形下的劳动者当然做了相应的保护，在遭遇此种对待时，劳动者应当积极主动地向用人单位请求经济赔偿。

35. 哪些劳动争议可以向劳动争议仲裁委员会申请仲裁？

案情再现

小韩是某单位的一名业务员，2012年12月，小韩与用人单位签订劳动合同，试用期过后，小韩成了单位的正式员工。入职以后，小韩工作认真踏实，积极学习业务知识，不到一年的时间，小韩就成了部门的精英业务员。2018年3月12日，小韩母亲病危，由于情况紧急，小韩给部门领导打了个电话就匆匆回家。3月25日，小韩安置好母亲，重回单位上班。但是到单位以后，单位以小韩“擅自离岗，给单位造成了损失”为由将小韩辞退。小韩对于单位的这一做法十分不解，找领导商议，领导却说单位已经作出了决定，没有回旋的余地，并让小韩通过法律途径解决这一问题。小韩准备申请劳动争议仲裁。

法律疑点

小韩和单位的劳动争议可以向劳动争议仲裁委员会申请仲裁吗？

法律分析

小韩和单位的劳动争议可以向劳动争议仲裁委员会申请仲裁。

根据我国《劳动争议调解仲裁法》第二条的规定可知，以下几种劳动争议，可以申请仲裁：因确认劳动关系发生的争议，就是指因确认劳动关系是否存在而产生的争议；因订立、履行、变更、解除和终止劳动合同发生的争议，即对于这一过程任何一个环节发生的争议，都可以适用《劳动争议调解仲裁法》来解决；因除名、辞退和辞职、离职发生的争议；因工作时间、休息休假、社会保险、福利、培训以及劳动保护发生的争议，这里主要涉及用人单位规定的工作时间是否符合有关法律的规定，劳动者是否能够享受到国家的法定节假日和带薪休假的权利等而引起的争议；因劳动报酬、工伤医疗费、经济补偿或者赔偿金等发生的争议，这类主要涉及劳动者与用人单位因金钱给付问题而发生的劳动争议；法律、法规规定的其他劳动争议。

法律之所以规定以上几种劳动争议可以申请仲裁，是为了更加全面合理地维护劳动者的合法权益。上述几种争议基本包括了劳动者和用人单位之间因劳动关系而可能产生的纠纷。当然还有一些争议没有被《劳动争议调解仲裁法》所涵盖，一是因为许多争议虽然发生在劳动者和单位之间，但其并不属于“劳动争议”，二是因为有些争议尽管是劳动争议，但是需要有关行政部门和其他机构的配合才可以得到更加合理的解决。

在上面的案例中，小韩因单位擅自将其辞退而想提起仲裁，他和单位之间的争议属于因除名、辞退和辞职、离职发生的争议，小韩是可以申请仲裁的。

条文链接

《中华人民共和国劳动争议调解仲裁法》

第二条 中华人民共和国境内的用人单位与劳动者发生的下列劳动争议，适用本法：

（一）因确认劳动关系发生的争议；

（二）因订立、履行、变更、解除和终止劳动合同发生的争议；

（三）因除名、辞退和辞职、离职发生的争议；

（四）因工作时间、休息休假、社会保险、福利、培训以及劳动保护发生的争议；

（五）因劳动报酬、工伤医疗费、经济补偿或者赔偿金等发生的争议；

（六）法律、法规规定的其他劳动争议。

法律人生

劳动关系的和谐稳定是构建社会主义和谐社会的基础。目前，我国劳动关系总体上是健康稳定的，但也存在一些纠纷和矛盾。我们生活中绝大部分人都是劳动者，作为劳动者，我们需要知道哪些争议是劳动争议，哪些争议可以仲裁解决，这不仅是全民普法的要求，也事关我们每个人的利益。在遇到劳动争议时，我们一定要谨慎分辨争议的性质，对症下药，采取合适的途径来解决。

36. 申请劳动仲裁应当在多长时间内提出？

案情再现

李某和王某是大学同学，二人毕业以后一起找工作，2015 年 6 月，二人都应聘到了一家科学技术有限公司做技术员。这家公司业务量大，李某和王某的工作繁忙，经常加班，由于二人是新来的，经常被其他同事使唤。2016 年，李某由于工作压力大患上了甲状腺疾病，想申请辞职，但是还没等到李某辞职，公司就莫名将李某辞退。2016 年 8 月 2 日，李某向公司索要经济赔偿，但是公司拒不给付，双方发生劳动争议，后来王某劝李某，不要和单位把关系弄得那么僵，于是李某没有拿到赔偿款就离职了。2018 年 8 月，李某想要回自己当初的经济赔偿，于是想提起劳动仲裁。

法律疑点

李某申请劳动仲裁应当在多长时间内提出呢？

法律分析

李某应该在其与公司发生劳动争议之日起六十日内提出仲裁申请，最晚不得超过一年。

根据我国《劳动法》第八十二条的规定，提出仲裁要求的一方应当自劳动争议发生之日起六十日内向劳动争议仲裁委员会提出书面申请。仲裁裁决一般应在收到仲裁申请的六十日内作出。对仲裁裁决无异议的，当事人必须履行。同时，我国《劳动争议调解仲裁法》第二十七条规定，劳动争议申请仲裁的时效期间为一年。仲裁时效期间从当事人知道或者应当知道其权利被侵害之日起计算。也就是说，当事人应该在劳动争议发生之日起六十日内提出申请，如果当事人的权益受到了侵害，应该在一年内提起仲裁申请，一年以后诉讼时效期满。

法律之所以作出上述规定，是为了催促劳动者及时维护自己的权益，一旦过了一定的时期，对于劳动者一方来说取证或者保留证据都是不利的。同时，法律也规定了一年的诉讼时效，当然该时效并不限制追索劳动报酬的请求，这一年的时间也是为了避免许多劳动者因错过维权时间而导致无法维权。

在上面的案例中，李某与单位发生争议的时间为2016年8月2日，此时李某得知自己莫名被单位辞退，同时也无法得到赔偿金，自己的权益受到了侵害。所以，李某应该从2016年8月2日起六十日内向劳动争议仲裁委员会提出书面申请，李某提起仲裁的诉讼时效也应该从2016年8月2日开始计算至2017年8月1日，李某在2018年8月申请仲裁，已经超过了诉讼时效期间。如果对方提出时效抗辩，李某的请求将无法得到支持。

条文链接

《中华人民共和国劳动争议调解仲裁法》

第二十七条 劳动争议申请仲裁的时效期间为一年。仲裁时效期间从当事人知道或者应当知道其权利被侵害之日起计算。

前款规定的仲裁时效，因当事人一方向对方当事人主张权利，或者向有关部门请求权利救济，或者对方当事人同意履行义务而中断。从中断时起，仲裁时效期间重新计算。

因不可抗力或者有其他正当理由，当事人不能在本条第一款规定的仲裁时效期间申请仲裁的，仲裁时效中止。从中止时效的原因消除之日起，仲裁时效期间继续计算。

劳动关系存续期间因拖欠劳动报酬发生争议的，劳动者申请仲裁不受本条第一款规定的仲裁时效期间的限制；但是，劳动关系终止的，应当自劳动关系终止之日起一年内提出。

《中华人民共和国劳动法》

第八十二条 提出仲裁要求的一方应当自劳动争议发生之日起六十日内向劳动争议仲裁委员会提出书面申请。仲裁裁决一般应在收到仲裁申请的六十日内作出。对仲裁裁决无异议的，当事人必须履行。

法律人生

我们在工作中如果遇到劳动争议或

者劳动纠纷想申请仲裁，一定要尽早申请，如果有些劳动争议案件的情况过于复杂，难以在六十日内申请仲裁，也要在一年内申请。当然，劳动关系存续期间因拖欠劳动报酬发生争议的，是不受仲裁时效期间限制的，但是，劳动关系终止的，也应当自劳动关系终止之日起一年内提出仲裁申请。法律不保护在权利上睡眠的人，我们一定要积极去维护自己的权益，不要等过了诉讼时效而追悔莫及。

第 三 章

房屋汽车

37. 房屋所有权是签订买卖合同就发生变更吗？

案情再现

张某是建筑工人，夫妻在外工作多年一直没有自己的家，随着父母年纪越来越大，再加上子女都已经大学毕业，经济上没有之前那么紧张，于是张某特别想在自己工作的城市买套二手房，把父母接到身边照顾。几经比较，张某夫妻终于在房地产中介公司的帮助下，选定了一套小区环境很好的房子，并与房东商定好了房子的售价，不久后就交了买房的定金，签订了《房屋买卖合同》。签了合同之后，张某与老乡聊起了自己已经买房的事情，说现在就等着拿了钥匙搬进去住了，但是老乡却说就算签订了房屋买卖合同也没用，只有办理了房屋过户登记，房子才是张某的。

法律疑点

只签订了房屋买卖合同，房子的所有权就是张某的了吗？

法律分析

只签订了房屋买卖合同，房子的所有权还不是张某的。

根据我国《物权法》第九条第一款规定，不动产物权的设立、变更、转让和消灭，经依法登记，发生效力；未经登记，不发生效力，但法律另有规定的除外。同时，该法第十五条也规定，当事人之间订立有关设立、变更、转让和消灭不动产物权的合同，除法律另有规定或者合同另有约定外，自合同成立时生效；未办理物权登记的，不影响合同效力。由此可见，房屋买卖如果没有进行登记，不影响买卖合同的效力，但是，未经登记，买方不能取得房屋的所有权。

不动产物权以登记为其公示方法的原因在于合同约定的内容往往仅被合同当事人知悉，具有封闭性；而登记具有向外界公开并使外界知悉物权归属或者变动的情况，具有公信力，从而有利于保护第三人的交易安全。我国《物权法》还规定了“区分原则”，即物权行为无效不影响合同行为的效力，从而使当事人在没有所有权的情况下能够获得合同上的救济权利。

在上面的案例中，张某仅与房东签订了《房屋买卖合同》，双方之间仅产生合同关系，若想取得房屋的所有权，张某还需去办理过户登记，只有办理了变更登记，房屋的所有权才真正属于张某。如果房东拒绝或者不能及时办理房屋登记手续的，张某可以向房东追究违约责任。

条文链接

《中华人民共和国物权法》

第九条第一款　不动产物权的设立、变更、转让和消灭，经依法登记，发生效力；未经登记，不发生效力，但法律另有规定的除外。

第十五条　当事人之间订立有关设立、变更、转让和消灭不动产物权的合同，除法律另有规定或者合同另有约定外，自合同成立时生效；未办理物权登记的，不影响合同效力。

法律人生

房屋所有权并不是签订买卖合同就发生转让，而是要到不动产登记部门办理登记后才能让转让生效，如果没有登记，即便合同双方钱房两清，但在法律上，房子的所有权还是属于卖方，所以在签订房屋买卖合同时，应当注意把办理过户登记手续的内容写入合同，并及时办理变更登记。

38. 以法院判决方式取得的房产，自何时取得房屋所有权？

案情再现

王某与丈夫经人介绍于2016年相识恋爱，第二年就奉子成婚，在办理结婚登记后不久，两人就在县城买了套房子作为新房，房子登记在丈夫一人名下。但是结婚后，王某发现丈夫性情大变，整天无所事事，游手好闲，也不出去工作，还经常喝酒打骂王某，王某不堪其辱，决定去法院诉讼离婚，房子是两人主要的共同财产，且双方对房子的归属问题存在争议，在离婚诉讼过程中，考虑到王某离婚后没有住所，且还需要抚养孩子，经法院审理，房子判给了王某。拿到了法院的判决书后，王某的朋友提醒她：以法院判决的方式取得的房产，自去不动产登记中心办理过户登记时，房子的所有权才是王某的。

法律疑点

王某依据法院判决取得的房产，自何时取得房子的所有权？

法律分析

自法院判决生效之日起，王某就能取得房屋所有权。

我国《物权法》虽然规定不动产物权的取得应当依法登记，否则不发生所有权转移的效力，但是，《物权法》第二十八条同时规定，因人民法院、仲裁委员会的法律文书或者人民政府的征收决定等，导致物权设立、变更、转让或者消灭的，自法律文书或者人民政府的征收决定等生效时发生效力。由此可见，经法院判决取得的房产，即使没有办理过户登记，权利人也能够取得房子的所有权。

法律之所以规定法律文书可以直接发生物权变更的效力，是因为它是由国家司法机关作出，应当具有权威性和公信力；但是判决文书因其私密性，并不是所有人都能知晓判决内容，因此其公示效果也很局限，当房屋进入交易市场时，并不能有效地保护第三人的交易安全，故经法院判决取得的房产虽然自文书生效之日起就享有了所有权，但是只有办理了过户登记，权利人才享有对房屋的处分权。

在上面的案例中，法院经审理把

房屋判给了王某，那么自离婚判决书生效之日起，王某就取得了房屋的所有权。

条文链接

《中华人民共和国物权法》

第二十八条　因人民法院、仲裁委员会的法律文书或者人民政府的征收决定等，导致物权设立、变更、转让或者消灭的，自法律文书或者人民政府的征收决定等生效时发生效力。

第三十一条　依照本法第二十八条至第三十条规定享有不动产物权的，处分该物权时，依照法律规定需要办理登记的，未经登记，不发生物权效力。

法律人生

以人民法院、仲裁委裁判方式取得的房产，可以不受不动产物权登记限制，自法律文书生效时取得房屋所有权，但是在日常生活中，房屋登记的名义权人往往利用登记的公示效力出卖不再属于自己的房子，侵害房屋实际所有权人的利益，因此，即使取得了法院的判决，权利人也应当及时地办理过户登记，以避免日后发生不必要的纠纷。

39. 房屋继承后未进行产权登记就转让的，所有权是否变更？

案情再现

宋某大学毕业参加工作后就一直很少回家，不久前，他接到家里来电说父母在外出旅行中遭遇车祸去世，宋某急忙赶回老家。家中的大伯告诉宋某其父亲生前在市区购买了一套房子，说是今后要作为宋某的婚房，宋某得知后伤心欲绝，无法在父母购买的房子内继续生活，决定将房子卖了。经中介公司介绍，房子很快便找到了买主，于是宋某就将尚未过户到自己名下的房子卖给了购房人，但当购房人看到房产证上的名字并非宋某时提出了质疑，待宋某解释后，购房人仍然坚持要将房子先过户到宋某名下，然后再由宋某过户到自己名下，还说不这样过户，自己就不能取得房屋的所有权。但宋某却觉得没有必要。

法律疑点

宋某继承房屋后未进行产权登记就转让的，所有权是否变更？

法律分析

宋某继承房屋后未进行产权登记就转让的，所有权不发生变更。

根据我国《物权法》第二十九条的规定，因继承取得房屋的，自继承开始时起取得房屋的所有权，即成为房子的合法主人，不需要办理登记手续。但《物权法》第三十一条同时规定，通过继承取得房屋所有权的，如果要将房屋转让给他人，则必须经过登记才发生物权效力。由此可见，基于继承取得的房产，如果没有将房屋过户到自己名下，进行的转让行为是不发生物权效力的。

不动产登记制度规范的是市场交易秩序，而法律之所以规定因继承取得的房屋，自继承开始时起就能取得房屋的所有权是因为继承关系并不涉及市场交易，但是如果继承人出卖房产的，房屋就会进入市场领域，此时就需要办理登记。

在上面的案例中，宋某因法定继承取得了其父的房产，并享有了房屋的所有权，但是当宋某将房子卖与第三人时，应当先去办理变更手续，将其父名下的房屋过户到自己名下，然后才能出卖，否则不发生所有权变更的效果。

条文链接

《中华人民共和国物权法》

第二十九条 因继承或者受遗赠取得物权的，自继承或者受遗赠开始时发生效力。

第三十一条 依照本法第二十八条至第三十条规定享有不动产物权的，处分该物权时，依照法律规定需要办理登记的，未经登记，不发生物权效力。

法律人生

通过继承取得的房产，继承人自继承开始时取得房屋的所有权，但是处分该房屋的，需要按照规定到不动产登记中心进行登记，未经登记的，转让行为不发生物权效力。因此，在购买房产时，买房人应谨慎小心，注意查看房产证上的信息是否与卖房人的一致。

40. 开发商的广告宣传与实际情况不符是否承担违约责任？

案情再现

吴某毕业后参加工作几年了，看到身边已婚或者未婚的同事都在考虑买房子，想到自己每个月都要交几千块的房租，不如自己也买套房子。下定决心后，吴某开始留意各处卖房信息，虽然有很多规划设计、地理位置、交通都不错的房子，但是由于自己非常热爱打网球，吴某想找小区内建有网球场的楼盘，所以一直没有找到让自己心仪的房子。后吴某在浏览某处开盘楼房的宣传广告发现，广告关于房屋的面积、基础设施及售价等信息都做了详细介绍，而且根据介绍，该处的楼盘建筑规划内有网球场，他非常开心，马上在此处买了房，但是等他拿到钥匙后发现，该房子与开发商在售房广告上的说明严重不符，而且小区的基础设施也没有网球场，吴某觉得上当受骗了，找到开发商要求承担违约责任，但遭到拒绝。

法律疑点

开发商应当对吴某承担违约责任吗？

法律分析

开发商应当对吴某承担违约责任。

根据《最高人民法院关于审理商品房买卖合同纠纷案件适用法律若干问题的解释》第三条规定，开发商的销售广告和宣传资料作为要约邀请，如对其相关设施所作的说明和允诺具体确定的，且对商品房买卖合同的订立及价格有重大影响的，即使该说明和允诺未载入买卖合同，亦应视为合同内容。由此可见，当开发商的广告宣传与实际情况不符时，应当对购房人承担违约责任。

上述司法解释规定对要约邀请的违反需要承担违约责任的，应当满足两个条件：第一，满足构成要约的条件，即商业广告等要约邀请的内容具体确定；第二，对商品房买卖合同的订立及价格具有重大影响，这主要是考虑到当事人的意思自由，当开发商发布的房屋信息与实际不符时，实际上侵犯了购房者的知情权，若此时仍将其视为要约邀请，则会让买房人救济无门。

在上面的案例中，开发商的销售广告对房屋的面积、基础设施及售价等具体信息都做了明确的公布，而吴某正是因为小区内的网球场才决心购买房屋的，因此，此时开发商广告内容上的说明和允诺应视为合同内容，即开发商应按合同内容履行义务，否则应承担违约责任。

条文链接

《中华人民共和国合同法》

第十五条　要约邀请是希望他人向自己发出要约的意思表示。寄送的价目表、拍卖公告、招标公告、招股说明书、商业广告等为要约邀请。

商业广告的内容符合要约规定的，视为要约。

《最高人民法院关于审理商品房买卖合同纠纷案件适用法律若干问题的解释》

第三条　商品房的销售广告和宣传资料为要约邀请，但是出卖人就商品房开发规划范围内的房屋及相关设施所作的说明和允诺具体确定，并对商品房买卖合同的订立以及房屋价格的确定有重大影响的，应当视为要约。该说明和允诺即使未载入商品房买卖合同，亦应当视为合同内容，当事人违反的，应当承担违约责任。

法律人生

商品房的销售广告和宣传资料作为要约邀请，其内容具体明确且对买房人购买房屋起了重大影响的，若出卖人未按宣传内容兑现承诺即属于违反合同内容，应承担违约责任。因此，在购房尤其在购买期房时，交房后，如发现房屋实际情况与宣传内容不一致时，应当积极维护自己的权益，要求开发商承担违约责任。

41. 商品房的保修期应该从何时起算？

案情再现

春节回家，张某发现堂兄弟几个都在市区买了房，考虑到自己的儿子也到了适婚年龄，要给他准备新房了，但是自己的存款又不多，所以打算买个户型比较小的房子。经亲戚朋友介绍，张某选了一套交通比较方便的房子，很快就跟开发商签订了买房合同，但是在张某交了首付款，办理了过户登记，拿了钥匙，准备搬进去住的时候，却发现厨房角落里的墙角漏水，于是他找到开发商要求处理，开发商却说买房合同上写明房子的保修期是五年，但是从房屋竣工验收合格到现在，早就过了五年的期限，以此为由拒绝赔偿，而张某觉得房子保修期的“五年”应当从交房的时候起算。

法律疑点

张某所买的房子的保修期应从何时计算？

法律分析

张某房子的保修期应当从房子交付的时候起算。

根据《商品房销售管理办法》第三十三条第一款的规定，房地产开发企业应当对所售商品房承担质量保修责任。当事人应当在合同中就保修范围、保修期限、保修责任等内容作出约定。保修期从交付之日起计算。由此可见，商品房的保修期是从房子交付之日才起算的。

房子保修期的长短，一般是由买卖双方根据自己的实际情况协商确定的，但是保修期起算的时间点却是由法律规定的，主要的原因在于，开发商与购房人签订的合同往往是格式合同，合同条款一般未与买房方协商，为了保障买房方的权益，房屋保修期的起算点应作出有利于买房方的规定。

在上面的案例中，买房合同上约定房子保修期的时间为五年，那么张某所购房子的保修期应是自开发商交付房子之日起计算五年，开发商的说法没有法律依据。

条文链接

《商品房销售管理办法》

第三十三条 房地产开发企业应当对所售商品房承担质量保修责任。当事人应当在合同中就保修范围、保修期限、保修责任等内容做出约定。保修期从交付之日起计算。

商品住宅的保修期限不得低于建设工程承包单位向建设单位出具的质量保修书约定保修期的存续期；存续期少于《规定》中确定的最低保修期限的，保修期不得低于《规定》中确定的最低保修期限。

非住宅商品房的保修期限不得低于建设工程承包单位向建设单位出具的质量保修书约定保修期的存续期。

在保修期限内发生的属于保修范围的质量问题，房地产开发企业应当履行保修义务，并对造成的损失承担赔偿责任。因不可抗力或者使用不当造成的损坏，房地产开发企业不承担责任。

法律人生

法律对商品房的保修内容作了明确的规定，以保护购房者的权益。出售人承担房屋的维修责任，房屋的保修期自交付之日起计算。但是在现实生活中，即使房地产商与买房者约定保修期从交付使用日起算，他们也很可能会做一些手脚，如将房屋竣工验收合格到交付之间的时间计算在内。所以，买房者在与开发商签订合同时一定要注意保修期的时限，避免错过保修时间给自己带来损失。

42. 未按合同约定期限拿到房产证该怎么办？

案情再现

江某与女友是高中同学，两人相恋多年，眼看就到了适婚的年龄，考虑到自己的工作已经稳定，江某就向女友求了婚，不久，女友带着江某回老家见父母。但女友的母亲认为江某没房没车，配不上自己的女儿，坚决要求江某买房才同意让他们领结婚证，迫于无奈，江某决定在自己和女友工作的城市先买套小型的二居室。经过比较，江某与女友买了在某社区的期房，买房合同上约定一年后交房，交房后2个月内办理过户登记。一年后，虽然开发商将房屋的钥匙交给了江某，但2个月的期限已过，却迟迟不见开发商办理过户登记，江某也没有拿到房屋的产权证。

法律疑点

江某应该如何维护自己的权利？

法律分析

江某可以要求开发商承担违约责任，并赔偿其损失。

根据我国《最高人民法院关于审理商品房买卖合同纠纷案件适用法律若干问题的解释》第十八条规定，由于出卖人的原因，买受人在下列期限届满未能取得房屋权属证书的，除当事人有特殊约定外，出卖人应当承担违约责任：（一）商品房买卖合同约定的办理房屋所有权登记的期限；（二）商品房买卖合同的标的物为尚未建成房屋的，自房屋交付使用之日起90日；（三）商品房买卖合同的标的物为已竣工房屋的，自合同订立之日起90日。合同没有约定违约金或者损失数额难以确定的，可以按照已付购房款总额，参照中国人民银行规定的金融机构计收逾期贷款利息的标准计算；且该法第十九条也规定，由于出卖人的原因，导致买受人无法办理房屋所有权登记，买受人请求解除合同和赔偿损失的，应予以支持。

所有权包括占有、使用、收益和处分，而房产证作为房屋所有权归属的对外证明，是房屋进入市场交易的关键材料，没有房产证，房屋的所有权权限就会受到限制，因此，在房屋交易过程中，办理过户登记就会成为卖房人的一项基本义务，而法律规定由于出卖人的原因，未按约定期限办理过户登记应当承担违约责任正是法律对这一问题的回应。

在上面的案例中，江某与开发商签订了购房合同，并得到开发商在交房后2个月内为其办理房产证的承诺，开发商就应当据此履行自己的义务，而事实是开发商并未在约定的期限内为江某办理房产证，所以，江某可以要求开发商承担违约责任，并赔偿其损失。

条文链接

《最高人民法院关于审理商品房买卖合同纠纷案件适用法律若干问题的解释》

第十八条 由于出卖人的原因，买受人在下列期限届满未能取得房屋权属证书的，除当事人有特殊约定外，出卖人应当承担违约责任：

（一）商品房买卖合同约定的办理房屋所有权登记的期限；

（二）商品房买卖合同的标的物为尚未建成房屋的，自房屋交付使用之日起90日；

（三）商品房买卖合同的标的物为已竣工房屋的，自合同订立之日起90日。

合同没有约定违约金或者损失数额难以确定的，可以按照已付购房款总额，参照中国人民银行规定的金融机构计收逾期贷款利息的标准计算。

第十九条 商品房买卖合同约定或者《城市房地产开发经营管理条例》第三十三条规定的办理房屋所有权登记的期限届满后超过一年，由于出卖人的原因，导致买受人无法办理房屋所有权登记，买受人请求解除合同和赔偿损失的，应予支持。

《城市房地产开发经营管理条例》

第三十二条 预售商品房的购买人应当自商品房交付使用之日起90日内，办理土地使用权变更和房屋所有权登记手续；现售商品房的购买人应当自销售合同签订之日起90日内，办理土地使用权变更和房屋所有权登记手续。房地产开发企业应当协助商品房购买人办理土地使用权变更和房屋所有权登记手续，并提供必要的证明文件。

法律人生

商品房买卖合同的功能是为了约束合同双方的行为，督促双方为达成目的自觉地履行义务，但值得强调的是，办理过户登记手续作为合同履行的重要内容，在现实交易中往往被忽视，因此，在买房时应注意将办理过户登记的时间及对应的违约责任写入合同，以避免日后不必要的麻烦。

43. 房屋租赁合同的期限可以为30年吗？

案情再现

为了能有长期稳定的租金收益，王某决定将自己闲置的房子长期出租，经人介绍，王某认识了张某，张某刚刚大学毕业，正在找价格合适的房子，为了避免一直找房换房，他想找个能长期租用的住房。王某要求租期为30年，张某虽然想长期租用，但还是觉得30年的期限太长，在王某跟张某解释，并表示愿意将租金降低10%后，张某同意了，于是两人签订了一份房屋租赁期限为30年的合同。后来，在与朋友的聚会上，张某将这件事告诉了朋友，没想到他们都说张某签订的30年的房屋租赁合同无效，但张某却不以为然。

法律疑点

张某与王某签订的期限为30年的房屋租赁合同有效吗?

法律分析

张某与王某签订的期限为30年的房屋租赁合同，20年内的租期有效，超过部分无效。

根据我国《合同法》第二百一十四条的规定，租赁合同应最长以20年为限，超出部分无效。由此可见，房屋租赁的最高期限为20年，超过20年期限的部分不受法律保护。

一般而言，租赁期限的长短由当事人根据其使用租赁物的目的和租赁物的性质自主决定，如动产租赁时间比较短，一般为临时使用；而不动产租赁时间比较长，最为典型的就是房屋租赁，但法律关于租赁合同期限进行了最高限制的规定，很大程度上是为了防止当事人以“租赁”之名行“买卖”之实，从而逃避缴纳房屋过户税的义务。

在上面的案例中，张某最多只能与王某签订20年的租赁期限，超过20年的部分则不受法律保护。如果张某欲长期租赁，也只能在20年的租赁期间届满时再与王某续订租赁合同，但续订租赁合同同样不得超过20年。

条文链接

《中华人民共和国合同法》

第二百一十四条 租赁期限不得超过二十年。超过二十年的，超过部分无效。

租赁期间届满，当事人可以续订租赁合同，但约定的租赁期限自续订之日起不得超过二十年。

法律人生

在房屋租赁当中，承租人为了租赁关系的稳定，往往希望租期长一些，而房租常常处于不稳定的状态，基于各种考虑，法律规定房屋租赁的期限最高不超过20年，但是，这“20年”并不是一个绝对的最高限，当事人之间还可以“约定更新”，即再订一个租期为20年内的合同。

44. 原租赁合同期限届满，出租人对承租人继续租用房屋没有提出异议的，原租赁合同还有效吗?

案情再现

李某本科期间学的是幼教专业，马上毕业了，就想着和室友几个人去上海租房开个小型的托管所。来到上海之后，李某几人经过比较，在一中心小学附近租了个房间，租赁合同约定的租赁期限是2年，办理完相关的手续之后，托管所就开始招生了。由于李某和室友专业对口，托管所办得相当不错，眼看2年的期限将满，但是新的学期马上开始，大家又要准备招生工作了，就忘了租赁合同续签的事情，而后也一直没有续签，房东也没有提出异议，继续收取租金。但是近日有一帮人来看房子，说自己跟房东签了租赁合同，下周就要搬进来，并要求李某几人马上搬离，于是李某等人找到房东要求给个说法，房东以租赁合同早已到期为由拒绝协商，并要求其立即搬出。

法律疑点

李某和房东原来签订的租赁合同是否继续有效?

法律分析

李某和房东原来签订的租赁合同继续有效。

根据我国《合同法》第二百三十六条规定，租赁期间届满，如果承租人继续使用租赁物，而出租人也没有提出异议，原租赁合同继续有效，只不过租赁期限改为不定期，双方可以随时提出解除合同，出租人要解除合同的，需要在合理期限之前通知承租人。由此可见，即使房屋租赁期限届满，只要承租人继续使用房屋，租赁合同就继续有效。

法律对租赁期限没有约定或者约定不明确时的法律后果有具体的规定，即根据是否约定有租赁期限，分为定期租赁和不定期租赁。在不定期租赁中，当事人在合同中未约定租赁期限，因此任何一方当事人均可以随时解除合同。而定期租赁合同的当事人在合同中约定了租赁期限，租赁期间届满即告终止，但是当事人可以续订合同。当事人续订合同有两种方式，约定更新和法定更新。约定更新是指合同当事人于租赁期间届满后另订一份合同，约定延长租赁期限。法定更新是指租赁期间届满后，合同当事人的行为表明其租赁关系继续存在。

在上面的案例中，李某和房东的租赁期限虽然已经届满，但房东对李某继续使用租赁房屋的行为并未提出过异议，所以依法应当认定为原租赁合同继续有效，且租赁期限为不定期。如果房东要解除合同，须在合理期限之前通知李某，而不能要求李某立即搬出。

条文链接

《中华人民共和国合同法》

第二百三十二条 当事人对租赁期限没有约定或者约定不明确，依照本法第六十一条的规定仍不能确定的，视为不定期租赁。当事人可以随时解除合同，但出租人解除合同应当在合理期限之前通知承租人。

第二百三十六条 租赁期间届满，承租人继续使用租赁物，出租人没有提出异议的，原租赁合同继续有效，但租赁期限为不定期。

法律人生

在现实生活中，租客和房东都会因为各种各样的原因没有在租赁期限届满之后续签合同，但是承租人继续使用，而房东也继续收取租金时，应当认为其是通过行为的方式作出合同继续有效的意思表示，构成事实合同关系。

45. 承租人死亡后，共同居住的人有权继续承租吗？

案情再现

邢某和妻子在大学毕业后就登记结婚了。后来他们又在同一个城市找到工作，于是决定先租个房子暂住，在签订租赁合同的时候，邢某发现自己的身份证没带在身上，又嫌回去拿麻烦，所以就复印了妻子的身份证，租赁合同的当事人也是妻子。搬进去住没多久，两人在上班的途中就遭遇了车祸，邢某身受重伤，而妻子不幸抢救无效死亡。房东听说邢某的妻子因车祸去世了，想到最近的房租在飞涨，于是就将房子另行出租。待邢某病愈出院回到承租房时，发现房子早就被其他人入住，他找到房东理论，认为自己有权继续承租，房东不应该将房子出租给他人。

法律疑点

邢某是否有权继续租赁该房屋？

法律分析

邢某有权继续租赁该房屋。

我国《合同法》第二百三十四条规定，承租人在房屋租赁期间死亡的，与其生前共同居住的人可以按照租赁合同租赁该房屋。且《最高人民法院关于贯彻执行〈中华人民共和国民法通则〉若干问题的意见（试行）》第一百一十九条第一款也规定，承租户以一人名义承租私有房屋，在租赁期内，承租人死亡的，该户的共同居住人要求按原租约履行的，应当准许。由此可见，承租人在租赁期间死亡的，与其生前共同居住的人可以要求房东按原租约继续租赁该房屋。

法律关于房屋承租人死亡后，与其共同居住人对房屋的权利有具体的规定，即在房屋租赁中，承租人取得的只是房屋使用权，原则上其承租权不得继承。但是，承租人死亡后，与其共同居住的亲属或者法定继承人享有优先承租权，可以继续租赁原住房，但应与出租人办理续租手续，变更承租人。

在上面的案例中，虽然邢某的妻子死亡，但其与房东签订的房屋租赁合同尚未到期，因此，与其生前一起居住的家人有权继续租住在该房屋内，直至租赁合同到期。

条文链接

《中华人民共和国合同法》

第二百三十四条　承租人在房屋租赁期间死亡的，与其生前共同居住的人可以按照原租赁合同租赁该房屋。

《最高人民法院关于贯彻执行〈中华人民共和国民法通则〉若干问题的意见（试行）》

第一百一十九条第一款　承租户以一人名义承租私有房屋，在租赁期内，承租人死亡，该户共同居住人要求按原租约履行的，应当准许。

法律人生

法律规定承租人在租赁合同期间内死亡的，生前与其共同居住的人享有优先承租权，其实是法律推定共同居住人此刻是最有住房需要的人，值得注意的是，共同居住人应当及时与房东办理续租手续，并变更承租人。

46. 谁应当为汽车租赁期间造成的损害负责？

案情再现

某日清晨，邓某跟平常一样骑着自己的电瓶车去上班，在某十字路口等红灯的时候，后面一辆拉货的大卡车突然开动，将邓某撞翻，车轮也从邓某的腿上直接碾过，邓某当场昏迷，路人赶紧将其送到医院，手术后，邓某的右腿截肢，落下终生残疾。经交警部门认定，此次交通事故由大货车负全责；但经查发现，大货车的驾驶人没有货车驾驶证，而且也并非车主，该车是驾驶人从一老乡那里租来拉货的。后经鉴定，邓某被认定为二级伤残。出院后，他想向责任人主张损害赔偿，但是驾驶人身无分文，无法赔偿邓某的损失，于是他找到大货车的所有权人，但被所有权人以并非直接的车祸肇事者为由拒绝。

法律疑点

邓某应当向谁主张损失赔偿？

法律分析

邓某应向货车投保的保险公司主张赔偿，车辆出借人有过错的，也应承担相应的责任。

根据我国《合同法》第二百四十六条规定，承租人占有租赁物期间，租赁物造成第三人的人身伤害或者财产损害的，出租人不承担责任。《侵权责任法》第四十九条也规定，因租赁、借用等情形机动车所有人与使用人不是同一人时，发生交通事故后属于该机动车一方责任的，由保险公司在交强险的范围内予以赔偿，不足部分，由机动车使用人承担赔偿责任；机动车所有人对损害的发生有过错的，承担相应的赔偿责任。由此可见，机动车在租赁期间发生交通事故的，由侵权人承担赔偿责任，如车辆所有权人有过错的，也应承担相应的责任。

法律对在汽车租赁期间对第三人侵权的责任承担进行了规定，承租人使用租赁物时给其他自然人、法人造成的人身伤害或财产损害，由保险公司在交强险的范围内予以赔偿，不足以赔偿被侵权人实际损害的，因由驾驶人在实际支配租赁物，所以由驾驶人承担责任，但是出租人在租赁期间实际上享有了租金利益，因此法律也规定，汽车所有人有过错的也应承担相应的责任。

在上面的案例中，大货车的驾驶人租用老乡的货车拉货，并在货车使用过程中对第三人邓某造成了人身伤害，使其重伤住院，应当依法对邓某承担责任，如果老乡对出借货车有过错的，也应承担相应的责任。

条文链接

《中华人民共和国合同法》

第二百四十六条　承租人占有租赁物期间，租赁物造成第三人的人身伤害或者财产损害的，出租人不承担责任。

《中华人民共和国侵权责任法》

第四十九条　因租赁、借用等情形机动车所有人与使用人不是同一人时，发生交通事故后属于该机动车一方责任的，由保险公司在机动车强制保险责任限额范围内予以赔偿。不足部分，由机动车使用人承担赔偿责任；机动车所有人对损害的发生有过错的，承担相应的赔偿责任。

法律人生

交通事故是我们常见也是后果最严重的生活风险之一，发生交通事故后，责任归属于另一方的，主张损害赔偿的第一步应是找到正确的责任人，由于侵权方式各异，每个案情的事故责任人并非完全一样，因此建议在理赔时寻求专业人士的帮助。

47. 在试乘的途中发生了交通事故，谁应该对事故负责？

案情再现

郑某的女儿要带着准女婿回家了，郑某特别开心，就骑着自己的小三轮去菜市场买菜，但是在路经二手汽车交易市场的时候被林某驾驶的汽车撞倒，郑某当场昏厥。交警部门根据现场情况做出责任书，认定林某应对事故的发生负全部责任，经查，林某那日刚好取得驾照，发现二手车行在搞促销，于是进行试乘，但是林某因为对车的性能操作还不是很熟悉，没走多远就因为刹车不及时将郑某撞伤。后各方对事故的损害赔偿问题无法达成统一意见，郑某打算向法院起诉。

法律疑点

郑某应该向谁主张损害赔偿责任？

法律分析

郑某应向二手车行主张赔偿，如果能够证明林某对事故的发生存在过错的，可以减轻二手车行的责任。

根据《最高人民法院关于审理道路交通事故损害赔偿案情适用法律若干问题的解释》第八条的规定，机动车试乘过程中发生交通事故造成试乘人损害，当事人请求提供试乘服务者承担赔偿责任的，人民法院应予支持。试乘人有过错的，应当减轻提供试乘服务者的赔偿责任。由此可见，在试乘过程中发生交通事故致人损害的，应当由试乘服务提供者承担赔偿责任，如果驾驶人有过错的，也应当将其列入责任主体。

法律规定顾客在车行试乘的过程中发生交通事故，车行是需要承担赔偿责任的，如果能证明顾客对事故的发生存在过错的，应当减轻车行的赔偿责任，在这一点上充分体现了过错责任原则。

在上面的案例中，无论林某是否对此次事故发生存在过错，二手车行都需要承担赔偿责任，唯一的区别就是，如二手车行能提供证据证明林某在试乘时存在过错，是可以减轻其赔偿责任的。

条文链接

《最高人民法院关于审理道路交通事故损害赔偿案件适用法律若干问题的解释》

第八条 机动车试乘过程中发生交通事故造成试乘人损害，当事人请求提供试乘服务者承担赔偿责任的，人民法院应予支持。试乘人有过错的，应当减轻提供试乘服务者的赔偿责任。

法律人生

提供试乘服务者应对顾客及不特定其他人的安全尽到应有的保障义务。在试乘过程中发生交通事故的，提供试乘服务者依法承担赔偿责任，当然，试乘人在享受试乘服务时也应当谨慎小心，最好是在有工作人员的陪护下驾驶。

48. 因醉酒驾车发生交通事故，保险公司有赔偿义务吗？

案情再现

某晚，加完班的王某正常骑着电动车回家吃晚饭，突然对面出现一辆超速行驶的小轿车，王某感觉不对，赶紧下车准备步行，但还是没来得及，被小轿车撞倒在地，失去知觉。后经交警部门勘察，小轿车的驾驶人为宋某，当天正好赶上公司同事婚礼，喝了很多的酒，婚礼结束之后，宋某不顾他人的劝阻，坚决要自己驾车回家，而且车速超快，结果在途中将王某撞伤，据此，交警认定此次交通事故由宋某承担全部责任。后王某要求宋某赔偿，宋某告诉他直接去找自己给汽车投保的保险公司，但是保险公司却说自己对此次事故的损害不负赔偿责任。

法律疑点

保险公司对宋某醉驾引发的交通事故是否承担赔偿责任？

法律分析

保险公司对宋某醉驾引发的交通事故不承担赔偿责任。

根据我国《机动车交通事故责任强制保险条例》第二十一条规定，被保险机动车发生道路交通事故造成本车人员、被保险人以外的受害人人身伤亡、财产损失的，由保险公司依法在机动车交通事故责任强制保险责任限额范围内予以赔偿。道路交通事故的损失是由受害人故意造成的，保险公司不予赔偿。同时，该条例第二十二条也规定，驾驶人未取得驾驶资格或者醉酒，保险公司在机动车交通事故责任强制保险责任限额范围内垫付抢救费用的，有权向致害人追偿。由此可见，醉驾导致交通事故引发的赔偿责任最终是由醉驾人承担的。

法律规定交强险对醉驾引发的交通事故不予赔偿的原因在于，交强险设立的目的是为了让被害人能够及时获得赔偿，及时得到救治。而醉酒驾驶是法律所明文禁止的，如允许交强险对醉驾引发的交通事故予以赔偿，会让“禁止醉驾”的相关法律成为一纸空文，还可能会引发道德风险。

在上面的案例中，交通事故是由于宋某醉酒驾车引起的，而对王某的赔偿，保险公司只在机动车交通事故责任强制保险责任限额范围内垫付抢救费用，而且该项费用保险公司有权向宋某追偿。

条文链接

《机动车交通事故责任强制保险条例》

第二十一条　被保险机动车发生道路交通事故造成本车人员、被保险人以外的受害人人身伤亡、财产损失的，由保险公司依法在机动车交通事故责任强制保险责任限额范围内予以赔偿。

道路交通事故的损失是由受害人故意造成的，保险公司不予赔偿。

第二十二条　有下列情形之一的，保险公司在机动车交通事故责任强制保险责任限额范围内垫付抢救费用，并有权向致害人追偿：

（一）驾驶人未取得驾驶资格或者醉酒的；

（二）被保险机动车被盗抢期间肇事的；

（三）被保险人故意制造道路交通事故的。

有前款所列情形之一，发生道路交通事故的，造成受害人的财产损失，保险公司不承担赔偿责任。

法律人生

醉酒驾车是我国法律所禁止的行为，因醉驾引发交通事故并致人损害的，保险公司对此不负赔偿责任，一切损害完全由醉驾人承担。

第四章

看病就医

49. 若伤亡是由于情况紧急的抢救行为导致的，是否可以定性为医疗事故？

案情再现

2017年5月15日，七岁的小亮在村子里的一条小路上和小伙伴一起玩耍，突然，一只大黄狗出现在他们的视线中。小亮和小伙伴很是害怕，准备一起逃跑，就在这时，大黄狗突然蹿上前咬了小亮的腿，其中的一个小伙伴赶紧找来了附近的大夫李某，李某立即将受伤的小亮送往自己所在的医院治疗。途中，李某已经发现小亮出现了脸色发青发紫、呼吸困难等严重反应。这时，李某想到自己上次自制了治疗伤口的中药，于是把中药敷在小亮的伤口上，这才使小亮化险为夷。但是遗憾的是，李某随后为小亮主刀进行的手术失败了。于是，小亮的父母以医疗事故将李某告上法庭。

法律疑点

若伤亡是由于情况紧急的抢救行为导致的，是否可以定性为医疗事故？

法律分析

李某的行为属于紧急情况下的抢救行为，不构成医疗事故，无须承担赔偿责任。

对此，《医疗事故处理条例》第三十三条规定，在紧急情况下为抢救垂危患者生命而采取紧急医学措施造成不良后果的不属于医疗事故，对此我们应作以下理解：第一，必须是为了保护伤病员的生命与健康，也就是说伤病员的生命受到了严重影响，具有生命危险；第二，必须是在不得已的情况下；第三，采取的紧急措施损害程度不能超过必要限度；第四，医务人员在抢救的过程中要尽职尽责，恪尽职守。

在医疗护理工作中往往会出现不良后果，此时就会涉及抢救行为是否违法的问题，因此，正确判断此类后果的性质，对于认定是否属于医疗事故具有重大意义。当他人的生命陷入紧急危险之中，采取必要的抢救措施是一种舍己为人的美德，我国法律对此种行为应该发扬光大，而不是运用法律手段来遏制。这有利于弘扬中华民族的传统美德，净化社会风气。

在上面的案例中，李某的行为属于紧急情况下的抢救行为，李某采取抢救措施是在小亮出现了脸色发青发紫、呼吸困难等严重反应的紧急情况之下实施的，因此该抢救行为不构成医疗事故，李某无须承担赔偿责任。

条文链接

《医疗事故处理条例》

第三十三条 有下列情形之一的，不属于医疗事故：

（一）在紧急情况下为抢救垂危患者生命而采取紧急医学措施造成不良后果的；

（二）在医疗活动中由于患者病情异常或者患者体质特殊而发生医疗意外的；

（三）在现有医学科学技术条件下，发生无法预料或者不能防范的不良后果的；

（四）无过错输血感染造成不良后果的；

（五）因患方原因延误诊疗导致不良后果的；

（六）因不可抗力造成不良后果的。

法律人生

近年来各地频频爆出重大医患纠纷案件，现在医患关系紧张的局面是由多种原因造成的，不可否认的一点就是如果医务人员严重不负责任，造成就诊人伤亡，必然会引发医患冲突。但是同时，医生在紧急情况下为抢救垂危患者生命而采取紧急医学措施造成不良后果的不属于医疗事故，患者及其家属也应当给予医务人员一定的理解。当然，如果确实发生医疗事故纠纷，人们一定要尽可能地搜集有利于自身的证据勇于运用法律武器来维护自身的权益。

50. 应该在什么时间内申请做医疗事故鉴定？

案情再现

张女士的儿子去年四月刚出生，由于小孩子的抵抗力比较差，为了避免儿子从小就患上各种各样的疾病，张女士在儿子出生之后就开始为他打各类疫苗，帮助儿子预防各种疾病的发生。自从孩子出生后，张女士一共带着儿子在某医院打了四次疫苗。儿子也一直都健康地成长着，但是好景不长，在打完最后一支疫苗的两个月后，张女士的儿子出现了高烧不退的症状。张女士为了治疗儿子的病，奔波了各大医院，治疗了一年，儿子的病情才得到了缓解，但是儿子的身体还很虚弱。为此，张女士认为是某医院的疫苗出现了问题，但是医院拒不承认。后双方经过协商，准备提请市医学会进行医疗事故鉴定，但市医学会以申请已过时效为由，不予受理。

法律疑点

市医学会是否能以申请已过时效为由，不予受理？

法律分析

市医学会能以申请已过时效为由，不予受理该医疗事故鉴定的申请。

让我们先看一下与此相关的法律法规：卫生部下发的《关于医疗事故鉴定申请期限的批复》规定：“患者申请行政处理医疗争议的期间应当为自其知道或应当知道权利受侵害之日起一年。”《最高人民法院关于贯彻执行〈中华人民共和国民法通则〉若干问题的意见》第一百六十八条规定：“人身损害赔偿的诉讼时效期间，伤害明显的，从受伤害之日起算；伤害当时未曾发现，后经检查确诊并能证明是由侵害引起的，从伤势确诊之日起算。”

由此可见，发生医疗事故后，应当在一年之内申请鉴定，否则鉴定机构有权拒绝。当然，虽然鉴定期限已过，并不一定代表诉讼时效已过，只要在诉讼时效内，受害人仍然可以提起侵权之诉维护自己的权益。

在上面的案例中，由于张女士带着儿子忙于四处医治，未能在一年内申请医疗事故鉴定，因此，市医学会有权不予受理申请。但这并不妨碍张女士向人民法院提起损害赔偿诉讼，本案并没有超过诉讼时效，因为本案中并无医疗鉴定结论，因此不能证明伤害是由侵权造成的，故诉讼时效还未起算。因此，张女士可以在向人民法院起诉后，由人民法院委托市医学会进行医疗事故鉴定，并根据鉴定结果作出适当判决。

条文链接

《关于医疗事故鉴定申请期限的批复》

患者申请行政处理医疗争议的期间应当为自其知道或应当知道权利受侵害之日起一年。

《最高人民法院关于贯彻执行〈中华人民共和国民法通则〉若干问题的意见》

第一百六十八条 人身损害赔偿的诉讼时效期间，伤害明显的，从受伤害之日起算；伤害当时未曾发现，后经检查确诊并能证明是由侵害引起的，从伤势确诊之日起算。

法律人生

人们的民事权利受法律的保护，但在其权利受到侵害时，应在法律规定的期间内请求法院予以保护，超过该期间后，法院将不再予以保护。发生医疗事故后，当事人应当自其知道或应当知道权利受侵害之日起一年内申请医疗事故鉴定，即使未能及时进行鉴定，但只要在诉讼时效内，受害人仍然可以向人民法院提起诉讼以维护自己的权益。

51. 对首次鉴定不服的，可以通过什么途径提起再次鉴定？

案情再现

王某是某机械厂的一名电焊工人。2017年9月6日，王某在操作机器时右眼遭受电焊伤害。在场的同事立即拨打了急救电话，并第一时间通知了王某的妻子。随后，王某被送往市人民医院进行治疗。到医院后，王某因伤势过重已陷入昏迷，右眼也不停地流血。王某的妻子被告知必须要按照医院的相关规定办理住院手续才能就行急诊。无奈之下，王某的妻子只能排队办理手续，而伤势严重的王某被置之一旁，医院的医生和护士并没有采取任何紧急措施进行急救。等到王某的妻子办完手续，王某才进了急诊室，医生发现王某昏迷，立即采用胸外挤压术，试图让王某苏醒，结果王某因延误治疗死亡。当地医学会搞暗箱操作，以未经质证的、未经患方过目的《医疗救护员认证书》为依据，认定对王某已进行了全力救治，鉴定结论为“不属于医疗事故”。

法律疑点

王某的妻子不服，她将通过什么途径提起再次鉴定？

法律分析

王某的妻子应自收到首次医疗事故技术鉴定书之日起15日内提出再次鉴定的申请。

根据《医疗事故技术鉴定暂行办法》第四十条的规定，任何一方当事人对首次医疗事故技术鉴定结论不服的，可以自收到首次医疗事故技术鉴定书之日起15日内，向原受理医疗事故争议处理申请的卫生行政部门提出再次鉴定的申请，或由双方当事人共同委托省、自治区、直辖市医学会组织再次鉴定。

在发生医疗纠纷的时候，许多患者都会去申请医疗事故技术鉴定，通过鉴定来确定事故是否存在等。但是，在医疗纠纷中，患者往往处于弱势地位，医疗事故技术鉴定出来的鉴定结论如果对患者不利，往往得不到患者的认可。为此，我国出台了相关法律来填补患者相关权利的缺失，优化患者的法律救济途径，以有效保护患者的合法权益，缓解社会矛盾，促进社会稳定。

在上面的案例中，王某的死亡是由于医护人员在王某伤势严重的情况下，没有及时采取紧急措施进行治疗而错过了最佳治疗时间导致的。而当地的医学会在医疗事故技术鉴定中暗箱操作属违法行为，王某的妻子对其鉴定结果持否定态度。因此，王某的妻子在收到首次医疗事故技术鉴定书之日起15日内可以提出再次鉴定的申请。

条文链接

《医疗事故技术鉴定暂行办法》

第四十条 任何一方当事人对首次医疗事故技术鉴定结论不服的，可以自收到首次医疗事故技术鉴定书之日起15日内，向原受理医疗事故争议处理申请的卫生行政部门提出再次鉴定的申请，或由双方当事人共同委托省、自治区、直辖市医学会组织再次鉴定。

法律人生

医疗事故技术鉴定是一项极为严肃的工作，它所作出的结论是具有法律效力的，是对医疗纠纷进行调解、处理的根据，直接关系到医患双方的经济利益和名誉等切身利益。因此，鉴定工作必须严格遵循坚持以客观事实为依据和医患双方对等的原则。若相关机构进行违法鉴定，患者一方对首次医疗事故技术鉴定结果不服的，法律赋予其救济的权利，这在一定程度上缓解了医患矛盾。

52. 医院租房给他人行医出现医疗事故能否免责？

案情再现

杨大爷今年60岁，前年因为中风身体一直很虚弱，生活起居很不方便。一次，在与邻居的闲聊中得知了一名医术威望非常高的中医张某，张某精通按摩腿神经和疏松身体血管等方面。于是，杨大爷记下张某所在的医院地址并前往求医。某天上午，杨大爷被家人送到了该医院，张某在了解杨大爷的身体状况后，对杨大爷进行了针灸治疗并同时开了几副中药。两天后，杨大爷的腿不但没有好转反而比之前更加严重，腿部出现了大面积的浮肿。杨大爷的家人匆忙把杨大爷送到省里的医院进行检查，经过检查得知针灸损坏了杨大爷腿部的神经，幸好及时被发现，不然腿部可能会发生瘫痪的严重后果。杨大爷的家人对此很是气愤，于是起诉了这家医院。但是该医院辩称专家门诊并不是医院开设的，医院只是把诊室租给外面的医师，不应承担赔偿责任。

法律疑点

医院的辩称是否能够得到支持？

法律分析

医院的辩称是没有法律依据的，应该赔偿杨大爷的损失。

首先，按照《医疗机构管理条例》第九条的规定，医疗机构的设立必须经过注册登记，领取医疗机构执业许可证。医院把房子租给他人设立专家门诊，该专家门诊如未经上述程序，则不具备医疗机构主体资格。其次，医院的行为有过错。医院把院内的房子租给他人开设“专家门诊”，患者无法确知该专家门诊与医院的关系，按正常的理解都会以为该专家门诊是医院的一个部门。根据《民法总则》第一百六十七条“代理人知道或者应当知道代理事项违法仍然实施代理行为，或者被代理人知道或者应当知道代理人的代理行为违法未作反对表示的，被代理人和代理人应当承担连带责任”的规定，医院明知该专家以医院的名义收治患者而未对患者作出明确的说明，所以应负赔偿责任。

医院对于患者来说是救死扶伤的地方，在此前提下，医患关系如何保持在良好的状态下至关重要，医生与患者的沟通、配合、治疗、病情的观察等都应在此状况下进行，才能达到良好的治疗目的。当出现医患纠纷时，医院不能为了自己的利益来推诿责任，把患者的权益抛掷一边。

在上面的案例中，医院把房子租给他人设立专家门诊，患者无法确知该专家门诊与医院的关系，按正常的理解都会以为该专家门诊是医院的一个部门。同时，医院明知该专家以医院的名义收治患者而未对患者作出明确的说明。因此，医院的辩称是没有法律依据的，应该赔偿杨大爷的损失。

条文链接

《医疗机构管理条例》

第九条　单位或者个人设置医疗机构，必须经县级以上地方人民政府卫生行政部门审查批准，并取得设置医疗机构批准书。

《中华人民共和国民法总则》

第一百六十七条 代理人知道或者应当知道代理事项违法仍然实施代理行为，或者被代理人知道或者应当知道代理人的代理行为违法未作反对表示的，被代理人和代理人应当承担连带责任。

《中华人民共和国侵权责任法》

第五十四条 患者在诊疗活动中受到损害，医疗机构及其医务人员有过错的，由医疗机构承担赔偿责任。

法律人生

个人开办医疗机构需要取得《医疗机构执业许可证》，没有取得执业资格不得行医。医院将诊室出租给没有执业资格的个人开设门诊使患者存在误解，对因此造成患者的伤害是有过错的。对此，医院应该加强相关部门的管理，优化内部结构，切实保障患者的合法权益。

53. 没有依照规定使用器械造成损害，患者是否有权向医院索赔？

案情再现

2016 年 5 月，韩某因右腿骨下端粉碎性骨折，到甲医院接受治疗。甲医院对韩某使用型号为 SPW-96 钢板的内固定术。韩某出院后，感到不适，又到乙医院复查。乙医院诊断为右大腿向外侧弯，右膝关节不能活动。后经该院 X 线摄片报告诊断为右股骨下端骨折、固定术后断钉移位。2017 年 6 月，韩某在乙医院住院治疗。在乙医院住院期间，花去医疗费 2 万元，其中包括进口交锁髓内钉费用 8000 元。韩某认为甲医院在医疗活动中使用不合格的钢钉和钢板，给自己造成重大损失，遂向当地人民法院提起诉讼，请求判决甲医院赔偿其医疗费、误工费、住院伙食补助费、精神损害抚慰金等。在诉讼过程中，受人民法院委托，有关机构对甲医院安装在韩某体内的型号为 SPW-96 的钢板及配套钢钉质量进行鉴定，结论为：钢板、钢钉质量均不合格。

法律疑点

对于甲医院在诊疗过程中没有依照规定使用器械给韩某造成的损失，韩某能否要求该医院承担赔偿责任？

法律分析

韩某可以要求该医院承担赔偿责任，该医院应当承担赔偿责任。

依据《侵权责任法》第五十八条的规定，医疗机构因违反法律、行政法规、规章以及其他有关诊疗规范的规定，造成患者损害的，推定医疗机构有过错。同时，《医疗事故处理条例》第二条也规定了医疗事故的概念，是指医疗机构及其医务人员在医疗活动中，违反医疗卫生管理法律、行政法规、部门规章和诊疗护理规范、常规，过失造成患者人身损害的事故。也就是说，医务人员在医疗活动中发生医疗事故的，依法推定医疗机构有过错，应当对受害人承担损失赔偿责任。

对于医务人员而言，保护病人的生命和健康，捍卫病人的正当权益，这是医务人员的共同义务和天职。在诊疗过程中，发生医疗事故可能难以避免，但只有缓解紧张的医患关系，才能有效地保护医患双方的合法权益，维护社会的稳定。

在上面的案例中，韩某因右腿骨下端粉碎性骨折在甲医院接受治疗，甲医院对韩某使用型号为 SPW-96 钢板的内固定术，术后被乙医院诊断为右大腿向外侧弯，右膝关节不能活动。

经鉴定认定甲医院诊疗过程中违反诊疗常规及操作规范，医院存在医疗过错，构成医疗事故，因此，医院应当对韩某承担赔偿责任。

条文链接

《中华人民共和国侵权责任法》

第五十八条　患者有损害，因下列情形之一的，推定医疗机构有过错：

（一）违反法律、行政法规、规章以及其他有关诊疗规范的规定；

（二）隐匿或者拒绝提供与纠纷有关的病历资料；

（三）伪造、篡改或者销毁病历资料。

《医疗事故处理条例》

第二条　本条例所称医疗事故，是指医疗机构及其医务人员在医疗活动中，违反医疗卫生管理法律、行政法规、部门规章和诊疗护理规范、常规，过失造成患者人身损害的事故。

法律人生

当前，医疗纠纷作为一种突出的社会矛盾，必须有效解决才能保护医患双方的合法权益，我国也针对这一现实问题以法律手段来调和两者间的矛盾。但是，需要注意的是，医务人员在医疗过程中，应该严格遵循临床诊疗和技术规范，使用适宜诊疗技术和药物，因病施治，合理医疗。只有这样，才能有效地保护医患双方的合法权益，促进社会的稳定。

54. 未经允许让实习医生参观妇检过程是否侵害了孕妇的权利？

案情再现

28 岁的周女士已怀孕几周，某天周女士到某医院接受妇科检查。在做妇科检查过程中，某医院的医生安排了多名实习医生旁观检查过程。周女士感到非常难堪，要求负责检查的医生让实习医生离开。检查医生以“这些人都是实习生，旁观学习是每个实习医生成长的必经过程”为由，未予理睬，并一边检查一边向实习医生介绍各部位的名称、症状等。事后，周女士以某医院未经其同意，安排实习医生旁观妇检过程的行为侵犯其隐私权为由，向当地人民法院提起诉讼，要求某医院赔礼道歉并赔偿精神损失 5 万元。某医院认为，该院作为教学和实习医院，安排实习生旁观医疗检查过程完全正常，不构成对隐私权的侵犯。按照惯例，医院事先不会征求患者的意见，医疗管理法律、法规也没有禁止这样做。

法律疑点

周女士要求医院赔礼道歉并赔偿精神损失 5 万元，该要求是否正当？

法律分析

周女士的要求是正当的，医院应当对医务人员的不当行为承担赔偿责任。

依据《侵权责任法》第六十二条的规定，医疗机构及其医务人员应当对患者的隐私保密。泄露患者隐私或者未经患者同意公开其病历资料，造成患者损害的，应当承担侵权责任。由此可见，如果医疗机构的医务人员在执业活动中违反了对患者的隐私保护义务，就应当受到法律的制裁。医务人员的诊疗活动是执行职务的行为，应当由医院对其不当行为负责，医院事后可以再追究直接责任人的责任。

在现代社会，权利之间的矛盾与冲突是普遍的，这就需要用利益衡量的方法来平衡和协调。换句话说，对两种或两种以上相互冲突的权利进行取舍，找出各自的存在意义与合理性，从而作出最合理的选择。隐私权作为人格权的一种，是维护个人作为社会成员的资格和尊严所必须具备的。保护隐私权可以维护个人的安宁和安全感，有利于实现个人与社会的基本和谐，以达到整个社会安定的目的。

在上面的案例中，医院的检查医生在未经患者周女士许可的情况下，让实习医生现场观摩其妇科检查过程，侵犯了周女士的隐私权。因此，周女士有权要求医院赔礼道歉并赔偿精神损失，具体数额可以由法院根据实际情况判决。

条文链接

《中华人民共和国侵权责任法》

第六十二条　医疗机构及其医务人员应当对患者的隐私保密。泄露患者隐私或者未经患者同意公开其病历资料，造成患者损害的，应当承担侵权责任。

《中华人民共和国执业医师法》

第二十二条　医师在执业活动中履行下列义务：

……

（三）关心、爱护、尊重患者，保护患者的隐私；

……

第三十七条　医师在执业活动中，违反本法规定，有下列行为之一的，由县级以上人民政府卫生行政部门给予警告或者责令暂停六个月以上一年以下执业活动；情节严重的，吊销其执业证书；构成犯罪的，依法追究刑事责任：

……

（九）泄露患者隐私，造成严重后果的；

……

法律人生

在相对不可调和的权利之间，利益

衡量的结果只能是牺牲或者放弃一个具有较少合理性的权利，而保全一个具有较多合理性的权利。从这个意义上看，教师带教是国家培养人才的需要，是发展医疗卫生事业，维护和促进广大公民生命健康的需要。但是隐私权作为人格权的一种，无论对国家还是对个人都非常重要。医务人员应当尊重患者，为患者保守医疗秘密和健康隐私，维护患者合法权益。

55. 在未取得患者家属同意的情况下，医院能否对患者采取医疗措施？

案情再现

胡某腰部经常疼痛，最近更是疼痛难忍，遂到市人民医院进行检查，检查后医生在胡某的腰部发现了肿瘤，为了进一步对肿瘤进行检验确定该肿瘤是否恶性，医院在征得胡某及胡某家人同意的前提下，准备实施摘取肿瘤样本的手术。在手术过程中，医生发现肿瘤为恶性并且已经开始扩散，如果不及时摘除胡某将会有生命危险，所以在联系医院的权威专家会诊之后，医院找到胡某的家属征求其摘除胡某整个肿瘤的手术的意见，并说明手术会存在一定的风险。胡某的家属认为医院在故弄玄虚，说好的只是取样检查，怎么就变成了恶性肿瘤还扩散了，遂拒绝在手术告知书上签字。为了挽救胡某生命，主治医生经院长批准后，对胡某进行了肿瘤摘除手术。

法律疑点

在上述紧急情况下，医疗机构在未征得胡某或胡某家属同意时，对胡某进行手术的行为是否符合法律规定？

法律分析

在上述紧急情况下，医生即使未取得胡某或胡某家属的同意，但是经过医疗机构负责人批准后对患者进行手术，该行为也是符合法律规定的。

根据《侵权责任法》及《医疗机构管理条例》的规定，在紧急情况下，不能取得患者或者患者近亲属意见时，经医疗机构负责人或者授权的负责人批准，可以立即实施相应的医疗措施。由此可见，在紧急情况下，法律赋予医护人员在医疗机构负责人批准下实施相应医疗措施的权利。

紧急情况下，赋予医护人员在受到批准时采取医疗措施的权利，能够为重危病人及时提供相应的医疗措施，保护患者的生命权、健康权。患者或者患者家属不同意医疗机构采取相应的医疗措施有可能是对患者的病情认识不足，此时，为了患者的切身利益，法律赋予医疗机构采取相应医疗措施的权利。同时，这也是医疗机构的一项义务，因为医护人员的职责就是治病救人。

上面的案例中，在对胡某急需采取手术治疗时，由于胡某家属对胡某的病情没有了解全面，对医院有错误认识，一直拒绝在手术告知书上签字，本着对生命负责的态度，医生们在履行合法手续后对胡某进行抢救，他们的行为是正确的。

条文链接

《中华人民共和国侵权责任法》

第五十六条 因抢救生命垂危的患者等紧急情况，不能取得患者或者其近亲属意见的，经医疗机构负责人或者授权的负责人批准，可以立即实施相应的医疗措施。

《医疗机构管理条例》

第三十三条 医疗机构施行手术、特殊检查或者特殊治疗时，必须征得患者同意，并应当取得其家属或者关系人同意并签字；无法取得患者意见时，应当取得家属或者关系人同意并签字；无法取得患者意见又无家属或者关系人在场，或者遇到其他特殊情况时，经治医师应当提出医疗处置方案，在取得医疗机构负责人或者被授权负责人员的批准后实施。

法律人生

医疗机构在采取医疗措施前征得患者或者患者家属的同意是尊重其知情权的体现，但是在紧急情况下，如果不能取得患者或患者家属的同意，本着医护人员救死扶伤、防病治病的宗旨，法律赋予医疗机构立即采取医疗措施的权利。

56. 患者在住院期间自杀的，医院需要承担赔偿责任吗？

案情再现

2018年年初，张女士因腰部经常疼痛难忍而去医院治疗，经医院治疗后发现张女士已经患腰椎间盘突出很长时间，根据张女士的情况其腰部疼痛的频率可能会越来越高、疼痛感也会加重，医生建议张女士留院治疗，并为张女士安排了一级护理医疗服务。住院期间，张女士经常因腰部疼痛而无法入睡，身心饱受痛苦，再想到家境不富裕、住院治疗又要花费一大笔医疗费用，张女士就产生了轻生的念头。一天晚上，趁家属睡着的时候，张女士就从病房窗户跳楼自杀了。事后，张女士的丈夫以医院未尽到安全护理义务为由要求医院给予赔偿，院方称其已按照护理规定对接受一级护理的张女士进行每小时一次的巡房服务，张女士系故意自杀，其行为后果与院方无关，院方不会承担任何赔偿责任。

法律疑点

张女士在医院治疗期间自杀，医院是否需要承担赔偿责任呢？

法律分析

张女士在医院接受治疗期间自杀，医院无须承担赔偿责任。

根据《侵权责任法》第六条、第

五十四条的规定，行为人因过错侵犯他人民事权益的，应当承担侵权责任。患者在诊疗过程中受到的损害，医疗机构及其医务人员有过错的，医疗机构应当承担赔偿责任。由此可见，患者在医院接受治疗期间，只有在医疗机构和医务人员存在过错、患者所受损害与医疗机构的行为之间有因果关系时，才能要求医疗机构承担赔偿责任。另外，医院的管护义务不应是无限大的，根据卫生部印发的《综合医院分级护理指导原则（试行）》第十四条规定，医院对一级护理患者的护理要求为每小时巡视患者，观察患者病情变化。可以看出，巡护不应是寸步不离的看守，院方按规定履行了定时巡视义务，就表明其诊疗护理全过程不存在过错。

患者在医疗机构接受治疗期间，如果自身的人身权益受到医疗机构的侵害或者医疗机构违法给患者实施了医疗行为，那么患者有权要求医疗机构承担赔偿责任。但是，只有和医疗机构的行为之间存在因果关系的事件才能要求医疗机构承担赔偿责任，而不能对所有发生在医疗机构的事件都要求医疗机构承担赔偿责任。

在上述案例中，医院的医护人员根据张女士的具体情况为张女士提供了相关的医疗服务，没有存在任何差错，因此也就不具有承担赔偿责任的法律与事实依据，所以张女士的家人无法要求医院对张女士的自杀事件承担责任。

条文链接

《中华人民共和国侵权责任法》

第六条　行为人因过错侵害他人民事权益，应当承担侵权责任。

根据法律规定推定行为人有过错，行为人不能证明自己没有过错的，应当承担侵权责任。

第五十四条　患者在诊疗活动中受到损害，医疗机构及其医务人员有过错的，由医疗机构承担赔偿责任。

《综合医院分级护理指导原则（试行）》

第十四条　对一级护理患者的护理包括以下要点：

（一）每小时巡视患者，观察患者病情变化；

（二）根据患者病情，测量生命体征；

（三）根据医嘱，正确实施治疗、给药措施；

（四）根据患者病情，正确实施基础护理和专科护理，如口腔护理、压疮护理、气道护理及管路护理等，实施安全措施；

（五）提供护理相关的健康指导。

法律人生

法律的原则之一便是公平原则，在处理医患纠纷中也应当坚持这一原则。在医患纠纷中，虽然法律将处于弱势地位的患者作为特殊保护群体，要求医疗机构承担相应多的举证责任。但法律的公平性原则同样要求“无过错即无责任”，对于医疗机构没有过错的行为并不会要求其承担赔偿责任。

57. 病人在等待看病的时候猝死，医疗机构应否承担赔偿责任？

案情再现

一天小丽骑车下班时，正巧赶上大雪天气，虽然小丽骑车很谨慎，但还是与机动车相撞，发生了交通事故。由于对方在雪天行车较快，造成了小丽胸腔内严重骨折。虽然肇事司机在事故发生后立即拨打了120，120也及时赶到。但是由于当天大雪，交通事故造成的受伤人员也比较多，医院未能在小丽到达时就对其进行抢救，而小丽在等待医护人员对其进行抢救的过程中死亡。后经检查得知小丽的死亡原因是骨头插入内脏，造成内脏失血过多，如果在送到医院后立即进行抢救，小丽就有可能保住生命。事后小丽的丈夫多次与医院领导交涉，但医院给予的答复却是医疗服务尚未开始，双方之间不存在医疗法律关系，无医疗侵权事实存在因此也就不存在医院承担赔偿责任的基础，所以医院不会对小丽的死亡承担任何责任。

法律疑点

小丽在等待医院救治的过程中死亡，医疗机构是否应当承担赔偿责任？

法律分析

小丽在等待医院救治的过程中死亡，医疗机构应当承担赔偿责任。

根据《侵权责任法》第五十八条的规定，当医疗机构违反法律、行政法规、规章以及其他有关诊疗规范的规定，使患者受有损害时，则推定医疗机构存在过错，医疗机构要承担相应的责任。同时，根据《医疗机构管理条例》第三十一条之规定，医疗机构对危重病人应当立即抢救。对限于设备或技术条件不能诊治的病人，应当及时转诊。所以，当危重病人到达医院时，医院应该首先安排相关医护人员对其进行抢救，而不得延误，如果因为延误给患者造成损害，医疗机构应当承担赔偿责任。

患病时接受治疗是患者的一项权利，当权利受到侵犯时，患者一定要用法律武器来保护自己的权利，无论该权利侵犯主体是医护人员还是医疗机构。此外，法律及相关法律规范为了保护患者就医的权利，给医护人员和医疗机构规定了特殊的义务，即首先安排抢救危重病人，对此，医护人员和医疗机构也应当按照规定履行义务。

在上述案例中，小丽受重伤被送到医院，但是医院因患者较多未能及时安排医护人员给予其相应的治疗，可以认为医院没有按照法律的规定给予小丽应有的治疗服务，医疗机构存在过错。同时，该过错与小丽的死亡结果之间存在一定因果关系，符合侵权责任的法律特征，所以医院应承担相应的赔偿责任。

条文链接

《医疗机构管理条例》

第三十一条 医疗机构对危重病人

应当立即抢救。对限于设备或者技术条件不能诊治的病人，应当及时转诊。

《中华人民共和国侵权责任法》

第五十八条　患者有损害，因下列情形之一的，推定医疗机构有过错：

（一）违反法律、行政法规、规章以及其他有关诊疗规范的规定；

（二）隐匿或者拒绝提供与纠纷有关的病历资料；

（三）伪造、篡改或者销毁病历资料。

法律人生

“床位已满”“医务人员有限”已成为不少医院迟延接诊或拒诊的借口，殊不知这种消极不作为已构成了侵权，患者在就诊时如果遇到这样的情况一定要用法律武器来维护自己接受医疗救护的权利。

58. 患者自己不接受医生治疗而导致严重后果的，可否要求医院承担赔偿责任？

案情再现

小王在打篮球的过程中，不慎扭伤了脚，因为当场疼得厉害，所以同伴就将他送往医院就诊。医生诊断后认为伤势比较严重，可能伤及骨头，须留院观察并作进一步检查再确定诊疗方案。但是小王在经过医生简单处置后感觉疼痛缓解，认为自己已无大碍，并且不想支付高额医药费，坚持回家静养。医生反复申明如不及时救治可能会留有后遗症。但小王认为医生是危言耸听，执意回家。回家两天后小王腿部疼痛难忍、伤势加重，不得不再次住院，虽经医生全力抢救不影响今后的走路，但是不能有太大的运动量，更是要远离小王最喜爱的篮球运动了。出院后，小王多次找到医院要求医院承担赔偿责任。医院负责人辩称，小王脚伤的后遗症不是因为医疗机构的过错造成的，所以医院不会承担任何责任。

法律疑点

小王自己不接受治疗，而导致的严重后果可否要求医院承担赔偿责任？

法律分析

小王自己不接受治疗，而导致的严重后果医院不承担赔偿责任。

根据《侵权责任法》第六十条的规定，如果患者或者其近亲属不配合医疗机构进行符合诊疗规范的诊疗，即使患者受有损害，医疗机构也不承担赔偿责任。因为在此种情况下，医疗机构已经按照规定给患者提供了诊疗服务，并且医疗机构也按照规定给予了患者相应的提示。所以，在医疗机构与医务人员尽到说明、劝说义务，又没有其他过错的情况下，医疗机构和医务人员不承担赔偿责任，《民法总则》规定了公民享有人身健康权，而公民享有人身健康权的表现之一就是在患病时接受治疗。患病时接受治疗是我们作为公民的一项权利，而法律保护积极行使权利的公民，如果公民自身放弃了应该享有的权利，那么法律也就不再保护，所以患者自己不接受医生治疗而导致的严重后果应由患者自己承担。

上述案例中，医院已经明确告知小王他的伤情情况，并做出应当采取的治疗措施，但是小王自己认为伤情无大碍，坚持不治疗，医院不存在过失及过错，所以医院不应承担赔偿责任。

条文链接

《中华人民共和国侵权责任法》

第六十条 患者有损害，因下列情形之一的，医疗机构不承担赔偿责任：

（一）患者或者其近亲属不配合医疗机构进行符合诊疗规范的诊疗；

（二）医务人员在抢救生命垂危的患者等紧急情况下已经尽到合理诊疗义务；

（三）限于当时的医疗水平难以诊疗。

前款第一项情形中，医疗机构及其医务人员也有过错的，应当承担相应的赔偿责任。

《医疗事故处理条例》

第二条 本条例所称医疗事故，是指医疗机构及其医务人员在医疗活动中，违反医疗卫生管理法律、行政法规、部门规章和诊疗护理规范、常规，过失造成患者人身损害的事故。

第三十三条 有下列情形之一的，不属于医疗事故：

……

（五）因患方原因延误诊疗导致不良后果的；

……

法律人生

患者应该配合医疗机构的治疗，医疗机构应当对患者的病情尽到告知义务，但是是否进行治疗，医疗机构应尊重患者的决定。如果因患者自己不接受治疗造成其损害的，医疗机构因无过错而不承担责任，损害后果由患者自负。

59. 误诊后，患者与医院私下签署的和解协议是否具有法律效力？

案情再现

朱先生因最近身体不舒服去医院检查，医院经过全面检查之后发现朱先生的右侧肾附近存在阴影，经过进一步检查之后，医院确诊朱先生患了肾癌，因为发现得及时属于早期，只要切除就可以医治。于是，医院在征求朱先生同意之后，为朱先生做了单肾切除手术。但是，在手术完成之后医院对切除的肾进行检查时才发现，该处并没有发生癌变，阴影只是积水所致。得知实际情况的朱先生非常愤怒，要求医院因误诊行为进行赔偿。经过多次交涉，朱先生与医院私下达成协议，由医院赔偿朱先生15万元，朱先生不再就此事追究医院的责任，双方并就协商和解一事签署了协议书。

法律疑点

朱先生与医院私下就医院误诊行为签署的和解协议是否具有法律效力？

法律分析

朱先生与医院私下就医院误诊行为签署的和解协议，法律予以认可，具有法律效力。

患者与医疗机构私下就误诊行为签署和解协议的情况我们通常称之为“私了”，该“私了”行为如果是双方真实意思的表示，那么法律是予以认可的，私了行为产生的文件具有法律效力。“私了”意为“不经过司法程序私下协商解决”，根据《医疗事故处理条例》第四十六条的规定可知，医患双方协商、申请调解、提起诉讼是解决医疗事故赔偿的三种合法途径。但仍须注意的是，该法第四十七条同时规定，双方当事人协商解决医疗事故的赔偿等民事责任争议的，应当制作协议书。

医院因误诊行为发生的医疗事故侵犯了患者的民事权益，应当予以民事赔偿。而在民事法律关系上，法律尊重当事人的意愿，所以法律规定双方当事人可以通过协商解决，在协商解决不成时，当事人也可以寻求法律救济。

所以，在上面的案例中，医院对于朱先生病情的误诊行为经双方协商达成的和解协议，是当事人双方的意愿，并没有违背任何一方的意愿。因此该和解行为具有法律效力，为法律所认可。

条文链接

《医疗事故处理条例》

第四十六条 发生医疗事故的赔偿等民事责任争议，医患双方可以协商解决；不愿意协商或者协商不成的，当事人可以向卫生行政部门提出调解申请，也可以直接向人民法院提起民事诉讼。

第四十七条 双方当事人协商解决医疗事故的赔偿等民事责任争议的，应当制作协议书。协议书应当载明双方当事人的基本情况和医疗事故的原因、双方当事人共同认定的医疗事故等级以及协商确定的赔偿数额等，并由双方当事人在协议书上签名。

法律人生

法律是尊重法律主体自由意志的表达，尤其是在民事权益上，因涉及当事人自身的权利义务，并且当事人对该权利义务具有一定程度的认识，所以法律尊重当事人的意思自治行为。因此，当民事权益受到侵犯时，我们虽然可以与侵权人协商，但是一定要作出自己真实的意思表示。在受威胁的情况下作出的意思表示可以要求法院予以撤销。

60. 因医疗事故而误工，医疗机构应否赔偿患者误工费？

案情再现

王先生在去年五一假期自驾游的过

程中不慎发生交通事故，左腿髋关节伤势严重需手术治疗，但是，手术过程中王先生遇上了极其不负责的医生，错误地将他因受伤肿起的右腿当成需要做手术治疗的左腿，等到医生开刀后发现右腿并没有受伤才意识到发生了错误。为了不耽误左腿的治疗期限，医生们又全力救治左腿。虽然手术很成功，但是两次手术给王先生的身体带来了很大的损伤，整体恢复时间延长了六个月，严重影响了王先生的工作，单位也因王先生不能正常工作停发了他六个月的工资。对此，王先生认为，医生的不负责任造成的医疗事故给自己身体带来伤害的同时也耽误了自己的工作，所以要求医院在赔偿身体伤害的损失之外另外赔偿六个月的误工费。

法律疑点

王先生可以要求医院赔偿其误工费吗？

法律分析

王先生有权要求医院赔偿其误工费。

患者因医疗事故而产生的误工期，因医疗机构存在过错并且医疗机构的行为与患者的误工结果之间存在因果关系，所以患者有权就医疗事故而产生的误工费要求医疗机构进行赔偿。同时，《最高人民法院关于审理人身损害赔偿案件适用法律若干问题的解释》第二十条、《医疗事故处理条例》第五十条第（二）项还规定了误工费的计算方式：误工费的计算根据受害人的务工时间和手术状况确定。患者有固定收入的，按照本人因误工减少的固定收入计算，对收入高于医疗事故发生地上一年度职工年平均工资3倍以上的，按照3倍计算；无固定收入的，按照医疗事故发生地上一年度职工年平均工资计算。

误工费是指受害人因侵权行为受到伤害而就医治疗或修养期间无法进行劳动和获得报酬所受到的实际损失。所以受害人无论是因何种原因而产生误工情况时，都可以要求侵权人赔偿误工损失。医疗机构因医疗事故对患者造成的侵害，也属于一种侵权行为，患者因此产生的误工损失医疗机构应当承担赔偿责任。

在上述案例中，王先生因医院的医疗事故而多产生了六个月的误工期，并且王先生有固定工作，所以医院应根据情况赔偿王先生六个月的工资作为误工费。

条文链接

《医疗事故处理条例》

第五十条 医疗事故赔偿，按照下列项目和标准计算：

……

（二）误工费：患者有固定收入的，按照本人因误工减少的固定收入计算，对收入高于医疗事故发生地上一年度职工年平均工资3倍以上的，按照3倍计算；无固定收入的，按照医疗事故发生地上一年度职工年平均工资计算。

……

《最高人民法院关于审理人身损害赔偿案件适用法律若干问题的解释》

第二十条　误工费根据受害人的误工时间和收入状况确定。误工时间根据受害人接受治疗的医疗机构出具的证明确定。受害人因伤致残持续误工的，误工时间可以计算至定残日前一天。

受害人有固定收入的，误工费按照实际减少的收入计算。受害人无固定收入的，按照其最近三年的平均收入计算；受害人不能举证证明其最近三年的平均收入状况的，可以参照受诉法院所在地相同或者相近行业上一年度职工的平均工资计算。

法律人生

救死扶伤是医生的天职，医生应严格履行自己的职责，因医疗事故导致患者无法正常工作的，不仅侵犯了患者的健康权，同时侵犯了患者的劳动权，患者有权要求医疗机构给予误工赔偿。

61. 患者家属对医疗机构的治疗不满，便以“停尸”的方式维权合适吗？

案情再现

唐某的妻子在某妇产医院生产，在生产过程中医生告知家属产妇有生命危险，可能孩子和大人不能同时保住，问唐某是要保大人还是孩子，唐某当机立断说要保大人。但是在手术过程中唐某的妻子还是因为大出血而去世了，庆幸的是孩子的生命保住了。唐某认为医院违背了患者的意愿进行治疗，医院存在过错，应当承担相应的责任。但是医院却说已经按照规定尽了医疗义务，并且医疗过程中无任何差错，拒绝赔偿。双方多次协商，没有谈妥，唐某为了获得医院赔偿，拒绝将妻子的尸体移出病房，也不同意医院进行尸检，并买来冰箱盛放，但尸体仍然开始腐化。一个月后，医院只得同意给予唐某30万元的赔偿，唐某才将尸体移走。

法律疑点

唐某对医疗机构给予其妻子的治疗不满，便以“停尸”的方式维权合适吗？

法律分析

唐某对医疗机构给予其妻子的治疗不满，以“停尸”的方式维权不符合法律的规定。

根据《医疗事故处理条例》第十九条的规定：患者在医疗机构内死亡的，尸体应当立即移放太平间。死者尸体存放时间一般不得超过2周。逾期不处理的尸体，经医疗机构所在地卫生行政部门批准，并报经同级公安部门备案后，由医疗机构按照规定进行处理。可见，如果患者在医疗机构内发生死亡，应当将尸体立即移送太平间，如果医患之间存在纠纷，应当由双方根据法律的规定予以解决，而不能以“停尸”这种扰乱社会秩序的方式要求医疗机构承担责任。

同时，医疗机构属于社会公共场所之一，如果患者在此扰乱了正常的诊疗秩序，根据《关于加强医疗机构治安管理维护正常诊疗秩序的通知》第二条的规定，各级公安机关将对医疗机构内发生的各种刑事、治安案件进行依法查处；如果患者行为构成犯罪的，还要移送检察机关审查起诉。

在发生医患纠纷时，患者及患者家属应当按照法定程序和方式维护自己的权利，不得以各种不当手段扰乱医疗机构的正常医疗秩序，否则应当承担相应的法律责任。

在上述案例中，唐某的妻子已经死亡，根据法律就应当立即存放在太平间，而不得继续放置在病房中，这是医院的义务，患者家属也不得阻挠。所以唐某的行为已经触犯了法律，医院在唐某不听劝告的情况下，可以请求公安机关予以处理。

条文链接

《医疗事故处理条例》

第十九条 患者在医疗机构内死亡的，尸体应当立即移放太平间。死者尸体存放时间一般不得超过2周。逾期不处理的尸体，经医疗机构所在地卫生行政部门批准，并报经同级公安部门备案后，由医疗机构按照规定进行处理。

《关于加强医疗机构治安管理维护正常诊疗秩序的通知》

第二条 各级公安机关要加强对医疗机构及其周边地区的治安管理，维护好医疗机构的正常诊疗秩序。对医疗机构内发生的各种刑事、治安案件，要及时出警，依法查处。对发生在医疗机构内影响恶劣，人民群众反映强烈的案件，要快侦、快办；构成犯罪的案件，在侦察终结后，要及时移送检察机关审查起诉。

法律人生

医患纠纷常有发生，当患者及患者家属对医疗机构的治疗不满时，应按照法定程序解决问题，不得以各种不当手段扰乱医疗机构的正常诊疗秩序，否则就要承担相应的法律责任，严重者还有可能构成犯罪。

第五章

消费维权

62. 怎样看待商店贴出的“偷一罚十”告示?

案情再现

2017 年 1 月 20 日晚，孙女士到某大型超市购物，挑选了一箱牛奶后，孙女士被一款新款的电子表所吸引，于是顺手拿了一个电子表放到衣兜里。孙女士排队结完账准备离开时，不料超市门口的报警器响了起来。超市两名保安人员遂认定她偷了东西，要对她进行搜身。孙女士不同意，但还是被强行搜身，结果从她衣兜里搜出了那款电子表。电子表的售价是 100 元，但超市人员说，门口已经写明了“偷一罚十”，孙女士必须支付 1000 元钱才能走。随后，孙女士的老公赶到超市，表示愿意购买这款电子表，但是不能接受超市人员“偷一罚十”的要求。

法律疑点

该超市是否有权对孙女士以“偷一罚十”的标准进行处罚?

法律分析

该超市不能对孙女士以“偷一罚十”的标准进行处罚。

《消费者权益保护法》第二十六条规定，经营者不得以店堂告示等方式作出对消费者不公平、不合理的规定，或者减轻、免除其损害消费者合法权益应当承担的民事责任，店堂告示如果有上述内容，其内容无效。由此可见，经营者“偷一罚十”的店堂告示更多的是起到警示作用，并没有任何法律效力。

偷窃行为是一种违背社会公序良俗的行为。顾客偷窃商品侵犯了商家的财产所有权。处置该类纠纷最好的办法就是双方协商解决，商家可以基于顾客的相关侵权行为进行追偿，如果协商不成，则报警处理。

在上面的案例中，孙女士私自拿电子表的行为显然是不对的，理应承担相应的责任，超市可以对其进行批评教育或将其送至派出所处理，但无权擅自对其进行处罚。超市以“店堂告示”形式的内部规定对孙女士进行“偷一罚十”的处罚，显然加重了孙女士应负的责任，也属于擅自对公民实施处罚，超市并不具有处罚权，因此超市的这种行为是无效的，消费者有权拒绝。

条文链接

《中华人民共和国消费者权益保护法》

第二十六条 经营者在经营活动中使用格式条款的，应当以显著方式提请消费者注意商品或者服务的数量和质量、价款或者费用、履行期限和方式、安全注意事项和风险警示、售后服务、民事责任等与消费者有重大利害关系的内容，并按照消费者的要求予以说明。

经营者不得以格式条款、通知、声明、店堂告示等方式，作出排除或者限制消费者权利、减轻或者免除经营者责任、加重消费者责任等对消费者不公平、不合理的规定，不得利用格式条款并借助技术手段强制交易。

格式条款、通知、声明、店堂告示等含有前款所列内容的，其内容无效。

法律人生

我国关于消费者公平交易权的保护规范在一定程度上存在缺失，权利救济也迫在眉睫。维护网络消费者的公平交易权，创造一个透明、和谐的消费环境迫在眉睫。经营者以格式条款、通知、声明、店堂告示等形式作出对消费者不公平、不合理的规定无效，以保障消费者依法享有公平交易权。消费者要加强自我保护意识，积极防范，主动维权，学会理性消费，注意识别真假信息，避免上当。在出现纠纷时也应当积极应对，收集相关材料、凭证、单据等，向有关部门投诉。

63. 商家是否能够凭借宣传单最终解释权拒绝优惠？

案情再现

某天，黄女士正在一处公交站牌前等公交车，从旁边走来了一位推销员，推销员拿着一本购车的宣传册，他告诉黄女士，该车行即将开业，凭此宣传册可以享受八折优惠。黄女士听后很心动，回到家里和老公商量后准备从这家车行购买一辆汽车。五一假期时，黄女士和老公来到了该车行，经过几个小时的挑选，两人终于选中了一辆新款轿车，黄女士想着这辆车能有八折优惠，很是划算，就跟销售员订下了这台车。可是到付款时，车行并没有给打折。黄女士很气愤，说她是凭宣传册来购物的，为什么不打折。而车行却称，该宣传册只供特定的车子使用，新款车型不打折。黄女士称当时宣传册上并没有这样写明，如果自己早知道是仅供特定车型就不会过来了，而车行辩称，具体哪些车辆能够打折，最终解释权在车行，没有必要在宣传册上写明。

法律疑点

商家是否有权以自己享有最终解释权为由拒绝优惠？

法律分析

商家不能以自己享有最终解释权拒绝优惠。

根据我国《消费者权益保护法》第二十条第一款的规定，经营者向消费者提供有关商品或者服务的质量、性能、用途、有效期限等信息，应当真实、全面，不得作虚假或者引人误解的宣传。同时《零售商促销行为管理办法》第六条明确规定：“零售商促销活动的广告和其他宣传，其内容应当真实、合法、清晰、易懂，不得使用含糊、易引起误解的语言、文字、图片或影像。不得以保留最终解释权为由，损害消费者的合法权益。”第七条规定，对不参加促销活动的柜台或商品，应当明示，并不得宣称全场促销；明示例外商品、含有限制性条件、附加条件的促销规则时，其文字、图片应当醒目明确。

虚假宣传是指在商业活动中，经营

者利用广告或其他方法对商品或者服务作出与实际内容不相符的虚假信息，导致客户或消费者误解的行为。商家的这种虚假宣传自然影响了消费者对真实信息的获知，进而在一定程度上左右了消费者的意思表示。虚假宣传违反诚实信用原则，违反公认的商业准则，是一种严重的不正当竞争行为。因此，经营者作虚假宣传，将面临向消费者以及其他经营者赔偿的双重风险。

在上面的案例中，车行在促销活动的宣传单上使用含糊及易引起误解的文字，并以保留最终解释权来误导消费者，进而损害了消费者的合法权益。根据法律规定，黄女士可以向工商部门投诉，要求查处该车行的虚假宣传行为。

条文链接

《中华人民共和国消费者权益保护法》

第二十条第一款　经营者向消费者提供有关商品或者服务的质量、性能、用途、有效期限等信息，应当真实、全面，不得作虚假或者引人误解的宣传。

法律人生

经营者开展促销活动时，应当遵循合法、公平、诚实信用的原则，确保促销活动宣传内容达到真实、通俗易懂的程度。只有这样，才能更好地营造健康的经济市场环境，平衡消费者和经营者的利益，有利于经营者自身的发展。如果进行虚假宣传，不但违反了市场交易基本原则，也是一种严重的不正当竞争行为，还会受到法律的制裁。

64. 商家是否需要对出售的特卖商品承担质量保障责任？

案情再现

周末下午，李女士陪着母亲逛超市，看见某品牌的酸奶正在搞促销活动，于是走上前去咨询详细的活动规则。酸奶买一送二的优惠活动吸引了李女士，随后她买了几盒。回到家里，李女士无意中看到有几盒酸奶的生产日期已过保质期。对此，李女士非常气愤。第二天下午，李女士来到该超市要求退货。但是超市的工作人员看完李女士的购物小票后拒绝了她的退货要求，理由是该品牌的酸奶是促销商品，属于特殊的商品，超市对此类商品不予退换。而李女士却认为尽管该品牌的酸奶是价格优惠的促销产品，但是超市也不能卖过期产品来蒙骗消费者。

法律疑点

对于出售的特卖商品，超市对此应不应该承担质量保障责任？

法律分析

超市应该对出售的特卖商品承担质量保障责任。

我国《消费者权益保护法》第二十四条规定，消费者在购买商品或者接受服务时，有权获得质量保障，经营者提供的商品或者服务不符合质量要求的，消费者可以依照国家规定、当事人约定退货，或者要求经营者履行更换、修理等义务。根据《中华人民共和国食品安全法》规定，禁止经营超过保质期的食品。同时，我国《零售商促销行为管理办法》第十二条及第十八条规定，零售商不得以促销为由降低促销商品的质量和售后服务水平，不得以促销为由拒绝退换货或者为消费者退换货设置障碍。由此可见，一方面，国家严令禁止经营超过保质期的食品；另一方面，经营者一旦存在上述行为时，应当履行退换货义务。

对于购买后的商品，如果不符合质量要求的，则消费者可以要求经营者退换货。经营者以促销为由降低的是商品的价格，以价格来吸引消费者，但其必须确保促销商品的质量和售后服务水平，这两者是无法促销的。也就是说，无论经营者是正常销售还是进行促销活动，都必须保证商品的质量和售后。

在上面的案例中，无论商家出售的商品特卖与否，其商品的质量和售后服务水平都应当同正常销售的商品一致，李女士享有退换货和要求赔偿损失的权利，经营者均应当履行退换货及赔偿义务。

条文链接

《中华人民共和国消费者权益保护法》

第二十四条第一款 经营者提供的商品或者服务不符合质量要求的，消费者可以依照国家规定、当事人约定退货，或者要求经营者履行更换、修理等义务。没有国家规定和当事人约定的，消费者可以自收到商品之日起七日内退货；七日后符合法定解除合同条件的，消费者可以及时退货，不符合法定解除合同条件的，可以要求经营者履行更换、修理等义务。

《中华人民共和国食品安全法》

第三十四条 禁止生产经营下列食品、食品添加剂、食品相关产品：

……

（三）用超过保质期的食品原料、食品添加剂生产的食品、食品添加剂；

……

《零售商促销行为管理办法》

第十二条 零售商开展促销活动，不得降低促销商品（包括有奖销售的奖品、赠品）的质量和售后服务水平，不得将质量不合格的物品作为奖品、赠品。

第十八条 零售商不得以促销为由拒绝退换货或者为消费者退换货设置障碍。

法律人生

无论商品是否特价出售，只要该商品是在经营者出售的范围之内，经营者就应当对自己出售的所有商品的质量承担保证责任，而不得出售超过保质期的商品，否则，不仅会受到有关主管部门的行政处罚，并且要赔偿消费者所受的损失。

65. 展销会上买到不合格产品应找谁？

案情再现

邓某是《哈利·波特》系列丛书的

爱好者，但凡看见此类书都要买来看看。近日，他听说学校附近的广场正在举办经典书籍大型展销会，于是他就想和室友去看看。在参展过程中，邓某看见一展销柜正在特价销售他所钟爱的《哈利·波特》丛书典藏版，商家说该系列图书是外文正版，已经卖出去好多套了。邓某家中虽然已经有一套中文版的了，但是看到封面包装很精致，又是外文版，他还是买了一套。回到学校之后，邓某马上拆开书的封面准备阅读，但是他发现封面内部的纸质很差，而且存在大量的拼写错误，他认识到自己上当受骗了，于是拿着书到举办展销会的地方，却发现展销会已经结束了，而自己又没有商家的联系方式。

法律疑点

邓某应该如何主张自己的损失呢？

法律分析

邓某可以向展销会的举办者索赔。

根据《消费者权益保护法》第四十三条规定，消费者在展销会、租赁柜台购买商品或者接受服务，其合法权益受到损害的，可以向销售者或服务者要求赔偿。展销会结束或者柜台租赁期满后，也可以向展销会举办者、柜台出租者要求赔偿。

市场交易过程中，在财力、物力与产品信息等方面，消费者与销售者相比较为弱势，因此，法律对消费者给予了特殊的保护，就算消费者在流动性很大的展销会上买到不合格产品，也有明确的售后保障。这既是出于对消费者权益保护的考虑，也是通过打击不良商家以维护市场交易秩序的需要。

在上面的案例中，邓某在展销会上买到盗版书，在找不到销售商的情况下，可以向展销会的举办者索赔。而展销会举办者向邓某承担赔偿责任后，有权依法向出售盗版图书的摊位承租者追偿。

条文链接

《中华人民共和国消费者权益保护法》

第四十三条 消费者在展销会、租赁柜台购买商品或者接受服务，其合法权益受到损害的，可以向销售者或者服务者要求赔偿。展销会结束或者柜台租赁期满后，也可以向展销会的举办者、柜台的出租者要求赔偿。展销会的举办者、柜台的出租者赔偿后，有权向销售者或者服务者追偿。

法律人生

无论展销会的举办者对销售者或者服务者损害消费者权益的行为是否具有过错，是否负有直接责任，均有先行赔偿消费者所受损害的义务。因此，当消费者在展销会上买到不合格产品，找不到销售商品的商家时，可以去找举办展销会的人。如果举办展销会的人推卸责任，消费者可以向消费者协会进行投诉，也可以采用诉讼等办法来维护自己的合法权益。

66. 经营者伪造其出售商品的产地是否应承担赔偿责任？

案情再现

王某是某单位职工，最大的爱好就是骑单车。平时除了上班工作之外，每逢周末假期时，他都会和单车协会的朋友出去骑单车。同时，他也是各类单车模型收集爱好者，家中专门留了一间房放置所收集的各种单车模型。

某日，他在逛商场的时候看到一款标注为欧洲进口的新型单车模型，特别中意，商场的销售人员向他介绍说这是经专业人士设计、从德国进口来的，是单车模型爱好者的收集爆款，王某听后随即将模型买下。但是，当他回家查看模型说明书时却发现该进货单上写着产地浙江温州，王某顿时感到上当受骗，他立即跑回商场要求退货，但是该商场坚决否认该单车模型的产地是浙江，并以单车模型的质量没有问题为由拒绝退货。

法律疑点

商场拒绝退货的做法符合法律的规定吗？

法律分析

商场拒绝退货的做法不符合法律的规定。

按照我国《产品质量法》第三十七条规定："销售者不得伪造产地，不得伪造或者冒用他人的厂名、厂址。"同时，根据我国《消费者权益保护法》第八条第二款的规定，消费者在购买商品时，有权利对该商品的价格、产地、生产者等有关情况的真实情况进行了解，经营者亦有告知的义务。该商场私自更换商品标签的行为，不仅应受到相应的处罚，而且对消费者来说，明显是一种欺诈行为，应当承担民事赔偿责任。根据我国《消费者权益保护法》第五十五条第一款的规定，经营者提供商品或者服务有欺诈行为的，应当按照消费者的要求增加赔偿其受到的损失，增加赔偿的金额为消费者购买商品的价款或者接受服务的费用的三倍。

为了保障老百姓日常生活消费品的健康与安全，法律对流入市场交易的产品或消费品制定了具体且严格的标准和规范，当生产者或经营者生产或销售的产品不符合行业标准，或者产品信息与实际不符，存在欺诈情形时，应当承担不利的法律后果。

在上面的案例中，该商场将原产地为浙江温州的单车模型标注为欧洲进口的行为，不仅违法，也侵犯了王某的知情权，其行为已经构成了欺诈，因此，王某除了可以要求商家退货之外，还可以向其主张三倍价款的赔偿责任。

条文链接

《中华人民共和国产品质量法》

第三十七条 销售者不得伪造产地，不得伪造或者冒用他人的厂名、厂址。

《中华人民共和国消费者权益保护法》

第八条第二款 消费者有权根据商

品或者服务的不同情况，要求经营者提供商品的价格、产地、生产者、用途、性能、规格、等级、主要成份、生产日期、有效期限、检验合格证明、使用方法说明书、售后服务，或者服务的内容、规格、费用等有关情况。

第五十五条第一款 经营者提供商品或者服务有欺诈行为的，应当按照消费者的要求增加赔偿其受到的损失，增加赔偿的金额为消费者购买商品的价款或者接受服务的费用的三倍；增加赔偿的金额不足五百元的，为五百元。法律另有规定的，依照其规定。

法律人生

在市场竞争乱象频生的今天，对消费者欺诈的行为不胜枚举，当消费者遇到此类情况时，应当注意搜集证据，保留好自己的消费凭证，并以法律手段维护自己的合法权益。另外，生产者和经营者也应遵守法律和行业规定，自觉维护市场交易秩序。

67. 家电保修期内上门服务应该交“上门服务费”吗？

案情再现

李某向相恋多年的女友求婚成功，二人订好了结婚的日子。之后，李某就买了一套房子作为婚房。房子交付后，李某开始为家里添置家具。二人如期举行了婚礼，他们也住进了新房。可刚住了没几天，李某就发现自己购买的家用冰箱出了故障，不制冷，没有办法使用。由于冰箱尚在保修期内，李某就拨打了售后维修电话，很快便有维修人员上门维修了，在检查并更换零件之后，冰箱能够正常使用了。但让李某心情郁闷的是，维修人员向其索要100元的上门维修费，并说其他家电售后维修也是这样收费的，商家要求维修人员索要上门服务费，若未能收取，将从维修人员的工资中扣除。李某觉得很不合理，但觉得维修人员也很为难。

法律疑点

李某应该支付“上门服务费”吗？

法律分析

李某可以拒绝支付“上门服务费”。

我国《部分商品修理、更换、退货责任规定》第十五条明确规定，在三包有效期内，除因消费者使用保管不当致使产品不能正常使用外，由修理者免费修理，免费的范围明确列举出包括材料费和工时费，而对于运输等必要费用则通过《消费者权益保护法》第二十四条加以明确，由经营者承担。据此，在保修期内的家电的售后维修，排除消费者个人的不当使用因素，应该是完全免费的。

消费者购买商品本身就是为了享用商品能够带来的便利与安全，“三包”服务作为附随服务，正是为了保障商品功能的正常发挥，商品没有问题，也就不需要“三包”服务了，所以究其根本，“三包”服务本就是商家的义务，而由其产生的费用，法律规定在三包期内的维修服务费，由商家承担有理有据。

在上面的案例中，维修人员所谓的“上门服务费”，在保修期内属于法定的免费项目，而且冰箱的故障并非李某使用不当所致，因此，李某无须承担所谓的“上门服务费”。

条文链接

《中华人民共和国消费者权益保护法》

第二十四条 经营者提供的商品或者服务不符合质量要求的，消费者可以依照国家规定、当事人约定退货，或者要求经营者履行更换、修理等义务。没有国家规定和当事人约定的，消费者可以自收到商品之日起七日内退货；七日后符合法定解除合同条件的，消费者可以及时退货，不符合法定解除合同条件的，可以要求经营者履行更换、修理等义务。

依照前款规定进行退货、更换、修理的，经营者应当承担运输等必要费用。

《部分商品修理、更换、退货责任规定》

第十五条 在三包有效期内，除因消费者使用保管不当致使产品不能正常使用外，由修理者免费修理（包括材料费和工时费）。

对应当进行三包的大件产品，修理者应当提供合理的运输费用，然后依法向生产者或者销售者追偿，或者按合同办理。

法律人生

在“三包”服务有效期内，除因消费者使用保管不当致使产品不能正常使用的，修理者应当负责免费修理。修理者先行承担合理的运输费用之后，有权向负有责任的销售者或者生产者追偿；如果修理者与销售者或者生产者之间订立合同的，应当按照合同执行。因此，当消费者或维修者被要求给付“上门服务费”时，可以严词拒绝。

68. 消费者因商品缺陷受到人身损害，应该由谁赔偿？

案情再现

胡某很喜欢喝茶，在他六十岁生日当天，朋友送了一套茶具给他。一个周末的下午，胡某在家休息，想看一下茶具泡茶的效果如何，就拿出茶具试试，但是在往茶壶注水的过程中，茶壶突然炸裂，将胡某的大腿烫伤，家人赶紧将其送入医院，并花去了大量的医疗费用。待病愈出院后，胡某和朋友想向茶壶的卖方要求赔偿，但是因小票丢失，商家拒不承认茶壶是自己商场的商品。正在胡某及朋友一筹莫展时，胡某的一个朋友称，自己也买过这款茶具，在泡茶的过程中也发生了茶壶炸裂的情况，他怀疑这套茶具本身就有缺陷，于是，他们决定起诉茶壶的生产商。

法律疑点

因商品缺陷受到人身损害的胡某应向谁主张损害赔偿？

法律分析

胡某可以向茶壶的生产厂家要求赔偿。

根据《消费者权益保护法》第四十条和《产品质量法》第四十三条的规定，消费者或其他受害人因商品缺陷造成人身、财产损害的，可以向销售者要求赔偿，也可以向生产者要求赔偿。由此可见，就算销售商拒绝，被害人还可向商品的生产商要求赔偿。

消费者在使用商品因商品缺陷造成损害时会产生两个法律责任：一是与销售者之间的违约关系，但是违约责任作为合同责任的一种，具有相对性。第二是与销售者或生产者之间的侵权关系，当侵害事实发生时，消费者既可以向销售者也可以向生产者主张赔偿。

在上面的案例中，胡某因使用在商场购买的茶壶受伤，但是商场拒绝协商，没有得到任何的赔偿结果，那么，胡某可直接向茶壶的生产厂家要求赔偿，如果生产厂家拒绝的话，可通过诉讼途径加以解决。

条文链接

《中华人民共和国消费者权益保护法》

第四十条　消费者在购买、使用商品时，其合法权益受到损害的，可以向销售者要求赔偿。销售者赔偿后，属于生产者的责任或者属于向销售者提供商品的其他销售者的责任的，销售者有权向生产者或者其他销售者追偿。

消费者或者其他受害人因商品缺陷造成人身、财产损害的，可以向销售者要求赔偿，也可以向生产者要求赔偿。属于生产者责任的，销售者赔偿后，有权向生产者追偿。属于销售者责任的，生产者赔偿后，有权向销售者追偿。

消费者在接受服务时，其合法权益受到损害的，可以向服务者要求赔偿。

《中华人民共和国产品质量法》

第四十三条　因产品存在缺陷造成人身、他人财产损害的，受害人可以向产品的生产者要求赔偿，也可以向产品的销售者要求赔偿。属于产品的生产者的责任，产品的销售者赔偿的，产品的销售者有权向产品的生产者追偿。属于产品的销售者的责任，产品的生产者赔偿的，产品的生产者有权向产品的销售者追偿。

法律人生

因产品缺陷导致的损害往往关乎消费者的人身安全，为了规范产品质量市场的秩序，法律将生产者拉入责任主体的范围。因此，当消费者因产品质量问题遭受人身财产损害的，既可以向销售者也可以向生产者主张赔偿。

69. 通过电视购物购买的商品质量有问题由谁负责？

案情再现

姜女士是一名家庭主妇，平时喜欢看电视购物节目。某日，在做完家务之后，姜女士像往常一样打开电视，正好看到某电视购物频道有一则手表促销广告，广告播放的内容包括：“买某名牌手表送手链，纯金打造……现在电话抢购只需199，仅剩二十套，赶紧拨打电话抢购吧。”姜女士想起丈夫很喜欢手表，而且他的生日也马上到了，于是拨打了热线电话订购了一套，并通过支付宝完成了支付。但是收到货后，姜女士发现手表颜色暗淡，手链也不好，于是拿到手表店里鉴定，确定为假货。姜女士立即向售后要求退换，但遭到拒绝，而她又找不到手表的经销商，后通过工商登记部门调查才发现该经销商借用了他人的营业执照，无法查出实际出卖人的信息。

法律疑点

姜女士应如何维护自己的权益呢？

法律分析

姜女士可以要求营业执照持有人或是手表广告的经营者、发布者承担赔偿责任。

我国《消费者权益保护法》第二十三条第二款明确规定，经营者以广告方式表明商品或者服务的质量状况的，应当保证其提供的商品或者服务的实际质量与表明的质量状况相符。对于违反该项法律义务的经销商应依照该法第四十五条的规定承担赔偿责任。电视购物经销商借用他人营业执照以逃避责任，但《消费者权益保护法》第四十二条肯定了消费者对其享有追索的权利，同时规定消费者可以向营业执照的持有人要求赔偿。对于发布虚假广告的广告发布者，消费者可以依据《消费者权益保护法》第四十五条请求行政主管部门对违反者予以惩处，广告经营者、发布者不能提供经营者的真实名称、地址和有效联系方式的，应当承担赔偿责任。

产品质量问题影响的不仅是消费者的消费权益，而且对市场交易秩序也有着极大的破坏，因此法律对产品质量的规范较为严格，追究的责任主体范围也较大，其目的就是威慑不良商家，进而保护消费者的权益，最终维护市场交易的正常运行。

在上面的案例中，姜女士既可以要求经销商承担责任，也可以要求营业执照持有人进行赔偿。同时，如果手表的广告经营者、发布者不能提供经营者真实名称、地址及有效联系方式的，姜女士还可以要求广告经营者、发布者承担赔偿责任，并且，其可请求行政主管部门对广告经营者、发布者予以惩处。

条文链接

《中华人民共和国消费者权益保护法》

第二十三条第二款　经营者以广告、产品说明、实物样品或者其他方式表明商品或者服务的质量状况的，应当保证其提供的商品或者服务的实际质量与表明的质量状况相符。

第四十二条　使用他人营业执照的违法经营者提供商品或者服务，损害消费者合法权益的，消费者可以向其要求赔偿，也可以向营业执照的持有人要求赔偿。

第四十五条第一款　消费者因经营者利用虚假广告或者其他虚假宣传方式提供商品或者服务，其合法权益受到损害的，可以向经营者要求赔偿。广告经营者、发布者发布虚假广告的，消费者可以请求行政主管部门予以惩处。广告经营者、发布者不能提供经营者的真实名称、地址和有效联系方式的，应当承担赔偿责任。

法律人生

经营者以广告或其他宣传方式表明产品质量状况的，应当保证提供产品的实际质量与宣传的相符，不得利用广告及其他宣传方式作虚假宣传。而作为消费者，在消费的过程中也应警惕，确保了解产品的真实信息后再决定是否购买，以防上当受骗。一旦上当受骗，消费者既可以要求经营者赔偿，也可以向广告经营者、发布者求偿。

70. 商家能否禁止消费者“自带酒水”？

案情再现

刘某和同事相约下班后去某酒店聚餐。由于刘某大学毕业刚参加工作才半年，为了能够更好地融入公司，他顺便带上了从老家带的名酒。在宴席上，刘某就把酒送给了同事们，为了活跃气氛，同事当场就让服务员把酒瓶开了，与大家一起分享。一顿饭吃下来，现场气氛很融洽，大家喝得也很开心。但是在结账的时候出现了尴尬的一幕，刘某等人被服务员要求多收200元，待刘某等人询问原因后才被工作人员告知：该酒店规定禁止消费者自带酒水，对自带酒水消费的顾客要另收200元的酒水服务费。刘某认为此种做法很不合理，拒绝给付另加的200元，并与酒店发生了争吵。

法律疑点

酒店能否向刘某等人收取200元的“酒水服务费”？

法律分析

酒店向刘某等人收取200元的“酒水服务费”于法无据。

我国《消费者权益保护法》第九条及第十条规定，消费者有权自主决定购买或者不购买任何一种商品、接受或者不接受任何一项服务；消费者享有公平交易的权利，有权拒绝强制交易行为。同时，依据该法第二十六条第二款规定，经营者不得以格式条款、通知、声明、店堂告示等方式，作出排除或者限制消费者权利等对消费者不公平、不合理的规定，不得利用格式条款并借助技术手段强制交易。

商家张贴“禁止自带酒水”的告示以及收取“酒水服务费”的做法，不但侵犯了消费者的自主选择权和公平交易权，也是强迫消费者接受商品或服务，属于“霸王条款”，是一种无效的、违法的行为。

在上面的案例中，酒店加收“自带酒水服务费”的行为，侵害了消费者的公平交易权，刘某完全有权依据法律，拒绝这种强制性交易。

条文链接

《中华人民共和国消费者权益保护法》

第九条第一款、第二款 消费者享有自主选择商品或者服务的权利。

消费者有权自主选择提供商品或者服务的经营者，自主选择商品品种或者服务方式，自主决定购买或者不购买任何一种商品、接受或者不接受任何一项服务。

第十条第二款 消费者在购买商品或者接受服务时，有权获得质量保障、价格合理、计量正确等公平交易条件，有权拒绝经营者的强制交易行为。

第二十六条 经营者在经营活动中使用格式条款的，应当以显著方式提请消费者注意商品或者服务的数量和质量、价款或者费用、履行期限和方式、安全注意事项和风险警示、售后服务、民事责任等与消费者有重大利害关系的内容，并按照消费者的要求予以说明。

经营者不得以格式条款、通知、声明、店堂告示等方式，作出排除或者限制消费者权利、减轻或者免除经营者责任、加重消费者责任等对消费者不公平、不合理的规定，不得利用格式条款并借助技术手段强制交易。

格式条款、通知、声明、店堂告示等含有前款所列内容的，其内容无效。

法律人生

“开瓶费”或“禁止自带酒水”是不为我国法律认可的，是侵犯消费者公平交易权的行为，因此，消费者在面对餐饮行业强行收取“开瓶费”或“禁止自带酒水”的违法行为时，要敢于拒付，并运用法律武器维护自身的合法权益。

71. 在饭店被服务员故意绊倒受伤，应由谁赔偿？

案情再现

期末考试结束之后，陈某与室友相邀去学校附近的饭店吃饭。在点餐的时候，陈某发现服务员是与自己有过节的老乡，就找了一个比较偏僻的角落。可就在吃饭的过程中，陈某的老妈来电，为了不影响大家吃饭的气氛，陈某起身准备出去接电话。但是，刚走到饭店门口，老乡就故意伸腿将陈某绊倒，导致陈某摔下台阶，门牙破损，腿部也受了重伤。随后，室友将其送入医院，经诊断，陈某的腿将会留下永久的疤痕，后期牙齿的修复也需花费一笔费用。出院后，陈某找到该饭店的老板要求其承担这些费用，但是老板却说陈某的伤是服务员造成的，与自己无关，并拒绝赔偿。陈某便让老板叫出来那个服务员商量赔偿事宜，可是，饭店的老板说老乡看到他住院就不见踪影了。陈某现在很是郁闷。

法律疑点

陈某所受到的损失应该由谁赔偿?

法律分析

陈某可同时要求服务员与饭店老板承担赔偿责任。

根据我国《消费者权益保护法》第十八条规定，经营者应当对消费者尽到安全保障义务，未尽到该义务，造成消费者损害的，应当承担侵权责任。同时，根据《最高人民法院关于人身损害赔偿案件适用法律若干问题的解释》第九条规定，雇员在从事雇佣活动中致人损害的，雇主应当承担赔偿责任；雇员因故意或者重大过失致人损害的，应当与雇主承担连带赔偿责任。雇主承担连带责任的，可以向雇员追偿。

经营者对消费者的安全保障义务来源于其应当为消费者提供安全的消费环境，如果消费者在经营者的经营范围内遭受伤害，那么经营者对自己未尽到的安全保障义务应承担责任；但经营单位的雇员如果是故意或者因重大过失致人损害的，其应当向消费者承担赔偿责任。为了能让消费者及时获得赔偿，法律又规定此种情况下，雇员应当与雇主承担连带赔偿责任。而雇主承担连带责任后可以向雇员追偿。

在上面的案例中，饭店服务员与饭店老板之间属于雇佣关系，服务员在工作中故意致人损害的，饭店老板应当与其承担连带赔偿损失，因此，陈某可同时要求服务员与饭店老板承担赔偿责任，支付其就医及康复等相关费用。

条文链接

《中华人民共和国消费者权益保护法》

第十八条　经营者应当保证其提供的商品或者服务符合保障人身、财产安全的要求。对可能危及人身、财产安全的商品和服务，应当向消费者作出真实的说明和明确的警示，并说明和标明正确使用商品或者接受服务的方法以及防止危害发生的方法。

宾馆、商场、餐馆、银行、机场、车站、港口、影剧院等经营场所的经营者，应当对消费者尽到安全保障义务。

《最高人民法院关于审理人身损害赔偿案件适用法律若干问题的解释》

第九条第一款　雇员在从事雇佣活动中致人损害的，雇主应当承担赔偿责任；雇员因故意或者重大过失致人损害的，应当与雇主承担连带赔偿责任。雇主承担连带赔偿责任的，可以向雇员追偿。

法律人生

雇佣活动，是指从事雇主授权或者指示范围内的生产经营活动或者其他劳务活动。当消费者的权益被雇员侵害时，可以找到其雇主请求赔偿。

72. 吃完饭是否有权索要发票?

案情再现

赵某大学毕业之后就离开湖南老家，

到广东的一家外资公司上班。广东饮食清淡，所以赵某平时很难吃得上家乡菜。某日，赵某在广东老乡群里知道了在自己公司附近新开了一家湘菜馆，于是就约了几个人去试试。他们点了几个菜和几瓶啤酒，味道很正宗，大家吃得很开心，在赵某准备结账的时候，服务员说："总计是217元，就收您200元好了"，赵某觉得这家店很不错，还主动给折扣。但是当赵某走到收银台跟老板索要发票时却被告知："来店里的客人从来都不要发票，而且店里还给您打了折扣，就不能给您开发票了。"赵某觉得很不合理，就跟老板理论起来。

法律疑点

老板拒绝出具发票的做法符合法律规定吗？

法律分析

老板拒绝出具发票的做法不符合法律规定。

根据我国《发票管理办法》第二十条规定，经营者对外发生经营业务必须出具发票，消费者也应当主动向收款方索要发票。《消费者权益保护法》第二十二条中也规定，经营者提供商品或者服务，应当按照国家规定向消费者出具发票；消费者索要发票的，经营者必须出具。因此，给消费者出具消费发票是经营者的法定义务，是必须出具的。

在实际生活中，经营者给予消费者的各种优惠属于一种促销经营方式，但是并不能因此免除其出具发票的法定义务，因为发票不仅能证明消费者与经营者之间的民事合同关系，还是国家向经营者征收税务的依据，因此，如果消费者索要发票，经营者就必须出具。

在上面的案例中，湘菜馆的做法不但侵害了赵某索要发票的权利，更是一种偷税漏税的违法行为，因此，赵某可以坚持索要发票，湘菜馆的老板也必须出具，否则，赵某可以向工商、税务等部门举报其违法行为。

条文链接

《中华人民共和国消费者权益保护法》

第二十二条 经营者提供商品或者服务，应当按照国家有关规定或者商业惯例向消费者出具发票等购货凭证或者服务单据；消费者索要发票等购货凭证或者服务单据的，经营者必须出具。

《中华人民共和国发票管理办法》

第十九条 销售商品、提供服务以及从事其他经营活动的单位和个人，对外发生经营业务收取款项，收款方应当向付款方开具发票；特殊情况下，由付款方向收款方开具发票。

第二十条 所有单位和从事生产、经营活动的个人在购买商品、接受服务以及从事其他经营活动支付款项，应当向收款方取得发票。取得发票时，不得要求变更品名和金额。

第二十一条 不符合规定的发票，不得作为财务报销凭证，任何单位和个人有权拒收。

法律人生

发票是一方给对方的收款凭证，不但是经营者的核算依据，消费者的维权证据，更是税务、审计机关执法检查的重要内容。出具发票是经营者的法定义务，同时也是消费者的合法权利。对于消费者而言，在日常消费过程中，不能因为贪图小利而放任不法经营者不出具发票的违法行为，而是应当据理力争，坚决维护自己的合法权益。

73. 顾客在饭店就餐时丢失财物能否要求店主赔付？

案情再现

王女士在儿子生日的时候，带着孩子去某饭店吃饭庆祝，吃饭的过程中，王女士随手将手提包放在了身边的空位子上，觉得手提包就在自己身边应该很安全。但是当吃完饭准备结账的时候，她却发现手提包的拉链被打开了，里面的钱包连同身份证、银行卡、手机等贵重物品全部都不见了。王女士当即找到饭店经理，要求饭店经理帮忙寻找丢失财物并要求饭店赔偿其相应的损失。但是饭店经理提出，饭店已经在顾客就餐时提示顾客“保管好自己的随身财物，如有丢失，概不负责”，王女士随身的手提包应该自己看管好，现在发生丢失财物的事情，与饭店无关，饭店可以帮助王女士寻找财物，但不会对王女士作出任何赔偿。

法律疑点

王女士能否就丢失的财物要求饭店帮忙寻找并给予相应的赔付？

法律分析

王女士在饭店就餐时丢失的财物可以要求饭店帮忙寻找，但是饭店没有赔付的义务。

根据我国《消费者权益保护法》第七条的规定，消费者在购买、使用商品和接受服务时享有人身、财产安全不受损害的权利。消费者有权要求经营者提供的商品和服务，符合保障人身、财产安全的要求。也就是说，经营者在为消费者提供商品和服务时，有保障消费者人身、财产安全的义务。但这并不意味着任何经营者都必须无条件地对顾客随身携带的物品承担保管义务。通常情况下，法律或相关法规没有明确规定饭店将为顾客保管财物，而且顾客在用餐时，饭店工作人员也并没有为顾客保管财物的义务。事实上，顾客随身携带的财物在自己视力所及的范围之内，保管自己的财物是人之常情，这一点对于饭店来说也是一种惯常做法。因此，饭店既没有违反法定义务，也没有违反约定义务，无须就顾客丢失的财物进行赔偿。

饭店属于公共场所，人流量比较大，虽然消费者在购买、使用商品和接受服务的过程中享有人身、财产安全不受损害的权利，但是如果要求饭店对每一位顾客随身的财物都尽到保管义务，显然不符合常理。

在上面的案例中，饭店在顾客就餐时已经作出提示“请顾客保管好自己的随身财物，如有丢失，概不负责”，很明显该饭店已经尽到提醒义务，不存在过错。因此，本案中饭店不应对顾客随身携带财物的丢失承担责任。但是顾客可以请求饭店通过询问服务人员、查找监控录像等方法帮忙寻找。

条文链接

《中华人民共和国消费者权益保护法》

第七条 消费者在购买、使用商品和接受服务时享有人身、财产安全不受损害的权利。

消费者有权要求经营者提供的商品和服务，符合保障人身、财产安全的要求。

法律人生

经营者应当保证其提供的商品和服务符合保障人身、财产安全的要求。对可能危及人身、财产安全的商品或服务，应当向消费者作出真实的说明和明确的警示。作为消费者，在消费过程中保管好自己的随身财物是自己的义务。

74. 消费者应怎样与经营者协商解决消费纠纷？

案情再现

王某在同事的推荐下准备买一款近期比较流行的日本保温杯。某天下班，王某和同事来到了单位附近的一家商场，该商场正好在做日本保温杯的活动，商场的推销员热情地为王某科普了保温杯的功效。随后，王某在该商场购买了保温杯，付款前，王某仔细检查了商品的标签，该标签上显示商品的产地是日本、价格为200元。于是，王某很放心地买下了这款保温杯。某天，王某准备用杯子倒水的时候，发现该保温杯有漏水现象，怀疑其是假货。后经过专业人士鉴定，该保温杯并不是出自日本，而是国内某偏远地区制造的。王某主张该商场在经营过程中存在欺诈和误导的行为，想向商场追偿以维护自己的权益。

法律疑点

对于商场的欺诈和误导行为，王某应该如何主张自己的权利？

法律分析

对于商场的欺诈和误导行为，王某可以与该商场就该消费纠纷进行协商维权。在协商过程中，除了要求退还货款，他还可以要求商场按照其购买保温杯的价格给予三倍赔偿。

我国《消费者权益保护法》第五十五条规定，经营者提供商品或者服务有欺诈行为的，应当按照消费者的要求增加赔偿其受到的损失，增加赔偿的金额为消费者购买商品的价款或者接受服务的费用的三倍；增加赔偿的金额不足五百元的，为五百元。法律另有规定的，依照其规定。

同时，第三十九条规定，消费者和经营者发生消费者权益争议的，可以通过下列途径解决：（一）与经营者协商和解；（二）请求消费者协会或者依法成立的其他调解组织调解；（三）向有关行政部门投诉；（四）根据与经营者达成的仲裁协议提请仲裁机构仲裁；（五）向人民法院提起诉讼。

从社会发展的角度来看，公民维权意识的增强，维权活动的开展，应是社会进步的表现，它反映了我国法治建设的进步。为了鼓励人们利用法律途径维权，我国法律制度也不断完善，以便人们的合法权益受到侵害后，能够通过法定程序，借助司法或其他力量，维护自身的合法权益，及时清除已有的侵害，使损害最小化。

在上面的案例中，出卖“日本保温杯”的商家存在消费欺诈行为。所谓消费欺诈是指在消费的过程中，存在一方当事人故意告知对方虚假情况，或者故意隐瞒真实情况，诱使对方当事人作出错误意思表示的行为。鉴于商场的欺诈行为，王某可以通过协商方式予以维权。在与商场协商过程中，王某除了要求退还货款，还可以要求商场按照其购买保温杯的价格给予三倍的赔偿。

条文链接

《中华人民共和国消费者权益保护法》

第三十九条　消费者和经营者发生消费者权益争议的，可以通过下列途径解决：

（一）与经营者协商和解；

（二）请求消费者协会或者依法成立的其他调解组织调解；

（三）向有关行政部门投诉；

（四）根据与经营者达成的仲裁协议提请仲裁机构仲裁；

（五）向人民法院提起诉讼。

第五十五条第一款　经营者提供商品或者服务有欺诈行为的，应当按照消费者的要求增加赔偿其受到的损失，增加赔偿的金额为消费者购买商品的价款或者接受服务的费用的三倍；增加赔偿的金额不足五百元的，为五百元。法律另有规定的，依照其规定。

法律人生

在现实生活中，当消费者合法权益受到他人侵害时，应该勇敢地运用法律武器来维护自己的合法权益，使损害最小化，或者及时清除已有的侵害。

第六章

食品安全

75. 食品广告可以涉及治疗和预防疾病的内容吗?

案情再现

大地公司是某市一家专门生产燕麦等食品的公司。2017 年年底，该公司通过市场营销部门的调研，发现消费者都希望自己购买的食品可以有益于身体健康，预防疾病。于是，该公司经过研究，在生产的燕麦中放入了一些对身体健康有益的成分。为了提高销售量，该公司准备对新产品进行大肆宣传，称新产品可以有益健康，包治百病。然而，在该公司准备制作广告时，该公司销售部的经理余某称，公司的产品只是有益于人体健康，不可能包治百病。并且食品广告中不能含有治疗和预防疾病的内容，否则就是违法的。但是，该公司市场营销部的工作人员却称，根本没有这么回事，他们公司的产品确实有益于健康，可以预防和治疗疾病，所以，完全可以使用这些广告语。

法律疑点

食品广告可以涉及治疗和预防疾病的内容吗?

法律分析

食品广告中是不能涉及治疗和预防疾病的内容的。

对此，我国《食品安全法》第七十三条规定：食品广告的内容应当真实合法，不得含有虚假内容，不得涉及疾病预防、治疗功能。食品生产经营者对食品广告内容的真实性、合法性负责。据此可知，法律是禁止在食品广告中含有涉及疾病预防、治疗功能的内容的。另外，根据该法第一百四十条第一款和《广告法》第五十六条第一款的内容，如果食品生产者发布虚假广告欺骗、误导消费者，将要承担相应的民事责任。

法律之所以禁止在食品广告中涉及治疗和预防疾病的内容，是因为有的生产经营者为了获取利润，增加食品的销售量将保健食品混同于普通食品或药品进行宣传，诱导消费者购买食品，这不仅损害了消费者的知情权，也会导致整个市场秩序的混乱，从而使更多的企业为牟取利润而不择手段。为了保证消费者获取食品信息的真实性，法律杜绝生产商做虚假宣传，严禁保健食品广告涉及疾病预防、治疗功能，也不得声称或者暗示广告商品为保障健康所必需，并应当显著标明“本品不能代替药物”。

在上面的案例中，大地公司销售部经理余某的说法是正确的，食品中是不能含有预防和治疗疾病的内容的。该公司的食品虽然有益于身体健康，但是，该食品并不能包治百病，食品公司在广告中加入治疗疾病的内容实际上是夸大了食品的作用，是虚假宣传。而根据上述法律规定，此种违法行为会损害消费者的合法权益，是要承担民事责任的。因此，大地公司应当更换广告，不能在该食品的广告中加入治疗和预防疾病的内容。

条文链接

《中华人民共和国食品安全法》

第七十三条第一款 食品广告的内容应当真实合法，不得含有虚假内容，不得涉及疾病预防、治疗功能。食品生产经营者对食品广告内容的真实性、合法性负责。

第一百四十条第一款 违反本法规定，在广告中对食品作虚假宣传，欺骗消费者，或者发布未取得批准文件、广告内容与批准文件不一致的保健食品广告的，依照《中华人民共和国广告法》的规定给予处罚。

《中华人民共和国广告法》

第五十六条第一款 违反本法规定，发布虚假广告，欺骗、误导消费者，使购买商品或者接受服务的消费者的合法权益受到损害的，由广告主依法承担民事责任。广告经营者、广告发布者不能提供广告主的真实名称、地址和有效联系方式的，消费者可以要求广告经营者、广告发布者先行赔偿。

法律人生

目前市场上的不少食品包装、说明书、广告中印有宣传疗效的字样，一些产品经营者甚至采取健康讲座等方式大肆宣传或暗示产品的疗效，引诱消费者购买。作为消费者，我们在购买食品时，不能相信有的食品包装上所声称的预防和治疗疾病的内容，应当理性消费。而作为生产者，我们应当遵守法律的规定，对自己生产的食品进行真实宣传，不能发布违法广告。否则，也会导致自己承担法律责任。

76. 购买的食品包装上没有标签时，消费者应该怎么办？

案情再现

张某夫妇是某企业的退休职工，两人现在在家安享晚年。2018 年春节前，因为儿女们都打算回家陪张某夫妇过年，因此，张某夫妇早早就开始置办年货。一次，张某夫妇在逛街时，发现某商店在促销饮料，他们觉得十分实惠，又是进口的，想到过年时儿女们回来，而且还有很多客人，所以就买了三箱。然而，张某夫妇将饮料买回家之后，就放到厨房储备起来了，直到他们的儿子回来时才发现，这种饮料并没有食品标签，也看不到饮料的保质期、生产日期等内容。此时，张某夫妇觉得自己上当了，因为担心饮料会有安全问题，所以根本不敢喝。此时，他们的儿子说要找商家去理论，要求他们进行赔偿。但是，张某夫妇认为多一事不如少一事，就当花钱买教训。

法律疑点

购买的食品包装上没有标签时，消费者应该怎么办？

法律分析

购买的食品包装上没有标签时，消费者应当要求经营者承担相应的法律责任。

食品标签是在食品的预包装上以文字、图形等来说明商品内容的物品，根据《食品安全法》第三十四条和第六十七条的规定，预包装食品上的标签应当包含名称、规格、净含量、生产日期，成分或者配料表，保质期等等内容。若预包装食品无标签，则应当禁止生产经营。此外，根据《食品安全法》第一百四十八条的规定，经营明知是不符合食品安全标准的食品，消费者除要求赔偿损失外，还可以向生产者或者经营者要求支付价款十倍或者损失三倍的赔偿金。但是食品的标签存在不影响食品安全且不会对消费者造成误导的瑕疵的除外。由此可知，在消费者购买的食品没有标签的情况下，如果其能证明食品标签的缺失影响食品安全并且对其造成了误导，那么，消费者可以要求生产者或经营者承担相应的赔偿责任。

法律明确规定购买的食品上预包装上必须有标签，并且明确规定了标签上应当包括的内容。是因为食品安全关系着人们的身体健康，人们在购买食品时，可以通过其标签来判断食品是否符合安全标准。法律对此作出严格规定，有利于食品生产者遵守法律规定的义务，严格按照标准来生产食品，减少食品安全事故的发生，进而维护食品市场的秩序，也保障消费者的知情权。

在上面的案例中，张某夫妇在购买到没有食品标签的饮料后，不能对经营者的违法行为听之任之，更不能为了避免麻烦而忍气吞声。如果饮料标签的缺失影响了食品的安全，或者对其造成了误导，那么张某夫妇可以要求销售饮料的商家支付其购买饮料所花费的价款的十倍赔偿。

条文链接

《中华人民共和国食品安全法》

第三十四条　禁止生产经营下列食品、食品添加剂、食品相关产品：

……

（十一）无标签的预包装食品、食品添加剂；

……

第六十七条第一款　预包装食品的包装上应当有标签。标签应当标明下列事项：

（一）名称、规格、净含量、生产日期；

（二）成分或者配料表；

（三）生产者的名称、地址、联系方式；

（四）保质期；

（五）产品标准代号；

（六）贮存条件；

（七）所使用的食品添加剂在国家标准中的通用名称；

（八）生产许可证编号；

（九）法律、法规或者食品安全标准规定应当标明的其他事项。

第一百四十八条第二款　生产不符合食品安全标准的食品或者经营明知是不符合食品安全标准的食品，消费者除要求赔偿损失外，还可以向生产者或者经营者要求支付价款十倍或者损失三倍的赔偿金；增加赔偿的金额不足一千元的，为一千元。但是，食品的标签、说明书存在不影响食品安全且不会对消费者造成误导的瑕疵的除外。

法律人生

我国的《食品安全法》对包装食品的标签等有严格的规定，要求生产经营者必须要在包装食品的标签上标明食品成分、添加剂名称等事项，否则是违法的。因此，消费者在购买商品时，一方面要注意食品上是否有标签，要理性消费，不能贪图小便宜。另一方面在购买到没有标签的食品时，如果其对消费者造成损害，那么我们要懂得运用法律维护自己的合法权益。

77. 在集体食物中毒事件中，当事人应当如何提起诉讼？

案情再现

张某是某旅行社的一名导游。不久前，张某和其他同事们听说公司附近开了一家火锅店，大家都非常想去尝试一下。一天中午，张某下班后，便和单位的十几个同事一起到新开的火锅店吃火锅。然而，当天他们在吃完火锅之后，晚上所有的人都出现上吐下泻的现象。后来，医生诊断，张某等人是因为食物中毒所致。此时，大家便想到他们中午都去吃了火锅。为此，张某等人非常生气，大家一致认为火锅店的老板应当承担赔偿责任，支付他们的医药费。但是，张某等人想到他们是集体中毒，如果向法院提起诉讼，不清楚应当如何起诉。最后，经过协商，张某等人准备先到律师事务所去咨询一下律师，再向法院起诉。

法律疑点

在集体食物中毒的事件中，当事人应当如何提起诉讼？

法律分析

发生集体食物中毒事件后，当事人可以提起共同诉讼。

我国《民事诉讼法》第五十三条规定，当事人一方人数众多的共同诉讼，可以由当事人推选代表人进行诉讼。代表人的诉讼行为对其所代表的当事人发生效力，但代表人变更、放弃诉讼请求或者承认对方当事人的诉讼请求，进行和解，必须经被代表的当事人同意。同时，该法第五十二条规定，当事人一方或者双方为二人以上，其诉讼标的是共同的，或者诉讼标的是同一种类、人民法院认为可以合并审理并经当事人同意的，为共同诉讼。由此可知，当诉讼一方人数众多的时候，为了方便案件的审理，可以由人数众多一方的当事人推选代表人进行诉讼。

法律之所以规定共同诉讼，是因为在一个事件中存在多个当事人时，如果每个人都单独提起诉讼，则不仅会导致法院的负担过重，而且也为当事人带来不便，同时，也会浪费不必要的司法资源。而当事人提起共同诉讼，在避免上述问题的同时，也可以简化诉讼程序，还可以避免法院在同一事件处理上作出矛盾的判决。

在上面的案例中，因为张某等人都在吃了火锅店的火锅后出现食物中毒的现象，属于集体食物中毒，所以，他们无须每个人都向法院提起诉讼，而是可以直接向法院提起一个共同诉讼，推选出代表人参加诉讼，并请求法院就他们共同提出的诉讼请求依法作出判决。

条文链接

《中华人民共和国民事诉讼法》

第五十二条　当事人一方或者双方为二人以上，其诉讼标的是共同的，或者诉讼标的是同一种类、人民法院认为可以合并审理并经当事人同意的，为共同诉讼。

共同诉讼的一方当事人对诉讼标的有共同权利义务的，其中一人的诉讼行为经其他共同诉讼人承认，对其他共同诉讼人发生效力；对诉讼标的没有共同权利义务的，其中一人的诉讼行为对其他共同诉讼人不发生效力。

第五十三条　当事人一方人数众多的共同诉讼，可以由当事人推选代表人进行诉讼。代表人的诉讼行为对其所代表的当事人发生效力，但代表人变更、放弃诉讼请求或者承认对方当事人的诉讼请求，进行和解，必须经被代表的当事人同意。

法律人生

消费者在集体食物中毒事件中遭受损害，每个人都向法院起诉既费时又费力，同时法院审理每个人的诉讼也会耗费大量成本。因此，为了降低起诉的成本，也为了节约司法资源，当受害人人数众多时，我们可以提起共同诉讼，而无须每个人都向法院起诉。

78. 当食品安全的受害人是儿童时，应该由谁代其提起诉讼？

案情再现

冬冬是一名9岁的三年级小学生。一天，冬冬在放学回家的路上，看到一个便利店，于是到便利店买了一根火腿肠。然而，冬冬在吃完之后，晚上回到家，突然浑身冒冷汗，不断地拉肚子。冬冬的父母看到后，非常担心，便马上带冬冬到了医院。经过诊断，医生称冬冬是吃了变质的食品才导致拉肚子的。为此，冬冬花了将近3000元的医疗费。后来，冬冬的父母经过询问才知道，原来儿子很可能是吃了变质的火腿肠。于是，冬冬的父母准备要求便利店承担损害赔偿责任。但是，在他们找到便利店之后，便利店却说与他们无关，拒绝承担责任。无奈之下，冬冬的父母准备向法院起诉。可是，他们想到冬冬还是孩子，如果向法院起诉，不知道应当谁来代儿子提起诉讼。

法律疑点

当食品安全的受害人是儿童时，应该由谁代其提起诉讼？

法律分析

在儿童因食品而受到危害时，应当

由其法定代理人代为提起诉讼。

我国《民法总则》第十九条规定："八周岁以上的未成年人为限制民事行为能力人，实施民事法律行为由其法定代理人代理或者经其法定代理人同意、追认，但是可以独立实施纯获利益的民事法律行为或者与其年龄、智力相适应的民事法律行为。"同时，我国《民事诉讼法》第五十七条也规定："无诉讼行为能力人由他的监护人作为法定代理人代为诉讼。法定代理人之间互相推诿代理责任的，由人民法院指定其中一人代为诉讼。"据此可知，限制民事行为能力人属于无诉讼行为能力人，当其合法权益受到损害时，应当由他的监护人作为法定代理人代其提起诉讼。

法律规定儿童由其法定代理人代为提起诉讼，因为儿童都是无民事行为能力人或者是限制民事行为能力人，他们因为认识能力、判断能力上的局限性，只能从事与其年龄、智力相适应的民事活动，无法自己提起诉讼。法律这样规定有利于保护儿童的合法权益，使得其受到损害的合法权益可以得到最大的补偿。

在上面的案例中，冬冬因为吃了变质的火腿肠而生病，他的父母如果准备向法院提起诉讼，那么，冬冬作为限制民事行为能力人无法自己起诉，其父母作为他的监护人，应当代冬冬向法院起诉。

条文链接

《中华人民共和国民法总则》

第十九条 八周岁以上的未成年人为限制民事行为能力人，实施民事法律行为由其法定代理人代理或者经其法定代理人同意、追认，但是可以独立实施纯获利益的民事法律行为或者与其年龄、智力相适应的民事法律行为。

《中华人民共和国民事诉讼法》

第五十七条 无诉讼行为能力人由他的监护人作为法定代理人代为诉讼。法定代理人之间互相推诿代理责任的，由人民法院指定其中一人代为诉讼。

法律人生

儿童的食品安全问题一直备受社会关注，尤其是10周岁以下的儿童，成为食品安全的受害人以后，他们自己很难发现，往往需要父母的仔细观察。当儿童被有毒有害食品侵害时，家长理所当然可以作为孩子的法定代理人以孩子的名义起诉无良商家。另外，作为家长，在日常生活中也应当注意保护孩子的安全，尽量在购买食品时加以注意。同时，也要教育好孩子，不要购买过期食品。

79. 因食品安全问题而受到人身损害的，是否可以要求精神损害赔偿？

案情再现

李大爷是某国有企业的退休工人，自从退休之后就一直和妻子在老家安享晚年。在李大爷七十大寿时，李大爷的女儿准备和家人一起为父亲庆祝一下。

于是，在李大爷生日的那天，李大爷一家人到当地的一家饭店去庆祝。吃完饭之后，一家人非常高兴。可是，没过多久，李大爷一家都肚子疼，后来，一家人都住进了医院。经过诊断，医生称他们都是因为食物中毒。本来非常高兴的一天，最后全家却都住进了医院。在李大爷一家康复之后，他越想越生气，因此，便找到饭店，要求饭店承担他们一家人的医疗费以及精神损失费。但是，饭店却予以拒绝。一气之下，李大爷将该饭店诉至法院，请求法院判决饭店承担他们的医疗费、精神损失费。

法律疑点

那么，在因食品问题而受到损害时，是否可以要求其赔偿自己的精神损失？

法律分析

因食品安全而受到伤害时，受害人不能请求精神损失赔偿。

根据我国《消费者权益保护法》第四十九条的规定，经营者提供商品或者服务，造成消费者或者其他受害人人身伤害的，应当赔偿医疗费、护理费、交通费等为治疗和康复支出的合理费用，以及因误工减少的收入。此外，根据该法第五十五条第二款的规定，经营者明知商品或者服务存在缺陷，仍然向消费者提供，造成消费者或者其他受害人死亡或者健康严重损害的，受害人有权要求经营者依照本法第四十九条、第五十一条等法律规定赔偿损失，并有权要求所受损失二倍以下的惩罚性赔偿。据此可知，当消费者因食品而受到人身伤害时，其可以要求经营者承担损害赔偿责任，请求其支付相关的费用，甚至是惩罚性赔偿。但是，一般情况下，消费者不能要求经营者承担精神损害赔偿。

法律之所以规定一般情况下消费者不能要求经营者承担精神损害赔偿，是因为因其人身权益受到不法侵害而使其遭受精神痛苦或精神受到损害而要求侵害人给予赔偿是一种民事责任，并且精神损害赔偿不易确定。所以法律为了避免消费者随便提出精神损害赔偿，规定只有在经营者给消费者造成严重损害的情况下才能提出精神损害赔偿。

在上面的案例中，李大爷一家因在饭店吃饭而导致食物中毒，给李大爷一家造成身体伤害。根据法律规定，该饭店应当承担损害赔偿责任，支付李大爷一家人的医疗费等费用。但是，由于饭店并未给其造成严重损害，也并未有造成其精神损害的行为，所以，李大爷提出的精神损害赔偿是得不到支持的。

条文链接

《中华人民共和国消费者权益保护法》

第四十九条　经营者提供商品或者服务，造成消费者或者其他受害人人身伤害的，应当赔偿医疗费、护理费、交通费等为治疗和康复支出的合理费用，以及因误工减少的收入。造成残疾的，还应当赔偿残疾生活辅助具费和残疾赔偿金。造成死亡的，还应当赔偿丧葬费和死亡赔偿金。

第五十一条 经营者有侮辱诽谤、搜查身体、侵犯人身自由等侵害消费者或者其他受害人人身权益的行为，造成严重精神损害的，受害人可以要求精神损害赔偿。

第五十五条第二款 经营者明知商品或者服务存在缺陷，仍然向消费者提供，造成消费者或者其他受害人死亡或者健康严重损害的，受害人有权要求经营者依照本法第四十九条、第五十一条等法律规定赔偿损失，并有权要求所受损失二倍以下的惩罚性赔偿。

法律人生

消费者在因食品安全问题受到人身损害之后，有权要求生产经营者赔偿自己的医疗费、护理费等损失，但除法律规定的特殊情况外，消费者一般不能请求赔偿自己精神损失。因此，在消费者受到人身损害后，我们应当根据所受损害的实际情况提出合理的赔偿数额，否则无法得到法律的支持。

80. 举报投诉不良商家的人的信息是否会被泄露？

案情再现

小姜是某大学的学生。大学毕业前夕，经常和同学们一起到外面聚会。一次，小姜酒喝得比较多，在去卫生间时经过某饭店的厨房，其发现该饭店在炒菜时所使用的油竟然是网上经常报道的地沟油。小姜在看到后，马上拿出手机将饭店使用地沟油的情况拍了下来。在回到宿舍之后，小姜认为该饭店使用地沟通的行为太可恶，很想向工商部门举报。但是小姜很担心一旦自己将该饭店举报，如果自己举报的信息被泄露，饭店的老板会对自己进行打击报复。可是，不举报自己的良心又过意不去。为此，小姜十分矛盾。无奈之下，小姜便将自己的烦恼告诉了好朋友小海。小海在听到之后，也觉得小姜举报之后信息很可能会被泄露。

法律疑点

那么，如果小姜举报饭店使用地沟油的行为，他的信息会被泄露吗？

法律分析

即便小姜举报饭店使用地沟油的违法行为，他的信息也是不会被泄露的。

根据《食品药品投诉举报管理办法》第三十三条的规定，各级食品药品投诉举报机构及投诉举报承办部门应当依法保护投诉举报人、被投诉举报对象的合法权益，严格保密投诉举报登记、受理、处理、跟踪等各个环节，并建立健全工作责任制，不得私自摘抄、复制、扣押、销毁投诉举报材料，严禁泄露投诉举报人的相关信息；严禁将投诉举报人信息透露给被投诉举报对象及与投诉举报案件查处无关的人员，不得与无关人员谈论投诉举报案件情况，不得泄露被投诉举报对象的信息。据此可知，各级食品药品投诉举报机构及投诉举报承办部门会严格保密投诉举报人的信息，任何人都有不得泄露。

法律之所以规定投诉举报机关要严格保密投诉举报人的信息，一方面是保护投诉举报人的合法权益，避免因泄露投诉举报人的有关信息而导致其遭受打击报复，进而威胁其人身安全；另一方面只有相关部门对投诉举报人的信息予以保密，才能够使得公民积极举报不良商家的违法行为。否则，如果其人身安全受到威胁，那么，很多食品安全问题也将无法被发现，进而会危及整个社会的秩序。

在上面的案例中，小姜和小海的想法都是错误的。小姜在发现饭店使用地沟油炒菜之后，完全可以利用手机录制的视频作为证据向食品监督部门进行举报，让有关部门对饭店的行为进行整治和处罚，避免消费者的人身健康受到威胁。根据上述法律的规定，小姜和小海的担心是不必要的，小姜的信息是不会被相关部门泄露的。

条文链接

《食品药品投诉举报管理办法》

第三十三条　各级食品药品投诉举报机构及投诉举报承办部门应当依法保护投诉举报人、被投诉举报对象的合法权益，遵守下列工作准则：

……

（二）投诉举报登记、受理、处理、跟踪等各个环节，应当依照有关法律法规严格保密，建立健全工作责任制，不得私自摘抄、复制、扣押、销毁投诉举报材料；

（三）严禁泄露投诉举报人的相关信息；严禁将投诉举报人信息透露给被投诉举报对象及与投诉举报案件查处无关的人员，不得与无关人员谈论投诉举报案件情况；

（四）投诉举报办理过程中不得泄露被投诉举报对象的信息。

法律人生

在现实生活中，消费者对不良商家进行举报是有关部门发现食品安全的一个重要来源，也是监督食品经营者的一个重要途径。但很多消费者因担心个人信息被泄露而放弃举报的权利，这不但会使自身权益遭受损害，同时也纵容了不良商家。事实上，我们的信息是受到法律保护的，不必担心自己的信息会被泄露。因此，作为消费者，我们在发现不良商家的违法行为时，应当积极行使权利，向有关部门举报其违法行为。

第七章

交通事故

81. 认定交通事故责任的标准是什么？

案情再现

肖某是某公司的员工，经常需要上夜班。一天晚上，肖某下班后在开车回家的路上与对面车辆相撞发生交通事故。事故发生后，交警及时赶到，肖某和对面车辆的司机关某被及时送往医院抢救，后两人脱离了生命危险。该起事故经过交警对事故现场进行勘查，认为关某在开车时车速过快，是超速行驶，其超速行驶是导致交通事故发生的最主要的原因。但是，肖某也存在一定的过错，有闯红灯的现象。最后，交通事故认定书中认定关某承担此次事故的主要责任，肖某承担次要责任。肖某看到交通事故认定书后，认为交警认定的事故责任有问题，觉得自己不应该承担任何责任。因此，肖某便想了解一下，交警是按照何种标准来做出的事故认定书。

法律疑点

交警认定交通事故责任的标准是什么？

法律分析

公安机关交通管理部门应当根据当事人的行为对发生道路交通事故所起的作用以及过错的严重程度，确定当事人的责任。

关于交通事故中当事人责任的认定，《道路交通事故处理程序规定》第六十条规定，公安机关交通管理部门应当根据当事人的行为对发生道路交通事故所起的作用以及过错的严重程度，确定当事人的责任。此外，《道路交通安全法实施条例》第九十一条也作出了相同的规定。据此可知，在发生交通事故时，交通管理部门认定当事人责任的主要依据主要有两个：（1）当事人的行为对发生交通事故所起的作用；（2）当事人过错的严重程度。

我国法律明确规定了确定交通事故中当事人责任的两个重要因素，据此可以认定当事人在某起交通事故中具体应负的责任。法律之所以作出这样的规定，是因为公安交通管理部门在进行事故责任认定时，实际上是对造成交通事故的主要原因的确认和具体因果关系的分析，而当事人行为的作用与过错程度的严重性最能体现出交通事故的因果关系。这样规定体现了侵权责任法中的过错责任原则，让过错方承担与其过错相适应的责任，是非常公平的，从而也使其他人在平时注意遵守交通规则，减少交通事故的发生。

在上面的案例中，关某在此次交通事故中存在着超速行驶的情形，是导致交通事故发生的主要原因。但是，因为肖某也存在着闯红灯的现象，这也是违反交通规则的表现，存在着一定的过错。因此，在此次交通事故认定中，交通管理部门根据两人的过错程度以及其行为对此次交通事故的影响，进而判定关某承担主要责任，肖某承担次要责任。

条文链接

《道路交通事故处理程序规定》

第六十条 公安机关交通管理部门应当根据当事人的行为对发生道路交通事故所起的作用以及过错的严重程度，确定当事人的责任。

（一）因一方当事人的过错导致道路交通事故的，承担全部责任；

（二）因两方或者两方以上当事人的过错发生道路交通事故的，根据其行为对事故发生的作用以及过错的严重程度，分别承担主要责任、同等责任和次要责任；

（三）各方均无导致道路交通事故的过错，属于交通意外事故的，各方均无责任。

一方当事人故意造成道路交通事故的，他方无责任。

《中华人民共和国道路交通安全法实施条例》

第九十一条 公安机关交通管理部门应当根据交通事故当事人的行为对发生交通事故所起的作用以及过错的严重程度，确定当事人的责任。

法律人生

在交通事故的责任认定方面，交通管理部门以各方当事人的行为在交通事故中的作用和过错的严重程度为依据，来确认双方当事人应当承担的责任，从而做到不偏不倚，不枉不纵。因此，我们在实际生活中要对确定交通事故的标准予以明确，认真遵守交通规则。而且只要存在过错，就要承担一定的责任。

82. 肇事逃逸的驾驶员是否需要承担交通事故的全部责任？

案情再现

方某是某村村民。一天，方某到县城里和朋友聚会。在他开车回家的路上，行驶到一个路口时，方某将正在横穿马路的老张撞倒。由于当时已经是深夜，马路上行人非常少。方某撞到人之后，马上下车去看。当时，方某以为老张已经死亡，非常担心，觉得自己会赔偿老张非常多的钱。他定了定神后，环顾四周看到周围连个人影也没有，于是，方某直接回到车上开着车跑回家。后来，老张被路边经过的车辆发现，及时送往医院，经过抢救脱离了生命危险。在经过公安机关侦查后，方某的行为也被发现，警察将其逮捕。经过进行现场勘查，交通管理部门最后认定，虽然受害人横穿马路存在着一定的过错，但是方某肇事逃逸，故承担全部责任。方某收到交通事故认定书后，心里非常生气，认为是因为老张横穿马路才导致自己撞到他的，现在自己却要承担全部的责任。

法律疑点

肇事逃逸的驾驶员是否需要承担交通事故的全部责任？

法律分析

发生交通事故后当事人逃逸的，逃逸的当事人承担全部责任。

我国《道路交通安全法实施条例》第九十二条明确规定，发生交通事故后当事人逃逸的，逃逸的当事人承担全部责任。但是，有证据证明对方当事人也有过错的，可以减轻责任。当事人故意破坏、伪造现场、毁灭证据的，承担全部责任。由此可知，一般情况下，肇事逃逸的当事人要承担全部责任，但是，如果有证据证明对方当事人存在过错，那么，可以适当减轻其责任。

我国法律要求肇事逃逸的当事人原则上要承担事故全部责任，是因为交通事故发生后，当事人为了逃避法律的追究，驾驶车辆或者遗弃车辆逃离交通事故现场，很可能使被害人因得不到及时的救助而导致死亡或者伤残，进而会严重影响正常的道路交通安全和社会秩序，因此逃逸是一种非常严重的违法行为。法律规定其一般情况下要承担全部责任，实际上是对肇事逃逸者的一种惩罚，警示肇事当事人发生交通事故后，及时承担责任，抢救伤者。

在上面的案例中，方某虽然在此次交通事故中是按照交通规则驾车行驶，但是，其为了逃避法律责任，在发生交通事故之后选择逃逸，这种行为是法律所禁止的。因此，交通管理部门认定其承担全部责任。如果方某认定老张存在过错，则其应当提供其横穿马路的证据，其在提供相关的证据之后，可以适当减轻责任。

条文链接

《中华人民共和国道路交通安全法实施条例》

第九十二条　发生交通事故后当事人逃逸的，逃逸的当事人承担全部责任。但是，有证据证明对方当事人也有过错的，可以减轻责任。

当事人故意破坏、伪造现场、毁灭证据的，承担全部责任。

法律人生

肇事逃逸行为不但会耽误受害人得到及时的救助，使受害人的伤情更严重，也会导致肇事者承担更重的法律责任。因此，在现实生活中，在发生交通事故后，作为肇事者，我们应当及时抢救伤者，主动承担自己应负的法律责任，千万不能为了逃避法律的追究而抱有侥幸心理选择逃逸。否则将会自食其果。

83. 在交通事故中，交通管理部门是否可以强制当事人进行调解？

案情再现

罗某是某公司的员工。一天早上，罗某开车去上班的路上，因为在车上接电话而发生交通事故，与前面的车辆追尾。事故发生后，罗某及时下车查看，发现只是将对方小轿车的尾部撞坏了一点儿，并没有人员伤亡。后来，交警及时赶到。在经过现场勘查之后，交通管理部门认为此次事故并不是很严重，因此，希望双方可以调解解决。当时，罗某非常愿意进行调解，但是，对方提出巨额的修车费用，罗某觉得非常不合理。后来，罗某也不愿意再进行调解。可是，交通管理部门为了尽快结案，在双方都不愿意调解的情况下，强制要求罗某与对方进行调解。

法律疑点

交通管理部门是否可以强制当事人进行调解？

法律分析

在交通事故中，交通管理部门不能强制当事人进行调解，这种行为是违法的。

根据我国《道路交通事故处理程序规定》第二十五条的规定，当事人共同请求调解的，交通警察应当当场进行调解，并在道路交通事故认定书上记录调解结果，由当事人签名，送达当事人。同时该法第六十条也规定，当事人对道路交通事故损害赔偿有争议，各方当事人一致请求公安机关交通管理部门调解的，应当在收到道路交通事故认定书或者上一级公安机关交通管理部门维持原道路交通事故认定的复核结论之日起十日内，向公安机关交通管理部门提出书面申请。据此可知，交通事故进行调解的前提条件必须是当事人共同自愿并提出请求。否则，只要有一方当事人不同意，交通管理部门也不能要求当事人调解解决。

法律规定交通事故的调解必须要有双方当事人共同请求时才可以进行，原因是调解的主要原则是当事人双方的自愿，而交通事故调解的作用主要是便于交通事故的处理，防止矛盾纠纷的扩大，进而维护双方当事人的权益。如果交通管理部门强制要求当事人调解，则违反了调解中的自愿原则，也无法使当事人对调解的结果满意，进而可能使纠纷扩大化反而不利于矛盾的解决。

在上面的案例中，交警应当在双方当事人都提出调解的情况下才可以对此次事故进行调解，其进行调解应当遵循自愿、合法的原则，否则，其调解也是无效的。因此，在本案中，交通管理部门要求双方强制调解的行为是违法的。

条文链接

《道路交通事故处理程序规定》

第二十五条 当事人共同请求调解的，交通警察应当当场进行调解，并在道路交通事故认定书上记录调解结果，由当事人签名，送达当事人。

第六十条 当事人对道路交通事故损害赔偿有争议，各方当事人一致请求公安机关交通管理部门调解的，应当在收到道路交通事故认定书或者上一级公安机关交通管理部门维持原道路交通事故认定的复核结论之日起十日内，向公安机关交通管理部门提出书面申请。

法律人生

交通事故损害赔偿的调解须在双方当事人同意的基础上进行，当事人有一方或双方坚持不同意调解的或者拒不接受调解方案的，交通管理部门应受自愿原则的制约，不得变相控制、强迫当事人进行调解。在交通管理部门强制要求当事人进行调解时，我们应当懂得用法律来维护自己的合法权益，向有关部门进行举报，或者向法院提起诉讼。

84. 在交通事故调解中达成的赔偿协议，当事人是否可以申请强制执行？

案情再现

余某在某房地产公司上班。一天下班后，余某开车到某小区参加朋友的生日宴会时，在小区门口将正在骑自行车进入小区的李大爷撞伤。事故发生后，余某及时叫了救护车，将李大爷送到医院。因为余某的车速比较慢，因此，李大爷伤势并不严重，住院半个月之后便痊愈了。李大爷康复之后，双方向交通管理部门提出调解。交通管理部门主持了双方的调解，经过调解达成一致意见，由余某赔偿李大爷医疗费2万元，同时，双方都签订了调解书。然而，在签完调解书之后，余某却一直都不履行赔偿义务，李大爷的家人多次催促，余某都以没有钱而推托。无奈之下，李大爷准备向人民法院申请强制执行。

法律疑点

那么，在交通事故调解中达成的赔偿协议，当事人是否可以申请强制执行？

法律分析

经公安机关交通管理部门调解，当事人未达成协议或者调解书生效后不履行的，当事人可以向法院起诉，但不能直接申请强制执行。

根据《道路交通安全法》第七十四条第二款的规定，经公安机关交通管理部门调解，当事人未达成协议或者调解书生效后不履行的，当事人可以向人民法院提起民事诉讼。由此可知，在交通事故中，双方当事人达成调解协议后，该调解协议并不具有法律意义上的强制力，一方当事人不履行的，对方当事人可以向人民法院起诉，并不能直接申请法院强制执行，但是一般情况下，该调解协议可以成为其在诉讼中的重要证据。

法律之所以规定双方当事人达成的调解协议不具有强制执行力，是因为调解协议是交通管理部门依双方当事人的申请而进行的一种行政活动，并未进入诉讼程序，一旦赋予其强制执行力，会使当事人丧失诉讼的权利，对于当事人来说是不公平的。因此，法律规定，在当事人一方不履行调解协议时，另一方当事人可以向人民法院提起民事诉讼，从而通过司法途径保障当事人的权利予以公平实现，这也更有利于化解矛盾，增强法律的威慑力。

在上面的案例中，余某和李大爷达成调解协议后，其应当按照调解协议的内容在规定的时间内履行自己应尽的赔偿义务，承担赔偿责任。而在余某不履行调解协议时，李大爷不能向人民法院申请强制执行，该调解协议并不具有强制执行的效力，其可以向人民法院提起民事诉讼，请求人民法院依法判决。

条文链接

《中华人民共和国道路交通安全法》

第七十四条 对交通事故损害赔偿的争议，当事人可以请求公安机关交通管理部门调解，也可以直接向人民法院提起民事诉讼。

经公安机关交通管理部门调解，当事人未达成协议或者调解书生效后不履行的，当事人可以向人民法院提起民事诉讼。

法律人生

现实生活中，在交警主持下达成交通事故损害赔偿协议的，双方当事人应当按照该协议履行相应的义务。若一方当事人不履行协议中约定的内容，则另一方有权直接向人民法院起诉。但是应注意的是，当事人双方达成的调解协议并不具有强制执行力，我们不能向法院申请强制执行。

85. 在机动车的所有人与使用人不是同一人时，哪些情形下机动车所有人需要对交通事故的发生承担赔偿责任？

案情再现

郑某是某公司的一名经理，经济条件非常好，郑某和妻子两人各有一辆小轿车。一天，郑某的朋友季某找到他，说自己想在清明节时带妻子和孩子回老家。因为孩子只有一岁，不方便坐火车，想借一下郑某的车。郑某知道季某还没有驾照，但平时也经常开车，反正自己家有两辆车，所以其将自己的车借给了季某。然而，季某在开车回老家的路上，因驾驶经验不足而发生追尾。在此次交通事故中，季某一家人都受伤非常严重，并且造成对方司机汪某脑部受到严重伤害，很可能成为植物人。事故发生后，交警经过勘查，认定此次事故季某承担全部责任。因为季某无力承担赔偿责任，在汪某的家人得知季某并非车辆的所有人后，便要求车主郑某承担赔偿责任。而郑某认为自己不存在任何过错，无须承担任何赔偿责任。

法律疑点

那么，在此种情况下，郑某作为车辆的所有人是否需要承担责任？

法律分析

郑某明知季某没有驾照仍将自己的

汽车借用给季某，其在该起交通事故中也存在一定的过错，因此，郑某虽然并没有直接造成事故，但其作为车主仍需要承担责任。

因租赁、借用等情形，机动车所有人与使用人不是同一人时，发生交通事故后属于该机动车一方责任的，如果机动车所有人存在过错，则其需要承担相应的责任。对此，《最高人民法院关于审理道路交通事故损害赔偿案件适用法律若干问题的解释》第一条和第二条规定，机动车发生交通事故造成损害，机动车所有人或者管理人有下列情形之一，人民法院应当认定其对损害的发生有过错，并适用《侵权责任法》第四十九条的规定确定其相应的赔偿责任：（1）知道或者应当知道机动车存在缺陷，且该缺陷是交通事故发生原因之一的；（2）知道或者应当知道驾驶人无驾驶资格或者未取得相应驾驶资格的；（3）知道或者应当知道驾驶人因饮酒、服用国家管制的精神药品或者麻醉药品，或者患有妨碍安全驾驶机动车的疾病等依法不能驾驶机动车的；（4）未经允许驾驶他人机动车发生交通事故造成损害，除机动车被盗窃、抢劫或抢夺的情形外，机动车所有人或者管理人有过错的；（5）其他应当认定机动车所有人或者管理人有过错的。据此可知，在上述五种情形下，机动车所有人存在过错时，需要承担相应的法律责任。

法律规定机动车所有人在法定情形下承担相应的法律责任，是因为如果机动车所有人在得知使用人使用机动车存在危险性时，仍然不予以制止，属于放纵危险的发生。因此，机动车所有人有控制危险发生的能力，却没有制止，其也存在一定的过错，因而也就需要为自己的行为来埋单。此外，法律这样规定有利于机动车所有人尽到注意义务，从而防范危险的发生。

在上面的案例中，郑某作为机动车的所有人，其在明知季某没有驾驶资格的情况下，仍然将车辆借给季某使用，根据上述法律的规定，郑某没有阻止危险的发生，存在着一定的过错。所以，当季某的民事责任范围超过郑某机动车强制保险的数额时，郑某应当承担相应的赔偿责任。

条文链接

《中华人民共和国侵权责任法》

第四十九条　因租赁、借用等情形机动车所有人与使用人不是同一人时，发生交通事故后属于该机动车一方责任的，由保险公司在机动车强制保险责任限额范围内予以赔偿。不足部分，由机动车使用人承担赔偿责任；机动车所有人对损害的发生有过错的，承担相应的赔偿责任。

第五十二条　盗窃、抢劫或者抢夺的机动车发生交通事故造成损害的，由盗窃人、抢劫人或者抢夺人承担赔偿责任。保险公司在机动车强制保险责任限额范围内垫付抢救费用的，有权向交通事故责任人追偿。

《最高人民法院关于审理道路交通事故损害赔偿案件适用法律若干问题的解释》

第一条 机动车发生交通事故造成损害，机动车所有人或者管理人有下列情形之一，人民法院应当认定其对损害的发生有过错，并适用侵权责任法第四十九条的规定确定其相应的赔偿责任：

（一）知道或者应当知道机动车存在缺陷，且该缺陷是交通事故发生原因之一的；

（二）知道或者应当知道驾驶人无驾驶资格或者未取得相应驾驶资格的；

（三）知道或者应当知道驾驶人因饮酒、服用国家管制的精神药品或者麻醉药品，或者患有妨碍安全驾驶机动车的疾病等依法不能驾驶机动车的；

（四）其它应当认定机动车所有人或者管理人有过错的。

第二条 未经允许驾驶他人机动车发生交通事故造成损害，当事人依照侵权责任法第四十九条的规定请求由机动车驾驶人承担赔偿责任的，人民法院应予支持。机动车所有人或者管理人有过错的，承担相应的赔偿责任，但具有侵权责任法第五十二条规定情形的除外。

法律人生

机动车的所有人或管理人不仅应当自己谨慎驾驶车辆，还应当对自己的车辆负责，不能随便将车辆借给别人。在出借车辆时，一定要明确使用人是否具备驾驶资格，是否存在危险驾驶的其他情形，否则，一旦发生交通事故，机动车所有人或管理人也可能会承担相应的法律责任，这对其而言是得不偿失的。

86. 多辆车造成的交通事故，侵权责任应当怎样分担？

案情再现

胡某是某公司负责送外卖的快递员。一天，其在上班送外卖的过程中，在经过一个十字路口时，与对面沈某驾驶过来的小轿车相撞发生交通事故，胡某被撞倒在地。当胡某从地上刚起来时，从另一个方向开车行驶过来的吴某因车速过快，没有及时刹车又将胡某撞倒，当时胡某因失血过多而死亡。事故发生后，交警及时赶到现场进行勘查，交通管理部门认为，沈某将胡某撞倒在地，后来，吴某再次撞倒了胡某，胡某的死亡是二人共同所致。但是，吴某承担主要责任。而胡某的家人并不知道，在沈某与吴某同时导致胡某死亡时，应当如何界定他们的责任。

法律疑点

多辆车造成的交通事故，侵权责任应当怎样分担？

法律分析

多辆机动车发生交通事故造成第三人损害的，应当根据侵权人的责任大小来确定责任的承担。

根据我国《侵权责任法》第十条、第十一条及《最高人民法院关于审理道路交通事故损害赔偿案件适用法律若干问题的解释》第二十一条的规定可知，多辆车发生交通事故造成损害时，如果损失超出各机动车交强险责任限额之和的，由各保险公司在各自责任限额范围内承担赔偿责任；如果损失未超出各机动车交强险责任限额之和，当事人请求由各保险公司按照其责任限额与责任限额之和的比例承担赔偿责任。

法律对于多辆车造成的侵权损害作出了明确规定，一方面这样规定有利于保障受害人的合法权益，使得在发生交通事故后，其可以及时要求加害人在各自的范围内承担责任，避免因责任不明而相互推诿。另一方面法律对于多辆车按照各自责任的比例承担赔偿责任，既体现了过错责任原则，也保证了侵权人在自己的责任范围内公平承担责任，避免多个侵权人为此而发生争议，有利于矛盾的解决。

在上面的案例中，沈某和吴某共同导致了胡某的死亡，因此，根据上述法律的规定，应当由两人在自己的责任范围内承担责任。如果两人造成的损失超出他们机动车交强险责任限额之和的，则由他们各自的保险公司在各自的责任限额范围内承担赔偿责任；如果未超出的，则可以请求他们各自的公司按照其责任限额与责任限额之和的比例承担赔偿责任。

条文链接

《中华人民共和国侵权责任法》

第十条　二人以上实施危及他人人身、财产安全的行为，其中一人或者数人的行为造成他人损害，能够确定具体侵权人的，由侵权人承担责任；不能确定具体侵权人的，行为人承担连带责任。

第十一条　二人以上分别实施侵权行为造成同一损害，每个人的侵权行为都足以造成全部损害的，行为人承担连带责任。

《最高人民法院关于审理道路交通事故损害赔偿案件适用法律若干问题的解释》

第二十一条第一款、第三款　多辆机动车发生交通事故造成第三人损害，损失超出各机动车交强险责任限额之和的，由各保险公司在各自责任限额范围内承担赔偿责任；损失未超出各机动车交强险责任限额之和，当事人请求由各保险公司按照其责任限额与责任限额之和的比例承担赔偿责任的，人民法院应予支持。

多辆机动车发生交通事故造成第三人损害，其中部分机动车未投保交强险，当事人请求先由已承保交强险的保险公司在责任限额范围内予以赔偿的，人民法院应予支持。保险公司就超出其应承担的部分向未投保交强险的投保义务人或者侵权人行使追偿权的，人民法院应予支持。

法律人生

当多辆机动车发生交通事故致第三

人损害时，不管是受害人还是侵权人，我们首先要明确，各个责任人在事故中应当承担的责任大小。在确定了每个人应当承担的责任之后，再确定所受损失数额是否超出了侵权人共同的机动车交强险责任限额之和。之后，我们就可以根据交通事故责任认定结果区分各自责任，确定赔偿数额。

87. 被多次转让但未办理转移登记的机动车发生交通事故的，应当由谁承担责任？

案情再现

孙某是某国有企业的一名员工。2018年3月，孙某升职为公司某部门的经理，工资也比原来增加了很多。孙某的小轿车已经开了将近5年，一直舍不得换新车，现在孙某觉得自己升职了，经济条件也比原来好了，因此，便决定换一辆新的轿车。在买了新车之后，孙某便将原来的旧车卖给了自己老家的邻居付某。但是，当时因为付某着急到外地打工，因此，就未能办理过户手续。可是，付某觉得他们家里并不常用汽车，在买了一个月之后，就又将此轿车转手卖给了邻村的冯某。一次，冯某在开车去县城的路上，因为驾驶经验不足，将一位骑自行车的老大爷撞倒。交通管理部门出具事故认定书，冯某超速行驶承担全部责任。老大爷的家人要求冯某承担责任时，其却称自己的车还没有办理过户手续，自己并不是车辆的所有权人，因此无须承担责任。

法律疑点

那么，在车辆多次转让并未过户的情况下，应当由谁来承担责任？

法律分析

被多次转让但未办理转移登记的机动车发生交通事故造成损害，属于该机动车一方责任，由最后一次转让并交付的受让人承担赔偿责任。

根据《最高人民法院关于审理道路交通事故损害赔偿案件适用法律若干问题的解释》第四条规定："被多次转让但未办理转移登记的机动车发生交通事故造成损害，属于该机动车一方责任，当事人请求由最后一次转让并交付的受让人承担赔偿责任的，人民法院应予支持。"据此可知，经过多次买卖的机动车在已经交付但未办理所有权登记的情况下发生交通事故造成他人损害的，当事人可以请求由最后一次转让并交付的受让人承担赔偿责任。

法律规定经过多次转让未办理过户手续的车辆造成交通事故时，当事人可以请求最后的受让人承担责任，是因为车辆可能已经经过多次转让，当事人很难找到真正的所有权人，此时，如果规定由车辆所有人或管理人承担责任，就很可能出现找不到责任人的现象，进而损害受害人的合法权益。另外，这也体现了民事纠纷公平原则，车辆办理过户登记涉及的是所有权的转移，但是车辆的使用人才是真正造成事故发生的责任人，此时，如果规定由车辆所有人或管理人承担责任，就很可能会导致受让人逃避法律责任，违背公平原则。

在上面的案例中，虽然冯某所购买的轿车还未办理过户手续，其并非车辆的真正所有权人。但是，根据上述法律的规定，其是车辆交易中最后一次转让并交付的受让人，也是车辆的实际使用人，因此，在造成交通事故后，当事人要求他承担赔偿责任时，其应当为自己的过错而承担法律责任。

条文链接

《最高人民法院关于审理道路交通事故损害赔偿案件适用法律若干问题的解释》

第四条　被多次转让但未办理转移登记的机动车发生交通事故造成损害，属于该机动车一方责任，当事人请求由最后一次转让并交付的受让人承担赔偿责任的，人民法院应予支持。

法律人生

现实中存在很多机动车多次转让但未办理转移登记的情形，在此类车辆发生交通事故时，虽然当事人可以要求最后的受让人承担损害赔偿责任。但是，为了避免受让人将侵权责任转嫁给自己，机动车的所有权人在出售车辆之后，应当及时与受让人办理过户手续，以避免因此而造成的麻烦。

88. 因道路施工造成交通事故，当事人可以请求建设单位与施工单位承担赔偿责任吗？

案情再现

徐某从小在农村长大，后来，经过自己的努力考上了大学。大学毕业后，徐某便在某市工作定居。2018年春节时，徐某带妻子和女儿回老家过年。由于徐某开车回家时已经是晚上，再加上经常不回家，对村子里的路况并不是很熟悉。在徐某开车到家附近的一条公路时，徐某并不知道，该条公路因地面塌陷正在施工整修，并且在施工路段也没有安放任何的安全警示标志。为此，徐某发生了交通事故，他和妻子、女儿都身受重伤。幸好及时被村民发现送往医院，经过抢救脱离了生命危险。在徐某康复后，他觉得是因为村里道路施工没有安放警示标志才导致他出车祸的。于是，其便要求施工单位与建设单位承担赔偿责任。但是，施工单位与建设单位都认为发生交通事故是徐某自己不小心导致的，与他们无关。

法律疑点

因道路施工造成交通事故，当事人可以请求建设单位与施工单位承担赔偿责任吗？

法律分析

因道路施工造成交通事故，当事人可以请求建设单位与施工单位承担赔偿责任。

我国《最高人民法院关于审理道路交通事故损害赔偿案件适用法律若干问题的解释》第十一条规定，未按照法律、法规、规章或者国家标准、行业标准、地方标准的强制性规定设计、施工，致使道路存在缺陷并造成交通事故，当事人请求建设单位与施工单位承担相应赔偿责任的，人民法院应予支持。据此可知，因为施工单位的过错造成交通事故时，权利人要求建设单位与施工单位承担赔偿责任的，人民法院应予以支持。

法律规定因道路施工而导致交通事故发生的，施工单位与建设单位需要承担相应的责任，是因为在道路施工时，施工单位与建设单位有义务安放警示标志，通知行人注意安全。因此，在其未依法履行其义务时，应当为自己的过错承担相应的责任。这样规定有利于施工单位与建设单位在施工时尽到应有的注意义务，督促其按照规定安放警示标志，从而降低危险发生的可能性。

在上面的案例中，作为施工单位，其应当在施工的道路上设置明显的警示标志，提醒行人予以注意。但是，该施工单位并未按照规定设置警示标志，从而导致徐某发生交通事故。根据上述法律的相关规定，徐某可以要求建设单位与施工单位承担相应的责任，施工单位与建设单位认为自己没有责任的说法是错误的。

条文链接

《最高人民法院关于审理道路交通事故损害赔偿案件适用法律若干问题的解释》

第十一条 未按照法律、法规、规章或者国家标准、行业标准、地方标准的强制性规定设计、施工，致使道路存在缺陷并造成交通事故，当事人请求建设单位与施工单位承担相应赔偿责任的，人民法院应予支持。

法律人生

在现实生活中，因道路施工方未尽到警示义务而导致交通事故发生的现象是很常见的。道路的施工单位应当依法履行自己的义务，在施工时安放警示牌。否则，不但会威胁他人的生命健康，也可能会导致自己承担法律责任。而作为行人，我们在平时开车，尤其是在晚上驾驶时，要注意对路况加以了解，在不熟悉的路面行驶时要缓慢，以避免交通事故的发生。

89. 车辆已经过户，但是没有变更保险手续，在发生交通事故时保险公司是否需要承担责任？

案情再现

小芳在大学毕业后便到了一家服装公司工作，经过三年的努力，小芳自己有了一笔可观的积蓄。因为经常晚上在公司加班，所以，小芳想买辆车方便自己上下班。小芳想到自己自从考完驾照之后很少开车，担心新车会被自己刮坏。于是，她便通过朋友的介绍买了一辆二手车。在办理完过户手续之后，因为卖方家里有急事没有来得及办理保险变更手续。结果小芳开车上班的第一天就发生了交通事故，与对面行驶的车辆相撞。后来，经过交通部门认定，小芳承担主要责任。因此，小芳准备找保险公司理赔。可是，小芳想到自己还未办理保险变更手续，不知道保险公司是否会为此负责。

法律疑点

那么，车辆已经过户，但是没有变更保险手续，在发生交通事故时保险公司是否需要承担责任？

法律分析

车辆已经过户，但是没有变更保险手续，在发生交通事故时保险公司需要承担责任。

根据《最高人民法院关于审理道路交通事故损害赔偿案件适用法律若干问题的解释》第二十三条第一款规定，机动车所有权在交强险合同有效期内发生变动，保险公司在交通事故发生后，以该机动车未办理交强险合同变更手续为由主张免除赔偿责任的，人民法院不予支持。据此可知，在机动车交强险合同期间内，即使发生车辆买卖过户的但未变更保险手续的情形，保险公司也是不能免除赔偿责任的。

法律之所以规定在此种情况下保险公司仍然需要承担责任，是因为机动车的所有人发生变更，但保险是因该机动车而存在的，只要该车辆的保险合同仍有效，保险公司就应对该车辆履行保险责任。虽然所有人变更会产生相应的法律关系的变化，但保障被侵权人的权益得到及时实质的维护仍是法律考虑的首要问题，所以，汽车已过户，但保险手续未变时发生的保险事故，保险公司仍然要承担责任。这样规定有利于保持法律关系的稳定，也有利于保护第三人的合法权益。否则，对汽车受让人而言是不公平的。

在上面的案例中，虽然小芳买车时，汽车的保险变更手续未能及时办理，但是，根据上述法律的规定，保险公司也不能因此而免责，其仍然需要承担相应的损害赔偿责任。所以，发生交通事故后，小芳是可以请求保险公司承担责任的，保险公司不能以未办理变更手续而予以拒绝。

条文链接

《最高人民法院关于审理道路交通事故损害赔偿案件适用法律若干问题的解释》

第二十三条第一款　机动车所有权在交强险合同有效期内发生变动，保险公司在交通事故发生后，以该机动车未办理交强险合同变更手续为由主张免除赔偿责任的，人民法院不予支持。

法律人生

虽然在车辆过户，保险手续未能及时变更的情况下，发生交通事故时保险公司仍然要承担损害赔偿责任。现实生活中，我们在购买二手车时，为了避免不必要的麻烦，车辆过户的同时，我们也应当及时将车辆保险等相关的手续办好。

90. 车辆所有人因改装汽车而发生交通事故的，保险公司是否需要承担责任？

案情再现

郑某从小就非常喜欢汽车，一直希望自己可以改装一辆汽车。高中毕业后，郑某直接去职业技术学院学习修车。在毕业后，郑某自己开设了一家修车厂。经营了几年后，郑某手头有了不少钱，便自己购买了一辆新车。办理好保险手续后，郑某用自己修车厂的零部件将该车进行改装。郑某将汽车改装成功后，非常高兴，经常开着自己改装的车出门。一天，郑某接到家里的电话，称父亲病危，郑某便急忙开车回家。然而，在开车回家的路上，由于车辆是改装的，车子性能发生变化操作失灵、发生了交通事故。在此次事故中，郑某与对面车辆的司机都受伤。后交通管理部门经过勘查，认定郑某在此次交通事故中承担全部责任。郑某在康复之后，找到保险公司，请求保险公司承担损害赔偿责任。

法律疑点

车辆所有人因改装汽车而发生交通事故的，保险公司是否需要承担责任？

法律分析

因车辆改装而造成交通事故的，保险公司需要承担责任。但是，对于改装车辆增加的风险，保险公司是没有责任的。

根据《最高人民法院关于审理道路交通事故损害赔偿案件适用法律若干问题的解释》第二十三条第二款、第三款的规定，机动车在交强险合同有效期内发生改装、使用性质改变等导致危险程度增加的情形，发生交通事故后，当事人请求保险公司在责任限额范围内予以赔偿的，人民法院应予支持。前款情形下，保险公司另行起诉请求投保义务人按照重新核定后的保险费标准补足当期保险费的，人民法院应予支持。由此可知，在交强险合同有效期内，机动车发生改装、使用性质改变等导致危险程度增加的情形，发生保险事故后，保险公司在其责任范围内仍应承担责任。对由于车辆改装后增加的风险而造成的损失，保险公司是不承担责任的。

法律规定因车辆所有人改装车辆而发生交通事故的，保险公司仍然需要在自己的责任范围内承担责任，但车辆经过改装后如果增加了事故风险，导致交通事故的发生，保险公司不需对增加的风险负责，仍在原有的责任范围内承担责任即可，这符合法律精神中基本的公平正义。否则，如果车辆经过改装后，仍然需要保险公司承担全部责任，则会导致保险公司承担的责任过大，对保险公司而言是不公平的，这也会导致很多人更加不顾危险而肆无忌惮地改装车辆。

在上面的案例中，郑某在保险合同期内对车辆进行了改装，增加了汽车的危险程度，并且其也没有向保险公司重新核定保险费并予以补足。因此，在郑某发生交通事故后，保险公司只能在原合同的范围内承担责任。对于车辆改装后增加的风险造成的损失，保险公司无须承担责任。

条文链接

《最高人民法院关于审理道路交通事故损害赔偿案件适用法律若干问题的解释》

第二十三条

……

机动车在交强险合同有效期内发生改装、使用性质改变等导致危险程度增加的情形，发生交通事故后，当事人请求保险公司在责任限额范围内予以赔偿的，人民法院应予支持。

前款情形下，保险公司另行起诉请求投保义务人按照重新核定后的保险费标准补足当期保险费的，人民法院应予支持。

法律人生

现实生活中，我们在购买车辆后，不能随意改装。否则，这种行为不但会对自己的生命健康造成威胁，而且一旦发生交通事故，改装车辆所增加的风险造成的损失也需要自己承担。因此，我们应当对自己的安全负责，也应当对他人的安全责任，不随意让改装的车辆上路行驶。

91. 驾驶员没有驾驶资格而发生交通事故的，受害人是否可以请求保险公司承担赔偿责任?

案情再现

小刚是某市高中三年级的学生，在参加完高考之后，小刚便报名准备考驾照。当时，小刚的父母答应他，只要他考上重点大学，便奖励他一辆新车。一个月后，小刚的科目二考试顺利通过，同时被某重点大学录取。因此，小刚的父母遵守承诺，给他买了一辆价值十万元的轿车，并办理了相关的保险手续。在父母给小刚买了车之后，一再嘱咐小刚，驾照考完之后才可以开车。然而，小刚趁父母去上班，为了向同学炫耀，开着自己的新车去同学家。在路上，因驾驶经验不足而发生交通事故，将正在过马路的石某撞伤。后来，交通管理部门出具事故认定书，认定小刚承担全部责任。因石某认为小刚没有经济能力承担责任，所以，石某要求保险公司承担损害赔偿责任。

法律疑点

驾驶人未取得驾照而将行人撞伤，受害人是否可以请求保险公司赔偿？

法律分析

驾驶人未取得驾驶资格或者未取得相应驾驶资格的，受害人可以请求保险公司在其责任范围内承担赔偿责任。

根据我国《道路交通安全法》第七十六条规定，机动车发生交通事故造成人身伤亡、财产损失的，由保险公司在机动车第三者责任强制保险责任限额范围内予以赔偿。同时，《最高人民法院关于审理道路交通事故损害赔偿案件适用法律若干问题的解释》第十八条也明确规定，驾驶人未取得驾驶资格或者未取得相应驾驶资格，导致第三人人身损害的，当事人请求保险公司在交强险责任限额范围内予以赔偿，人民法院应予支持。保险公司在赔偿范围内向侵权人主张追偿权的，人民法院应予支持。追偿权的诉讼时效期间自保险公司实际赔偿之日起计算。由此可见，机动车发生道路交通事故所造成的财产损失和人身伤亡首先由保险公司在机动车第三者责任强制保险责任限额范围内予以赔偿。但是驾驶人员作出法律所禁止的行为，即未取得驾驶资格、醉酒、吸毒、滥用麻醉药品或者精神药品后，驾驶机动车发生交通事故造成人身损害的，被侵权人可以请求由承保交强险的保险公司在承保限额范围内对受害人进行赔偿，但是，保险公司在进行赔偿后可以向侵权人进行追偿。

法律之所以作出上述规定，是为了保障被侵权人能够获得及时有效的赔偿，确保受害人的合法权益。而赋予保险公司追偿的权利，是公平原则的体现。否则，如果因驾驶人有过错而发生交通事故仍然要求保险公司承担责任，将会导致保险公司的责任过大，也会助长没有驾驶经验的人开车上路，不利于维护交通秩序，甚至会扰乱整个社会秩序。

在上面的案例中，小刚未取得驾驶资格开车上路发生交通事故，受害人石某可以要求保险公司在其责任范围内承担赔偿责任。但是，保险公司在承担赔偿责任后，可以向小刚进行追偿。

条文链接

《中华人民共和国道路交通安全法》

第七十六条 机动车发生交通事故造成人身伤亡、财产损失的，由保险公司在机动车第三者责任强制保险责任限额范围内予以赔偿；不足的部分，按照下列规定承担赔偿责任：

（一）机动车之间发生交通事故的，由有过错的一方承担赔偿责任；双方都有过错的，按照各自过错的比例分担责任。

（二）机动车与非机动车驾驶人、行人之间发生交通事故，非机动车驾驶人、行人没有过错的，由机动车一方承担赔偿责任；有证据证明非机动车驾驶人、行人有过错的，根据过错程度适当减轻机动车一方的赔偿责任；机动车一方没有过错的，承担不超过百分之十的赔偿责任。

交通事故的损失是由非机动车驾驶人、行人故意碰撞机动车造成的，机动车一方不承担赔偿责任。

《最高人民法院关于审理道路交通事故损害赔偿案件适用法律若干问题的解释》

第十八条 有下列情形之一导致第三人人身损害，当事人请求保险公司在交强险责任限额范围内予以赔偿，人民法院应予支持：

（一）驾驶人未取得驾驶资格或者未取得相应驾驶资格的；

（二）醉酒、服用国家管制的精神药品或者麻醉药品后驾驶机动车发生交通事故的；

（三）驾驶人故意制造交通事故的。

保险公司在赔偿范围内向侵权人主张追偿权的，人民法院应予支持。追偿权的诉讼时效期间自保险公司实际赔偿之日起计算。

法律人生

当造成交通事故的驾驶人存在法律禁止的行为时，如酒驾、醉驾、无证驾驶等，最终的赔偿责任应由驾驶人自己承担。因此，我们应当认真遵守交通规则，在取得驾驶资格之后再开车上路，并且要严格遵守交通规则。否则，一旦发生交通事故，不仅会对自己的生命安全造成威胁，还需要为自己不负责任的行为埋单。

92. 交通事故损害赔偿案件中的当事人可以直接提起民事诉讼吗？

案情再现

路某是某事业单位的工作人员，由于单位离家非常近，他每天都骑自行车上下班。一天，路某像往常一样骑车去上班，在某路口却被后面开车行驶而来的冯某撞倒。事故发生后，冯某及时将路某送往医院。后来，经过交通管理部门进行勘查，认定冯某承担全部责任。冯某一直认为路某存在着一定的责任，而且又了解到路某的经济条件非常好，因此，在协商赔偿数额时，冯某提出的赔偿数额过低。为此，双方一直未能达成协议。于是，路某准备向法院直接提起民事诉讼，请求法院依法判决。但是，路某的儿子却说，他们没有经过调解就提起民事诉讼，不知道法院是否会受理。因此，路某的儿子便准备向他人咨询。

法律疑点

那么，路某是否可以直接向法院提起民事诉讼？

法律分析

对交通事故损害赔偿的争议，当事人可以直接向人民法院提起民事诉讼。

根据我国《道路交通安全法》第七十四条的规定，对交通事故损害赔偿的争议，当事人可以请求公安机关交通管理部门调解，也可以直接向人民法院提起民事诉讼。经公安机关交通管理部门调解，当事人未达成协议或者调解书生效后不履行的，当事人可以向人民法院提起民事诉讼。由此可知，交通事故案件中，在当事人因损害赔偿发生争议时，其有两种解决途径：（1）请求公安机关交通管理部门调解，如果未达成调解协议，也可以再提起诉讼；（2）不经过调解而直接向法院提起民事诉讼。

交通事故中，交通管理部门对当事人之间的调解属于一种行政程序，是当事人自愿申请进行的，其并非行使诉权的前置程序。因此，在当事人的权利遭受损害后，其完全可以选择直接起诉。这样规定更有利于保护当事人的合法权益，也更有利于当事人之间矛盾的化解。

在上面的案例中，路某在发生交通事故后，因损害赔偿问题与冯某发生争议，其完全可以不经过公安机关交通管理部门的调解而直接向法院提起民事诉讼。因此，在本案中，路某儿子的说法是错误的。

条文链接

《中华人民共和国道路交通安全法》

第七十四条 对交通事故损害赔偿的争议，当事人可以请求公安机关交通管理部门调解，也可以直接向人民法院提起民事诉讼。

经公安机关交通管理部门调解，当事人未达成协议或者调解书生效后不履行的，当事人可以向人民法院提起民事诉讼。

法律人生

因道路交通事故损害赔偿发生争议时，当事人可以采取两种纠纷解决方式：请求公安机关交通管理部门调解和直接提起民事诉讼。当事人可以自由选择，既可以先申请调解，再提起诉讼，也可以直接向法院提起民事诉讼。所以，在此我们需要明确，交通事故中的调解并不是其提起诉讼的前置程序。

93. 在交通事故损害赔偿案件中，是否可以将承保商业第三者责任险的保险公司列为共同被告？

案情再现

汪某是某国有企业的员工，其平时非常喜欢和妻子开车出去游玩。国庆节放假时，汪某开车带着妻子准备到附近的某个城市旅游。然而，在去游玩的路上，他们与对面行驶而来的货车相撞。汪某和妻子在此次交通事故中受伤都非常严重，而且汪某的妻子还因此失去了左腿。后来，经过交通管理部门现场勘查，认定货车司机许某是占道行驶，应承担此次事故的全部责任。可是，在汪某的妻子住院期间，许某只是支付了他们一部分的医疗费。在出院后，双方进行协商时，许某更是提出了非常少的赔偿数额。于是，汪某和妻子便将许某诉至法院。在了解许某驾驶车辆的保险信息时，汪某发现许某除了交强险之外，还购买了第三者责任险。由于担心许某经济能力有限无法全部赔偿，汪某准备将承担许某货车责任险的保险公司列为共同被告。

法律疑点

那么，当事人是否可以将承保商业第三者责任险的保险公司列为共同被告？

法律分析

在交通事故案件中，受害人可以将承保商业第三者责任险的保险公司列为共同被告。

根据我国《最高人民法院关于审理道路交通事故损害赔偿案件适用法律若干问题的解释》第二十五条的规定，人民法院审理道路交通事故损害赔偿案件，应当将承保交强险的保险公司列为共同被告。但该保险公司已经在交强险责任限额范围内予以赔偿且当事人无异议的除外。人民法院审理道路交通事故损害赔偿案件，当事人请求将承保商业三者险的保险公司列为共同被告的，人民法院应予准许。由此可知，在交通事故损害赔偿案件中，当事人可以向法院请求将承保商业第三者责任险的保险公司列为共同被告。

法律允许当事人将承保商业第三者责任险的保险公司列为共同被告，是因为第三者责任险一般是交强险的补充，当车辆所有人购买了第三者责任险时，如果发生交通后，当事人将其列为共同被告，可以在损害超过交强险的责任范围，直接要求承保第三者责任险的保险公司承担损害赔偿责任。这样规定一方面为交通事故的受害人提供及时的保障，进而使他们的损失尽可能得到更多的赔偿。另一方面也可以为侵权人分担风险，减轻侵权人的经济压力。

在上面的案例中，汪某和妻子遭遇车祸后花费了巨额医疗费用，而因许某经济条件比较差，提出非常低的赔偿数额。此时，汪某和妻子为了获得赔偿，可以请求法院将承保商业第三者责任险的保险公司作为共同被告。

条文链接

《最高人民法院关于审理道路交通事故损害赔偿案件适用法律若干问题的解释》

第二十五条　人民法院审理道路交通事故损害赔偿案件，应当将承保交强险的保险公司列为共同被告。但该保险公司已经在交强险责任限额范围内予以赔偿且当事人无异议的除外。

人民法院审理道路交通事故损害赔偿案件，当事人请求将承保商业三者险的保险公司列为共同被告的，人民法院应予准许。

法律人生

在发生交通事故后，侵权人因自身的经济条件而无法支付受害人损失赔偿的现象是非常多的。此时，作为受害人，我们可以确定侵权人是否购买了商业第三者责任险。如果其购买了第三者责任险，那么我们可以在提起诉讼时将其列为共同被告，以获得更多的赔偿。

94. 在交通事故损害赔偿案件中，当事人的哪些请求可以得到法院的支持？

案情再现

董某是某村村民，一直以自己购买的货车从事短途运输为生。一天，董某接到一个订单，需要到附近的一个县城去装货。在董某开车去往装货地的路上，经过一个十字路口的拐弯处时与一辆卡车相撞。事故发生后，董某受到严重伤害，他的货车也被撞得面目全非。后来，经过交通管理部门勘查，认定卡车司机沈某承担全部责任。在双方协商赔偿时，董某要求对方除了要承担自己的医疗费、修车费之外，还要赔偿自己因停运而造成的经济损失。但是，沈某却不同意，认为自己只需要承担沈某的医疗费、修车费，无须承担其他赔偿。为此，双方未能达成一致，董某向法院提起诉讼，要求法院判决沈某依法承担自己的医疗费、修车费以及停运损失，共计人民币20万元。

法律疑点

那么，在交通事故损害赔偿案件中，当事人的哪些请求可以得到法院的支持？

法律分析

在交通事故损害赔偿案件中，当事人提出的修车费、车辆施救费、车上货物损失费、重置车辆的费用、经营性车辆的停运损失等都是可以得到法院支持的。

根据我国《最高人民法院关于审理道路交通事故损害赔偿案件适用法律若干问题的解释》第十五条第一款、第四款的规定，因道路交通事故造成下列财产损失，当事人请求侵权人赔偿的，人民法院应予支持：（1）因道路交通事故造成的维修被损坏车辆所支出的费用、车辆所载物品的损失、车辆施救的费用；（2）因车辆灭失或者无法修复，为购买交通事故发生时与被损坏车辆价值相当的车辆重置费用；（3）依法从事货物运输、旅客运输等经营性活动的车辆，因无法从事相应经营活动所产生的合理停运损失；（4）非经营性车辆因无法继续使用，所产生的通常替代性交通工具的合理费用。

法律明确规定了当事人在交通损害赔偿案件中可以提出的侵权损害赔偿的请求范围，使当事人能够明确自己遭受的财产损失，进而确定应向法院提出哪些诉讼请求。同时，这也能够避免部分当事人没有根据地提出过高的赔偿数额，有利于双方矛盾的解决。

在上面的案例中，董某在此次交通事故中不仅遭受人身损害，其所运营的车辆也受损，董某的货车是具有运营性质的，所以，董某不但有权要求沈某承担其医疗费、修车费，而且还可以要求沈某承担因停运给其造成的经济损失。根据上述法律规定，董某所提出的诉讼请求是合法的，可以得到法院的支持，而沈某拒绝支付其因停运而造成的经济损失的行为是错误的。

条文链接

《最高人民法院关于审理道路交通事故损害赔偿案件适用法律若干问题的解释》

第十五条　因道路交通事故造成下列财产损失，当事人请求侵权人赔偿的，人民法院应予支持：

（一）维修被损坏车辆所支出的费用、车辆所载物品的损失、车辆施救费用；

（二）因车辆灭失或者无法修复，为购买交通事故发生时与被损坏车辆价值相当的车辆重置费用；

（三）依法从事货物运输、旅客运输等经营性活动的车辆，因无法从事相应经营活动所产生的合理停运损失；

（四）非经营性车辆因无法继续使用，所产生的通常替代性交通工具的合理费用。

法律人生

人民法院审理道路交通事故损害赔偿案件中，当事人针对被损车辆的维修费用、车辆所承载的物品损失、车辆的施救以及因车辆损坏而产生的替代性交通费用等财产损失提出的赔偿请求都是合法的，人民法院会予以支持。因此，在发生交通事故时，作为受害人，我们要依据法律，根据自己的财产损失合理提出损害赔偿数额，而不能漫天要价。而作为侵权人，如果受害人提出的请求是合理的，我们也应当承担相应的损害赔偿责任。

第八章

游山玩水

95. 旅行社在旅游中安排游客购物的行为是否合法？

案情再现

陈某是某大学的研究生，今年五一劳动节时，陈某和同学杜某一起到杭州旅游。由于两个人对杭州不是非常熟悉，因此，他们便报名参加了某旅行社推出的杭州三日游。可是，在他们到了杭州的第一天，该旅行社的导游在带他们逛完景点回酒店的路上，便把他们带到某商店，要求他们每个人必须购买一个物品，以作为本次旅游的纪念品。陈某见商店商品的价格都十分昂贵。此时，陈某和杜某提出，他们没有想要购买的东西。但是，导游却说必须购买，否则，她会被公司扣工资，而且也会影响整个旅游团的行程。对此，陈某感到十分不满，认为旅行社安排游客购物的行为是违法的。

法律疑点

那么，旅行社是否可以在旅游过程中安排游客购物？

法律分析

旅行社不能在旅游过程中安排游客购物，这种行为是违法的。

根据我国《旅游法》第三十五条、第九十八条的规定，旅行社不得以不合理的低价组织旅游活动，诱骗旅游者，并通过安排购物或者另行付费旅游项目获取回扣等不正当利益。旅行社组织、接待旅游者，不得指定具体购物场所，不得安排另行付费旅游项目。但是，经双方协商一致或者旅游者要求，且不影响其他旅游者行程安排的除外。也就是说，对于非游客自愿的购物消费，旅行社和导游安排购物是违法行为。如果旅行社违反上述规定，旅游者可以在旅游行程结束后三十日内，要求旅行社为其办理退货并先行垫付退货货款，或者退还另行付费旅游项目的费用。同时，旅游主管部门还可能会对旅行社进行相应的行政处罚。

法律明确规定旅行社不能安排游客在旅游过程中购物，以及其违反此规定应当承担的法律责任，是因为在市场交易活动中应当坚持平等自愿原则，旅行社安排游客购物违反了民法中的自愿原则，损害了旅游者的合法权益。法律这样规定，有利于规范旅行社的行为，避免其通过安排游客购物获取非法利益，有利于维护旅游者的公平交易权，进而维护旅游市场的秩序。

在上面的案例中，旅行社的导游安排游客在旅游过程中购物的行为是违反法律规定的，陈某的说法是正确的。而该旅行社导游的说法是错误的，旅行社安排购物的行为是在游客不自愿的前提下进行的，违背了游客的真实意愿，属于强制交易的行为。所以，即使陈某不得已进行了购物，在旅游结束后的三十日内，陈某可以要求旅行社为自己办理退货。同时，该旅行社可能会受到相应的行政处罚。

条文链接

《中华人民共和国旅游法》

第三十五条 旅行社不得以不合理的低价组织旅游活动，诱骗旅游者，并通过安排购物或者另行付费旅游项目获取回扣等不正当利益。

旅行社组织、接待旅游者，不得指定具体购物场所，不得安排另行付费旅游项目。但是，经双方协商一致或者旅游者要求，且不影响其他旅游者行程安排的除外。

发生违反前两款规定情形的，旅游者有权在旅游行程结束后三十日内，要求旅行社为其办理退货并先行垫付退货货款，或者退还另行付费旅游项目的费用。

第九十八条 旅行社违反本法第三十五条规定的，由旅游主管部门责令改正，没收违法所得，责令停业整顿，并处三万元以上三十万元以下罚款；违法所得三十万元以上的，并处违法所得一倍以上五倍以下罚款；情节严重的，吊销旅行社业务经营许可证；对直接负责的主管人员和其他直接责任人员，没收违法所得，处二千元以上二万元以下罚款，并暂扣或者吊销导游证。

法律人生

平等自愿是法律的精髓，法律保护当事人合法的意志和意愿。在旅游的过程中，如果当事人不愿意在旅游中购物，作为旅行社，我们应该尊重游客的意愿，为游客服务到位，不能为了自己的利益而强制游客购物。另外，作为游客，在旅行社要求我们购物时，我们应当予以拒绝。在无法拒绝时，我们可以在旅游回来之后要求旅行社办理退货，也可以向有关部门进行举报，用法律维护自己的合法权益。

96. 应当如何认定旅行社所宣传的“包吃包住”的标准？

案情再现

董某是某公司员工，一直忙于工作很少外出。2018 年 1 月，董某与妻子结婚后准备去度蜜月。经过再三考虑，两人决定去韩国。因为对国外的一切都不是很熟悉，为了方便，两人便跟着当地某旅行社的旅游团出游，参加了该旅行社推出的“韩国七日豪华游”。旅行社称此次旅游活动是开年大酬宾，旅行社“包吃包住”。董某觉得非常合适，便与旅行社签订了合同，并交纳了旅游费。可是，在到了韩国之后，董某发现他们住的地方环境非常差，每天的伙食也非常差。于是，董某便询问旅行社，旅行社称“包吃包住”是免费赠送的，当然不能和五星级酒店相比。对此，董某认为，当时旅行社宣传时所说的是“豪华游”，当然提供的吃住也应当以此为标准。

法律疑点

那么，旅行社所说的“包吃包住”的标准应当如何认定呢？

法律分析

旅行社所宣传的“包吃包住”的标准，应当按照其合同中所规定的标准进行认定。

根据我国《旅游法》第九条的规定，旅游者依法享有知悉购买的旅游产品和服务的真实情况，并有权要求旅行经营者按照合同约定提供产品和服务。同时，该法第四十九条、第五十八条规定，交通、住宿、餐饮等旅游服务安排和标准是旅游合同的重要组成部分，旅行社应当在包价旅游合同中写明其所提供的住宿、餐饮等旅游服务的标准。由此可知，旅行社在与游客订立旅游合同时，应当明确约定其所提供的服务内容的具体标准。

法律要求旅行社应当向游客说明旅游服务的真实情况，尤其是包价旅游合同的内容。法律这样规定，可以避免旅行社利用包价合同收取过高费用而提供标准比较低的服务，进而牟取不法利润，有利于在旅游者的合法权益受到侵害时依据合同约定维护自己的合法权益。

在上面的案例中，旅行社与董某签订的合同应当属于包价合同，所以，根据上述法律规定，旅行社应当在书面合同中写明其所提供的交通、住宿、餐饮等旅游服务的安排和标准等内容，而不能只是概括地写明“包吃包住”。旅行社在宣传的过程中说是豪华游，却并未在合同中写明餐饮和住宿的标准，此行为侵犯了董某的知情权。

条文链接

《中华人民共和国旅游法》

第九条　旅游者有权自主选择旅游产品和服务，有权拒绝旅游经营者的强制交易行为。

旅游者有权知悉其购买的旅游产品和服务的真实情况。

旅游者有权要求旅游经营者按照约定提供产品和服务。

第四十九条　为旅游者提供交通、住宿、餐饮、娱乐等服务的经营者，应当符合法律、法规规定的要求，按照合同约定履行义务。

第五十八条　包价旅游合同应当采用书面形式，包括下列内容：

（一）旅行社、旅游者的基本信息；

（二）旅游行程安排；

（三）旅游团成团的最低人数；

（四）交通、住宿、餐饮等旅游服务安排和标准；

（五）游览、娱乐等项目的具体内容和时间；

（六）自由活动时间安排；

（七）旅游费用及其交纳的期限和方式；

（八）违约责任和解决纠纷的方式；

（九）法律、法规规定和双方约定的其他事项。

订立包价旅游合同时，旅行社应当向旅游者详细说明前款第二项至第八项所载内容。

法律人生

随着社会经济的不断发展，越来越多的人节假日都到旅行社报团旅游。但是，需要消费者注意的是，我们在与旅行社订立旅游合同时，包价旅游合同应当采用书面形式，并且一定要明确旅行社所提供的餐饮、住宿等各项服务的标准，以避免为此而与旅行社发生矛盾。

97. 涉嫌非法传销的旅行社将会承担什么样的法律责任?

案情再现

张某是某学校的大学生，2018年6月即将研究生毕业。在工作确定之后，张某和他的好朋友冯某想在毕业之前去毕业旅行。后来，张某在外出时看到某旅行社在宣传“苏杭七日游”，正好张某和冯某想到杭州旅行。于是，张某便过去打听，在张某按照宣传海报上提供的地址到了某旅行社之后，接待张某的工作人员称他们最近在做周年庆的活动，花500元买一张旅游票，作为会费加入会员，就能享受价值几千元甚至上万元的旅游服务。在听到工作人员的解说之后，张某马上购买了一张会员卡。张某回到学校之后，和好朋友冯某说了这件事，让冯某也去购买一张。之后，他们听宿舍的同学说，这很可能是传销。

法律疑点

那么，涉嫌非法传销的旅行社将会承担何种法律责任?

法律分析

旅行社如果涉嫌非法传销，其将可能构成犯罪，进而承担刑事责任。

根据我国《旅游法》第三十三条的规定，旅行社及其从业人员组织、接待旅游者，不得安排参观或者参与违反我国法律、法规和社会公德的项目或者活动。同时，我国《刑法》第二百二十四条之一规定，组织、领导以推销商品、提供服务等经营活动为名，要求参加者以缴纳费用或者购买商品、服务等方式获得加入资格，并按照一定顺序组成层级，直接或者间接以发展人员的数量作为计酬或者返利依据，引诱、胁迫参加者继续发展他人参加，骗取财物，扰乱经济社会秩序的传销活动的，处五年以下有期徒刑或者拘役，并处罚金；情节严重的，处五年以上有期徒刑，并处罚金。据此可知，旅行社不得从事涉嫌违法犯罪的活动，否则，其将承担刑事责任。

法律明确规定禁止旅行社从事传销等违法活动，并明确了其刑事责任，这样规定有利于维护旅游市场的经济秩序，避免旅行社利用自己的便利条件从事非法业务，同时也能够维护旅游者的合法权益。另外，法律明确规定了旅行社参加非法传销活动的刑事责任，也能够有效约束旅行社依法从事旅游业务。

在上面的案例中，某旅行社以向人们提供旅游服务为名，要求参加者缴纳500元来加入会员获得享受优惠活动的资格，然后以高额回报来引诱参加者从事违法活动。这一行为既侵犯了公民的财产所有权，又侵犯了市场经济秩序和社会管理秩序。在客观方面表现为违反国家规定，组织、从事传销活动，在主观方面表现为直接故意，具有非法牟利的目的。因此，该旅行社的行为涉嫌组织、领导传销活动罪，应当依法承担刑事责任。

条文链接

《中华人民共和国旅游法》

第三十三条　旅行社及其从业人员组织、接待旅游者，不得安排参观或者参与违反我国法律、法规和社会公德的项目或者活动。

《中华人民共和国刑法》

第二百二十四条之一　组织、领导以推销商品、提供服务等经营活动为名，要求参加者以缴纳费用或者购买商品、服务等方式获得加入资格，并按照一定顺序组成层级，直接或者间接以发展人员的数量作为计酬或者返利依据，引诱、胁迫参加者继续发展他人参加，骗取财物，扰乱经济社会秩序的传销活动的，处五年以下有期徒刑或者拘役，并处罚金；情节严重的，处五年以上有期徒刑，并处罚金。

法律人生

随着人们生活水平的提高，出门旅游已经成为老百姓生活中不可或缺的部分。而有的不法犯罪分子也开始利用旅游服务来实施传销活动，我们平时在参加旅行团时，一定要到比较正规的旅行社，并且要时刻小心，不要认为有“天上掉馅饼”的事情发生，千万不能因为一时贪小便宜而误入歧途。

98. 旅行社擅自变更旅游景点时，旅游者可以要求其承担赔偿责任吗？

案情再现

徐某是某国有企业的退休职工，其自从退休之后，就经常和妻子到各地旅行。2018年4月，由于天气逐渐暖和，徐某听亲戚说西安有很多文化古迹，非常值得去。于是，徐某便到当地的某旅行社报名参加了该旅行社最近推出的“西安七日游”。在到了西安之后，第一天本来应当去看秦始皇陵兵马俑。但是，由于该旅行社在买票时与景点的工作人员发生纠纷，因此，该旅行社便取消了此次去兵马俑的安排，直接带徐某等人去了华清宫。但是，徐某等人都非常想去兵马俑看一下，而且徐某认为旅行社不能擅自变更旅游景点，并且要求他们承担赔偿责任。而旅行社认为，虽然旅游者都交了钱，但是，他们有权安排游客的游览路线，也有权利变更旅游景点。因此，旅行社不需要承担任何法律责任。

法律疑点

旅行社擅自变更旅游景点时，旅游者可以要求其承担赔偿责任吗?

法律分析

旅行社擅自变更旅游景点时，旅游者可以要求其承担赔偿责任。

根据《旅游法》第六十九条至第七十一条的规定，旅行社应当按照包价旅游合同约定履行义务，不得擅自变更旅行安排。地接社应当按照旅游合同及委托合同提供服务。旅行社不履行包价旅游合同义务或者履行合同义务不符合约定的，应当依法承担继续履行、采取补救措施或者赔偿损失等违约责任。旅行社具备履行条件，经旅游者要求仍拒绝履行合同，造成旅游者人身损害、滞留等严重后果的，旅游者还可以要求旅行社支付旅游费用1倍以上3倍以下的赔偿金。据此可知，在旅游合同签订后，旅行社不能未经游客同意而擅自变更旅游景点，否则，旅游者有权要求其承担违约责任。在给旅游者造成损害时，旅游者也有权要求其承担损害赔偿责任。

法律明确规定旅行社擅自变更旅行安排时，给旅游者造成损害的，需要承担损害赔偿责任。这样规定有利于督促旅行社按照规定履行合同义务，使其按照约定为旅游者提供旅游服务，进而保护旅游者的合法权益。否则，如果允许旅行社随意变更旅行安排，不但会严重损害旅游者的经济利益，也会导致整个旅游市场经济秩序的混乱。

在上面的案例中，旅行社应当按照旅游合同中约定的内容为徐某等人安排旅游行程，而不能因为自身与当地的工作人员闹矛盾就随意更改游客的旅游行程，这种行为违反了合同的约定，并且也会造成游客的经济损失，徐某等人可以要求旅行社承担损害赔偿责任。

条文链接

《中华人民共和国旅游法》

第六十九条 旅行社应当按照包价旅游合同的约定履行义务，不得擅自变更旅游行程安排。

经旅游者同意，旅行社将包价旅游合同中的接待业务委托给其他具有相应资质的地接社履行的，应当与地接社订立书面委托合同，约定双方的权利和义务，向地接社提供与旅游者订立的包价旅游合同的副本，并向地接社支付不低于接待和服务成本的费用。地接社应当按照包价旅游合同和委托合同提供服务。

第七十条第一款 旅行社不履行包价旅游合同义务或者履行合同义务不符合约定的，应当依法承担继续履行、采取补救措施或者赔偿损失等违约责任；造成旅游者人身损害、财产损失的，应当依法承担赔偿责任。旅行社具备履行条件，经旅游者要求仍拒绝履行合同，造成旅游者人身损害、滞留等严重后果的，旅游者还可以要求旅行社支付旅游费用一倍以上三倍以下的赔偿金。

第七十一条第一款　由于地接社、履行辅助人的原因导致违约的，由组团社承担责任；组团社承担责任后可以向地接社、履行辅助人追偿。

法律人生

现实生活中，我们在跟团旅游时，旅行社变更旅游行程的现象是经常发生的。此时，作为旅游者，我们应当运用法律来维护自己的合法权益，在旅行社的此种行为给自己造成损害时，可以要求其承担法律责任。作为旅行社，不能因为自己的原因而擅自变更游客的旅行安排，这不仅是对游客的不尊重，也是一种违法行为。旅行社应当按照合同约定，依法提供旅游服务。

99. 旅游者是否可以将自身参加的旅行团的权利转让给朋友？

案情再现

小生是某学校的大学生，大二暑假时，小生准备去驾校考驾照。但是，在报完名之后，一直都没有收到驾校让他去考科目一的通知。小生觉得整天待在家里非常无聊，驾校应该一时半会也不会让自己去考试，便想去外地玩几天。于是，小生便报名参加了当地某旅行社的“青岛三日游”。可是，就在小生报名之后的第二天，驾校便打电话告诉了小生考科目一的时间。此时，小生发现考科目一的时间正好和自己的旅游时间冲突了。为此，小生便想到可以将自己的名额低价转让给别人。后来，小生的一个好朋友听说了，称愿意代替小生去参与旅游活动，并将小生提出的旅游费用支付给了他。但是，在小生和好朋友商量好之后告诉旅行社时，旅行社却说小生不能随便将自己参加旅行的名额转让给别人。

法律疑点

旅游者是否可以将自身参加的旅行团的权利转让给别人？

法律分析

旅游者可以将自身参加的旅行团的权利转让给朋友。

我国《旅游法》第六十四条规定：“旅游行程开始前，旅游者可以将包价旅游合同中自身的权利义务转让给第三人，旅行社没有正当理由的不得拒绝，因此增加的费用由旅游者和第三人承担。”由此可知，旅游者由于无法预见的情势变化，导致无法参与旅游活动，但旅游价款已经支付，旅游者可以让第三人代替自己参加旅游。但是，因转让行为造成的费用提高，旅行社可以要求旅游者和代替参加的旅游人员承担费用增加的责任。

法律允许旅游者在旅行开始前将旅游合同中自身的权利义务转让给别人，是因为旅游服务合同并不具有无法转让的人身性，因此，当旅游者因故不能参加时应当允许其将合同中的权利义务转让给他人。这样规定有利于保护旅游者的合法权益，减少旅游者因自身原因不能参加旅游而造成的经济损失；同时，也有利于督促旅行社，在旅游者因故转让合同中的权利义务时，其应当进行协助。

在上面的案例中，小生因突然被通知参加科目一考试而无法跟团旅游，根据上述法律的规定，其可以将自己在旅游合同中的权利义务转让给他的朋友。旅行社如果没有正当理由，不能加以拒绝。但是，因转让而造成的增加的费用，旅行社可以要求小生或者是其好朋友承担。

条文链接

《中华人民共和国旅游法》

第六十四条 旅游行程开始前，旅游者可以将包价旅游合同中自身的权利义务转让给第三人，旅行社没有正当理由的不得拒绝，因此增加的费用由旅游者和第三人承担。

法律人生

在现实生活中，我们总会因为行程的变化等原因出现不能按时参加已经报名的跟团旅游的现象。此时，我们很多人都会选择进行低价转让。然而，有时我们在进行转让时，会遭到旅行社的反对。对此，我们需要明确，如果旅行社拒绝，那么，其必须提出正当理由，否则无权拒绝我们转让旅游合同中的权利义务。

100.旅行社发现旅游者患有传染病的，是否可以单方解除旅游合同？

案情再现

星星旅行社是某地一家非常著名的企业，该旅行社的各方面管理都非常正规。2018 年 4 清明节时，叶某到该旅行社报名，准备参加该旅行社最近推出的“北京三日游”活动。叶某在经过了解之后，便与旅行社签订了旅游服务合同。可是，叶某报名参加之后，该旅行社在利用叶某的身份信息预订机票、酒店时，无意间发现叶某患有乙肝。对此，该旅行社便联系到叶某，称由于其患有传染病，因此，旅行社不能按照合同约定让其参加此次的跟团旅游，需要与其解除旅游服务合同，让叶某到旅行社来领取他已经交付的费用。叶某得知后，认为旅行社不能因为自己患有传染病就擅自决定解除旅游合同，这是对他的歧视。并且，叶某称如果旅行社解除合同，就必须按照约定承担违约责任。

法律疑点

旅行社发现旅游者患有传染病的，是否可以单方解除旅游合同？

法律分析

旅行社发现旅游者患有传染病的，其可以单方要求解除旅游合同。

我国《旅游法》第六十六条规定：

"旅游者有下列情形之一的，旅行社可以解除合同：（一）患有传染病等疾病，可能危害其他旅游者健康和安全的；（二）携带危害公共安全的物品且不同意交有关部门处理的；（三）从事违法或者违反社会公德的活动的；（四）从事严重影响其他旅游者权益的活动，且不听劝阻、不能制止的；（五）法律规定的其他情形。因前款规定情形解除合同的，组团社应当在扣除必要的费用后，将余款退还旅游者；给旅行社造成损失的，旅游者应当依法承担赔偿责任。"据此可知，发现旅游者患有传染病，可能对其他旅游者造成健康威胁的，旅行社出于对其他旅游者安全保障义务的考虑，可以依法单方解除此旅游合同。

法律明确赋予了旅行社在法定情形下单方解除旅游合同的权利，这是因为旅游者如果患有传染病，将会危害其他游客的身体健康，甚至会给更多的人造成威胁。为了保证其他旅游者的安全，维护社会公共利益，旅行社可以单方解除劳动合同。法律这样规定是从社会整体利益出发，有利于保护他人的安全。这是法律赋予履行社的法定合同解除权，因而，旅行社因上述几种情形需要解除履行合同时，并不需要承担违约责任。

在上面的案例中，旅行社在发现叶某患有传染病时，可以根据法律规定，与其解除旅游合同。在解除旅游合同时，旅行社可以扣除必要的费用，并且无须对此承担违约责任。相反，如果叶某的行为给旅行社造成损失的，旅行社还可以要求其承担损害赔偿责任。

条文链接

《中华人民共和国旅游法》

第六十六条　旅游者有下列情形之一的，旅行社可以解除合同：

（一）患有传染病等疾病，可能危害其他旅游者健康和安全的；

（二）携带危害公共安全的物品且不同意交有关部门处理的；

（三）从事违法或者违反社会公德的活动的；

（四）从事严重影响其他旅游者权益的活动，且不听劝阻、不能制止的；

（五）法律规定的其他情形。

因前款规定情形解除合同的，组团社应当在扣除必要的费用后，将余款退还旅游者；给旅行社造成损失的，旅游者应当依法承担赔偿责任。

法律人生

在现实生活中，旅游者跟团旅游参加的是集体活动，因此，如果一人患有传染病，将会给更多的人带来威胁。所以，作为旅游者，如果自身患有传染病，应当从社会的整体利益考虑，不能参加不适宜的集体活动，不能将自己的利益建立在损害他人的合法权益之上。另外，作为旅行社，应当对旅游者的人身安全负责，在发现患有传染病的旅游者时，应当及时与其解除旅游合同。

101. 因旅行中遭遇海啸导致行程被取消的，旅游者应该怎么办？

案情再现

小芳是某公司的员工，其已经工作了三年，手里有了一定的积蓄。原来在上学时，小芳就一直期待去国外旅游。现在，小芳终于有机会了，于是，小芳和公司的同事商量，在她们休年假时要到国外某个海岛去度假。公司批准了他们的年假之后，小芳便和同事小云一起到当地的某旅行社报名。当时，正值旅行社周年庆，推出的活动都十分优惠。小芳在签订了旅游合同之后，便开始准备外出旅游的东西。然而，在小芳他们准备好出行的前一天，旅行社打电话通知小芳，因为当地发生了海啸，因此，不得不将旅游的行程取消。在接到旅行社的电话后，小芳非常沮丧。可是，小芳认为既然合同不能履行，是否可以提出解除旅游合同。

法律疑点

因旅行中遭遇海啸导致行程被取消的，旅游者应该怎么办？

法律分析

因旅行中遭遇自然灾害而导致行程被取消的，旅游者可以要求解除合同。

我国《旅游法》第六十七条规定，因不可抗力或者旅行社、履行辅助人已尽合理注意义务仍不能避免的事件，影响旅游行程的，合同不能继续履行的，旅行社和旅游者均可以解除合同；合同解除的，组团社应当在扣除已向地接社或者履行辅助人支付且不可退还的费用后，将余款退还旅游者。此外，根据该法第六十八条的规定，旅游行程中解除合同的，旅行社应当协助旅游者返回出发地或者旅游者指定的合理地点。由于旅行社或者履行辅助人的原因导致合同解除的，返程费用由旅行社承担。据此可知，遭遇地震、海啸等自然灾害，致使旅游合同的目的不能实现时，法律赋予旅游合同双方同样的解除权，但合同解除后，旅行社应将余款退还旅游者。

法律明确规定在因自然灾害等不可抗力因素发生时，旅行社和旅游者都享有旅游合同的解除权，是因为自然灾害等因素是不能预见的、不能预防、不能控制，也无法避免的，这不是任何一方的过错导致的。因此，因自然灾害发生而导致旅游行程被取消的，法律规定双方都有解除权，体现了民法中的公平原则，也有利于双方及时行使自己的权利。

在上面的案例中，小芳和小云在报名参加国外海岛游之后，由于当地发生海啸而导致旅行行程被取消的。海啸属于自然灾害，根据上述法律规定，小芳和小云以及旅行社都享有合同解除权。小芳可以要求旅行社解除合同，并且将扣除不可退还的费用后，将余款退给自己。

条文链接

《中华人民共和国旅游法》

第六十七条　因不可抗力或者旅行社、履行辅助人已尽合理注意义务仍不能避免的事件，影响旅游行程的，按照下列情形处理：

（一）合同不能继续履行的，旅行社和旅游者均可以解除合同。合同不能完全履行的，旅行社经向旅游者作出说明，可以在合理范围内变更合同；旅游者不同意变更的，可以解除合同。

（二）合同解除的，组团社应当在扣除已向地接社或者履行辅助人支付且不可退还的费用后，将余款退还旅游者；合同变更的，因此增加的费用由旅游者承担，减少的费用退还旅游者。

……

第六十八条　旅游行程中解除合同的，旅行社应当协助旅游者返回出发地或者旅游者指定的合理地点。由于旅行社或者履行辅助人的原因导致合同解除的，返程费用由旅行社承担。

法律人生

在现实生活中，自然灾害的发生是我们任何人都无力阻止的。但是，作为旅游者，需要我们注意的是，在自然灾害发生后，导致我们的旅行不能正常进行的，我们有权要求旅行社解除合同。相应的，旅行社也有权提出解除合同。对于此种现象，不管是旅游者还是旅行社都要承担一定的经济损失。

第九章

人财保护

102.因“舍己为人”而使自身利益受损的，应该怎么办？

案情再现

黄某是某公司的一名员工，在日常生活中，他做了很多“舍己为人”的事。不久前，他步行经过一个小胡同时发现一个地痞流氓正在对一名女性实施性骚扰。于是，黄某便立刻上前制止。然而，在制止的过程中，黄某与其发生争执，该人对黄某拳打脚踢，并随手拿起旁边的一个木棍，将黄某打伤。之后，该人便逃之夭夭。幸亏黄某被及时送到医院，经抢救脱离了生命危险。可是，由于当时胡同里没有摄像头，警方无法找到此人，而黄某住院治疗花去了将近2万元的医药费。对此，黄某的家人都非常生气，认为黄某做了好事，到最后不但自己受到伤害，还要自己支付医疗费。

法律疑点

那么，黄某因“舍己为人”而使自身利益受损，他该怎么办？

法律分析

黄某可以要求受益人给予适当的补偿。

所谓“舍己为人”，是指为了保护他人的合法权益不受侵犯而使得自己的权益遭受到损害的行为。关于在社会中因舍己为人而使得自己受到伤害的，我国《民法总则》第一百八十三条规定了所谓的“好人条款”，即“因保护他人民事权益使自己受到损害的，由侵权人承担民事责任，受益人可以给予适当补偿。没有侵权人、侵权人逃逸或者无力承担民事责任，受害人请求补偿的，受益人应当给予适当补偿。”在此之前，《最高人民法院关于审理人身损害赔偿案件适用法律若干问题的解释》第十五条也规定：“为维护国家、集体或者他人的合法权益而使自己受到人身损害，因没有侵权人，不能确定侵权人或者侵权人没有赔偿能力，赔偿权利人请求受益人在受益范围内予以适当补偿的，人民法院应予支持。”由此可见，舍己为人者遭受损失的，侵权人应当给予赔偿，同时，受益人也可以给予其适当的补偿。但是，在侵权人无法找到等情况下，受益人则应当给予舍己为人者适当的补偿。

法律之所以要规定“好人条款”，要求在没有侵权人的情况下，受益人应当进行适当的补偿，是因为在现实生活中，如果不要求受益人承担相应的补偿责任，很可能会出现受害人在助人为乐之后，不但导致自己的人身权益遭到损害，也使自己因为支付医疗费而造成经济上的损失。这对于受害人来说是不公平的，因此，为了免除“舍己为人者”的后顾之忧，法律赋予了他们向受益人主张适当补偿的权利，在此呼吁广大民众实施更多的“舍己为人”行为，为构建和谐社会贡献一己之力。

在上面的案例中，黄某为了解救受

到性骚扰的女性而遭受到地痞流氓的侵害，属于为保护他人民事权益而使自己受到损害的情形，黄某因此花去2万元治疗费。考虑到本案无法找到侵权人，黄某可以向被解救的女性主张给予适当的补偿。

条文链接

《中华人民共和国民法总则》

第一百八十三条 因保护他人民事权益使自己受到损害的，由侵权人承担民事责任，受益人可以给予适当补偿。没有侵权人、侵权人逃逸或者无力承担民事责任，受害人请求补偿的，受益人应当给予适当补偿。

《最高人民法院关于审理人身损害赔偿案件适用法律若干问题的解释》

第十五条 为维护国家、集体或者他人的合法权益而使自己受到人身损害，因没有侵权人、不能确定侵权人或者侵权人没有赔偿能力，赔偿权利人请求受益人在受益范围内予以适当补偿的，人民法院应予支持。

法律人生

在现实生活中，有很多助人为乐、舍己为人的公民。但是，当他们助人为乐之后，可能使自己的权益受到损害。所以，我们如果是受益人，当我们的“救命恩人”因为自己遭受损害而又无法找到侵权人时，不管是从法律上还是从道德上，我们都应当承担一定的补偿责任，尽自己最大的努力填补其受到的损害。

103.受害人故意造成自身损害的，应由谁承担责任？

案情再现

2017年7月，与孙某交往三年的女友杨某向其提出分手。孙某失恋后郁郁寡欢，食不下咽，难以放下这段感情。孙某试图用各种方式结束生命，都被家人及时发现制止了。某天，孙某打电话告知杨某自己在某水库要自杀，随后挂断电话。杨某立即回拨却发现孙某电话已关机，于是，杨某马上报警并通知了孙某的家人，当孙某的家人赶到水库时，孙某被民警打捞上岸，已经停止了呼吸。孙某家人认为孙某在水库自杀，都是杨某要与其分手造成的，因此，杨某应当承担全部责任。而杨某认为，自己在得知孙某要自杀后及时采取了措施予以制止，自己并没有责任。

法律疑点

那么，因孙某自杀造成的损害后果应由杨某承担吗？

法律分析

孙某家人不能要求杨某承担赔偿责任。

对于受害人因自身行为所造成的损害，我国《侵权责任法》第二十七条规定，损害是因受害人故意造成的，行为人不承担责任。据此可知，当受害人的损害是由于其自己故意所导致的，那么，行为人并不需要承担任何责任。因此，当受害人自己选择自杀时，其自杀行为是受害人本身造成的，不能要求别人来为此承担赔偿责任。

法律明确规定受害人自己造成的损害不需要行为人承担责任，是因为在此种情况下，行为人并没有主观上的过错，也不存在任何过失行为。如果因受害人自己故意造成的损害还需要他人来承担责任，那么，对于行为人来说是不公平的。所以，即便在行为人自己选择自杀时，这种行为也是其自己导致的，正所谓有过错才有责任，在相关当事人不存在任何过错时，其不需要为此承担责任。

在上面的案例中，男女之间恋爱自由，单方提出分手并不必须要另一方同意才可结束恋爱关系，杨某对于孙某因失恋而实施的自杀行为是不承担责任的。孙某在去水库自杀前打电话告知了杨某其要自杀的意图，说明其到水库自杀是主观故意的行为，杨某在孙某挂断电话后立即回拨，却发现其电话已关机，杨某立即报警并通知其家人，采取了积极措施。因此，孙某应当承担自己故意行为造成的后果，不得要求杨某承担赔偿责任。

条文链接

《中华人民共和国侵权责任法》

第二十七条 损害是因受害人故意造成的，行为人不承担责任。

法律人生

生命是宝贵的，每个人都应该珍惜自己的生命。为了逃避事实而故意损害自己的生命和身体健康，这种伤痛只能由自己承担，自己为自己负责。因此，我们在生活中遇到困难时，要勇敢面对，不能因为一时的失落就选择伤害自己。一旦伤害自己，不会有人为自己的行为埋单，到最后承担所有后果的只有自己和家人。

104. 被别人诬陷通奸，可以要求侵权人既赔礼道歉又赔钱吗？

案情再现

黄某是某县纺织厂的一名下岗女工，经人介绍到蒋某家做保姆，女主人苟某总怀疑黄某和蒋某之间有不正当男女关系。一天下午，家里只有黄某和蒋某两个人，黄某做完家务后在客厅里看书，蒋某是一位高中教师，平日里也非常喜欢看书。蒋某看到黄某在看书，就上前关心了她几句。就在这时苟某从外面回来了，看到两人坐在一起，便不分青红皂白地对黄某破口大骂，说黄某不要脸，勾引自己的丈夫，而且还打开大门大喊“捉奸”，引来了好多居民看热闹。黄某认为苟某的这种行为已经侵害了自己的名誉权，因此，黄某准备向法院提起诉讼，请求法院判决苟某向自己赔礼道歉，并同时承担相应的赔偿责任。

法律疑点

那么，黄某的诉讼请求是否可以得

到法院的支持？

法律分析

黄某的诉讼请求可以得到法院的支持。

对于承担侵权责任的方式的运用，我国《民法总则》第一百七十九条和《侵权责任法》第十五条第二款都作了规定，承担侵权责任的方式，可以单独适用，也可以合并适用。由此说明，停止侵害、排除妨碍、赔偿损害、赔礼道歉等承担侵权责任的方式，可以合并适用。请求权人在要求侵权行为方承担侵权责任时，可以要求其赔偿损害，也可以在要求赔偿损害的同时要求停止侵害、赔礼道歉等。侵权行为方承担侵权责任的方式可以是八种方式中的一种，也可以是两种、多种。

法律明确规定了承担侵权责任的方式，并规定其可以并用。是因为在有些情况下，侵权人给受害人造成的不仅仅是经济上的损失，还有精神上的损害。此时，当受害人的名誉权等受到损害时，不但需要加害人承担赔偿责任，更要通过加害人的赔礼道歉等方式来阻止损害的发生，使受害人的相关权利及时恢复到原来的状态。

在上面的案例中，黄某在蒋某家做保姆，与蒋某在家就读书进行谈话，苟某却无中生有地“捉奸”，引来了好多居民看热闹。根据《民法总则》第一百一十条第一款的规定，自然人享有生命权、身体权、健康权、姓名权、肖像权、名誉权、荣誉权、隐私权、婚姻自主权等权利。因此，苟某的行为侵犯了黄某的名誉权，黄某依法可以要求苟某承担侵权责任。黄某可以依法要求苟某用一种方式承担侵权责任，也可以要求其用多种方式承担责任。

条文链接

《中华人民共和国侵权责任法》

第十五条 承担侵权责任的方式主要有：

（一）停止侵害；

（二）排除妨碍；

（三）消除危险；

（四）返还财产；

（五）恢复原状；

（六）赔偿损失；

（七）赔礼道歉；

（八）消除影响、恢复名誉。

以上承担侵权责任的方式，可以单独适用，也可以合并适用。

《中华人民共和国民法总则》

第一百七十九条 承担民事责任的方式主要有：

（一）停止侵害；

（二）排除妨碍；

（三）消除危险；

（四）返还财产；

（五）恢复原状；

（六）修理、重作、更换；

（七）继续履行；

（八）赔偿损失；

（九）支付违约金；

（十）消除影响、恢复名誉；

（十一）赔礼道歉。

法律规定惩罚性赔偿的，依照其规定。

本条规定的承担民事责任的方式，可以单独适用，也可以合并适用。

第一百一十条第一款　自然人享有生命权、身体权、健康权、姓名权、肖像权、名誉权、荣誉权、隐私权、婚姻自主权等权利。

法律人生

作为公民，每一个人都依法享有名誉权，人格尊严受法律保护，任何人用侮辱、诽谤等方式损害他人名誉的行为都构成对名誉权的侵犯。故意捏造并散布某种虚构事实，损害他人人格和名誉，被侵权人可以要求侵权人承担相应的民事责任，如果情节严重，构成诽谤罪的，还可以要求侵权人承担刑事责任。因此，在现实生活中，我们应当尊重他人，不能随便诬陷别人，更不能人云亦云。

105.公路施工致夜间过路行人摔伤，应向谁主张侵权责任？

案情再现

葛某是某服装制造厂的一名工人，由于工厂的订单比较多，葛某隔三岔五就要上一次夜班。有一天她下夜班后骑车回家，因为常走的那条路断路施工，于是，她便选择另一条路回家。在路上她为了躲避一辆卡车，向马路另一侧靠行，结果连人带车摔倒在马路上的一个大坑中。后来，路边的行人在发现后及时将葛某送入医院，经检查其左臂骨折，左脚踝错位，花费医疗费近8000元。经查马路上的大坑是自来水公司挖开的，由于没有设置明显标志，葛某不知大坑的存在而摔伤。在出院康复之后，葛某觉得自己非常倒霉，下班的路上无缘无故被摔伤，并且自己也不清楚应当要求谁来承担侵权责任，并支付自己的医疗费。

法律疑点

那么，葛某的损失应当由谁负责？

法律分析

葛某的损失主要应由自来水公司承担。

我国《侵权责任法》第九十一条第一款规定，在公共场所或者道路上挖坑、修缮安装地下设施等，没有设置明显标志和采取安全措施造成他人损害的，施工人应当承担侵权责任。由此可知，我国法律对地面施工人责任的明确认定为在地面施工期间造成的损失由施工人负责。施工人在公共场所或者道路上挖坑、修缮、安装地下设施，应当设置明显标志和采取安全措施，如果没有采取相关措施造成他人损害的，施工人应当承担侵权民事责任。

法律对于在道路上挖坑等施工行为明确规定要设置明显标志，并采取相应的安全措施，否则，应当由施工人承担侵权责任。法律这样规定，一方面，有利于督促施工人依法履行自己的注意义务，采取相应的安全措施，避免行人因此受到损害。另一方面，这样规定也有利于保护受害人的合法权益，在其因施工人的过失行为受到损害时，为其行使权利提供了明确的法律依据，使自己所受损害可以及时得到填补。

在上面的案例中，葛某下夜班骑车回家时为了躲避一辆卡车，连人带车摔倒在马路上的坑中，造成受伤住院。由于马路上的大坑是自来水公司挖开的，并且没有设置明显标志，也没有采取其他安全措施，因此，根据上述法律规定，自来水公司作为施工人应当承担侵权责任。所以，葛某可以要求自来水公司承担损害赔偿责任，支付自己的医疗费等相关费用。

条文链接

《中华人民共和国侵权责任法》

第九十一条 在公共场所或者道路上挖坑、修缮安装地下设施等，没有设置明显标志和采取安全措施造成他人损害的，施工人应当承担侵权责任。

窨井等地下设施造成他人损害，管理人不能证明尽到管理职责的，应当承担侵权责任。

法律人生

在现实生活中，我们可能经常会因为路面井盖丢失、路面塌陷等原因而导致自己受到伤害。这些行为看似没有侵权人，有的人就自认倒霉。但是，我们需要注意的是，这种情况实际上的加害人是道路施工者或者是相关的管理部门。当我们因此而受到损害时，除非该损害的发生是由于不可抗力或者被害人故意所致，否则，我们可以要求相应的国家管理部门承担赔偿责任。

106. 小狗受到惊吓，出于本能反咬他人，谁来赔偿受害人？

案情再现

宋某与姚某是邻居，一天两人因琐事在楼道里争吵。姚某越说越生气，为泄愤抬脚用力踢了宋某的狗。小狗受惊后扑向姚某，姚某见势不妙，迅速躲到刚上楼的刘某身后。结果，导致刘某被狗咬住腿部。宋某赶紧安抚自己的小狗，小狗才慢慢张口，但仍然造成刘某左小腿上段软组织撕裂受伤。为此，刘某花去医药费共5000元。后来，刘某要求宋某承担自己的医药费。但是，宋某认为，虽然是自己的狗将他咬伤的，但是，小狗咬人是姚某导致的。因此，宋某拒绝承担责任，觉得刘某应当要求姚某支付医药费，而不应该找她。可是，在刘某找到姚某后，姚某又以小狗是宋某的而推脱责任。对此，刘某非常生气，无奈之下，刘某只能起诉到法院，要求法院依法判决。

法律疑点

那么，对于刘某所造成的损害，应当由谁来承担责任？

法律分析

刘某被小狗咬伤，他所支付的医疗费用应当由姚某支付。

我国《侵权责任法》第八十三条明确规定，因第三人的过错致使动物造成他人损害的，被侵权人可以向动物饲养人或者管理人请求赔偿，也可以向第三人请求赔偿。动物饲养人或者管理人赔偿后，有权向第三人追偿。由此说明，第三人过错是动物致人损害时动物的所有人或管理人的免责事由之一，如果动物致人损害是由第三人的过错造成的，则由该第三人承担民事责任。对于被侵权人如何向第三人、饲养人或管理人请求赔偿，根据上述法律规定，被侵权人可以向动物饲养人或者管理人请求赔偿，也可以向第三人请求赔偿。动物饲养人或者管理人赔偿后，有权向第三人追偿。动物饲养人、管理人要求第三人承担赔偿责任，前提是能够证明动物致人损害是第三人过错造成的，并且能够找到该第三人，否则仍应当由饲养人或管理人承担责任。

法律对于第三人引起动物伤人的损害赔偿主体作出了明确规定，受害人既可以要求第三人赔偿，也可以要求动物的饲养人或管理人赔偿，这样规定可以避免在受害人找不到第三人的情况下无人承担责任的现象，使受害人可以及时找到侵权人，也可以避免双方因此而推脱责任，以维护受害人的合法权益。

在上面的案例中，刘某被宋某所养之狗咬伤，是由于第三人姚某对狗的刺激行为所致，宋某虽然是狗的饲养者，但本案的过错在于第三人姚某，因此，应由姚某对刘某所遭受的伤害承担责任。当然，依照法律规定刘某可以向宋某或者姚某要求赔偿，如果宋某进行了赔偿，则其有权向姚某进行追偿。

条文链接

《中华人民共和国侵权责任法》

第八十三条　因第三人的过错致使动物造成他人损害的，被侵权人可以向动物饲养人或者管理人请求赔偿，也可以向第三人请求赔偿。动物饲养人或者管理人赔偿后，有权向第三人追偿。

法律人生

在现实生活中，被他人饲养的动物咬伤是比较常见的现象。然而，即便是被他人饲养的动物咬伤是由于第三人所导致的，我们也可以要求动物饲养人或者管理人承担侵权责任。换言之，此种情况下，作为受害人，我们拥有选择权，可以要求动物饲养人承担责任，也可以要求有过错的第三人承担责任。

107. 打群架时致人损伤，但不知道具体的加害人，侵权责任由谁承担？

案情再现

范某是某公司的员工，其在下班途中与几个青年发生争执，继而扭打在一起。

然而，在几个人争执的过程中，范某不幸被一人用石头砸伤了脑袋，经住院治疗花去医疗费万余元。由于过路的行人在发现后立刻报警并上前阻止，因此，打架的几个青年及时被110民警抓获，但是他们谁都不承认是自己砸伤了范某。而范某当时是从身后被攻击的，他也不知道到底是谁用石头砸了他，找不出来具体的扔石头的人。于是，范某便要求这几个青年承担侵权责任，但是，他们都认为不是自己砸伤范某的，因此，都拒绝承担赔偿责任。对此，范某也非常无奈，不知道自己应当找谁承担赔偿责任。

法律疑点

那么，范某所受的伤害应由谁来承担赔偿责任？

法律分析

对于范某的伤害，应由参与斗殴的几个青年承担连带责任。

共同危险行为又称准共同侵权行为，指两人或两人以上共同实施侵害他人权利的危险行为，并且已造成损害后果，但不能确定损害后果具体是哪一个人的行为所致。在这种情况下，推定各行为人对损害的发生具有共同过错，由共同行为人承担连带赔偿责任。对此，我国《侵权责任法》第十条作了明确的规定，二人以上实施危及他人人身、财产安全的行为，其中一人或者数人的行为造成他人损害，能够确定具体侵权人的，由侵权人承担责任；不能确定具体侵权人的，行为人承担连带责任。并且《最高人民法院关于审理人身损害赔偿案件适用法律若干问题的解释》第四条也作出了明确规定。由此可知，在共同加害行为中不能确定具体的加害人时，首先必须确定全体加害人的责任，无论受害人请求一人、数人还是全体行为人承担侵权责任，每一个加害人之间是连带责任关系，他们依照自己的行为再次进行内部区分，但是这都不影响赔偿请求权人要求连带责任人承担责任。

对于共同危险行为不能确定具体侵权行为人时，法律明确规定由行为人承担连带责任。法律这样规定避免行为人之间因无法确定侵权人而推脱责任，从而可以使受害人及时主张自己的权利，保障受害人的合法权益，也更好地警示行为人控制好自己的思维，约束好自己的行为。否则，如果法律不要求在无法确定具体侵权人时行为人承担连带责任，那么，将会导致受害人在受到损害时无人承担责任，使得一些不法分子因而逃避法律责任，并且也可能会导致社会秩序的混乱。

在上面的案例中，范某无须证明具体哪一个人对自己实施了侵害行为，只需证明自己是被他人共同所伤即可。参与打架的几个青年，如果不能证明具体是谁用石头砸伤了范某，就认定为共同侵害，对范某的损害承担连带赔偿责任。

条文链接

《中华人民共和国侵权责任法》

第十条 二人以上实施危及他人人

身、财产安全的行为，其中一人或者数人的行为造成他人损害，能够确定具体侵权人的，由侵权人承担责任；不能确定具体侵权人的，行为人承担连带责任。

《最高人民法院关于审理人身损害赔偿案件适用法律若干问题的解释》

第四条 二人以上共同实施危及他人人身安全的行为并造成损害后果，不能确定实际侵害行为人的，应当依照民法通则第一百三十条规定承担连带责任。共同危险行为人能够证明损害后果不是由其行为造成的，不承担赔偿责任。

法律人生

在共同侵权行为中，一旦不能确定侵权人，那么就需要所有行为人承担连带责任。所以，在生活中，我们应当遵守法律规定，不能因一时冲动而和别人一起打群架。否则，如果不能确定侵权行为人，在给他人造成损害时，即便自己没有实施侵权行为，也可能要为别人的行为“埋单”。

108. 商场电梯挤伤乘坐电梯的孩童，商场需要赔偿吗？

案情再现

某市一家商场搞促销活动，妈妈就带着9岁的乐乐一起到该商场购物。趁妈妈试衣服的时候，乐乐一个人在商场的电梯梯上玩耍，结果卡在负一层至一层滚动电梯上与天花板之间。在商场工作人员关闭电梯电源后，乐乐才得以脱险。乐乐伤后在医院住了14天，花费6000多元，对此损失，乐乐的妈妈要求商场赔偿。但是，商场认为，他们在发现乐乐被卡在电梯上之后马上采取措施，将乐乐抢救出来。因此，他们尽到了自己应尽的义务，没有任何责任。反而是乐乐的妈妈没有尽到监护人的义务，让孩子随便乱跑才导致他受伤。对于商场的说法，乐乐的妈妈认为他们是在推脱责任。

法律疑点

那么，商场应当承担赔偿责任吗？

法律分析

商场应当承担赔偿责任，支付乐乐的医疗费用。

我国《侵权责任法》第七条规定，行为人损害他人民事权益，不论行为人有无过错，法律规定应当承担侵权责任的，依照其规定。上述规定以立法的形式确立了在侵权责任归责中的无过错责任原则。所谓无过错责任，是指无论行为人是否有过错，法律规定应当由其承担民事责任的，行为人应当对其行为所造成的损害承担民事责任。同时，根据《消费者权益保护法》第十八条第一款的规定，商场对其经营场所负有提供安全保障的义务。另外，《最高人民法院关于审理人身损害赔偿案件适用法律若干问题的解释》第六条第一款也规定，在餐饮、娱乐等场所遇到人身伤害时，可以依法索赔。由此可见，消费者在商场遭遇人身伤害时，商场应当承担赔偿责任。

法律对于消费者等在商场受到损害时，采用无过错责任原则。该原则的目的就是为了补偿受害人所受的损失，加害人若想免责，需要证明的不是自己没有过错，而是受害人故意或者重大过失才是致害的原因。法律作出这样的规定，有利于商场等公共场所依法履行安全保障义务，尽到自己应有的管理职责，以保证消费者的合法权益。

在上面的案例中，9岁的乐乐在商场的扶梯上玩耍而造成伤害，根据其年龄、智力等因素来判断，显然不是出于故意或重大过失。因此，本案中的商场应当承担赔偿责任。但是，乐乐只有9岁，还是一个限制民事行为能力人，他的妈妈让他一个人在商场乘坐电梯，没有尽到监护职责，也有一定的过错，需要承担一定的责任，因此，可以适当减轻商场的赔偿责任。

条文链接

《中华人民共和国侵权责任法》

第七条 行为人损害他人民事权益，不论行为人有无过错，法律规定应当承担侵权责任的，依照其规定。

《中华人民共和国消费者权益保护法》

第十八条第一款 经营者应当保证其提供的商品或者服务符合保障人身、财产安全的要求。对可能危及人身、财产安全的商品和服务，应当向消费者作出真实的说明和明确的警示，并说明和标明正确使用商品或者接受服务的方法以及防止危害发生的方法。

《最高人民法院关于审理人身损害赔偿案件适用法律若干问题的解释》

第六条第一款 从事住宿、餐饮、娱乐等经营活动或者其他社会活动的自然人、法人、其他组织，未尽合理限度范围内的安全保障义务致使他人遭受人身损害，赔偿权利人请求其承担相应赔偿责任的，人民法院应予支持。

因第三人侵权导致损害结果发生的，由实施侵权行为的第三人承担赔偿责任。安全保障义务人有过错的，应当在其能够防止或者制止损害的范围内承担相应的补充赔偿责任。安全保障义务人承担责任后，可以向第三人追偿。赔偿权利人起诉安全保障义务人的，应当将第三人作为共同被告，但第三人不能确定的除外。

法律人生

对于旅馆、饭店、商场等场所，根据行为人的活动及其所管理的事项的危险性，其行为与所造成的后果存在因果关系时，法律规定了特别的加重责任，即实行无过错责任原则。因此，在现实生活中，当我们在旅馆、饭店、商场等活动场所受到损害时，作为受害人，我们可以要求其承担损害赔偿责任。

109. 教唆六七岁的小孩儿跟别人打闹，还会承担侵权责任吗？

案情再现

冬冬是一名7岁的小学生，今年读

小学一年级，他不但学习好，而且非常懂礼貌，跟全班同学的关系都非常要好。但是前不久，他们班转来一个长得又高又壮的小男孩天天，天天经常欺负冬冬。有一天，冬冬的叔叔接他放学，看到冬冬脸上带着伤痕，断定又是天天干的。此时，冬冬的叔叔看到天天一个人在前面走，便对冬冬说："你上去和他打，打不过还有叔叔在这里呢。"于是，冬冬跑上前去将天天推倒在地，结果失手造成天天左胳膊骨折。后来，天天的父母得知是冬冬的叔叔教唆冬冬推倒天天后，要求冬冬的叔叔承担损害赔偿责任。但是，冬冬的叔叔认为是冬冬将天天推倒的，自己并没有任何责任。

法律疑点

那么，冬冬的叔叔教唆冬冬打人，要承担什么责任？

法律分析

冬冬的叔叔唆使冬冬伤害了天天，应当依法由其承担全部的赔偿责任。

我国《侵权责任法》第九条第二款规定："教唆、帮助无民事行为能力人、限制民事行为能力人实施侵权行为的，应当承担侵权责任；该无民事行为能力人、限制民事行为能力人的监护人未尽到监护责任的，应当承担相应的责任。"根据我国《民法总则》第十九条、第二十条的规定，不满八周岁的未成年人为无民事行为能力人，八周岁以上的未成年人为限制民事行为能力人。由此可知，无民事行为能力人和限制民事行为能力人因受到他人教唆而实施侵权行为的，由教唆人承担民事责任。如果监护人没有尽到监护责任，也要承担相应的责任。

法律规定教唆未成年人实施侵权行为的人要承担民事责任，是因为无民事行为能力人和限制民事行为能力人不具有充分的意思能力来认识到自己行为的后果。法律这样规定，可以避免部分人利用未成年人来实施不法行为，同时，也能够督促监护人尽到监护义务，有利于维护受害人的合法权益。

在上面的案例中，冬冬只有7岁，属于无民事行为能力人。由于冬冬是在叔叔的教唆之下才冲上去推倒天天的，应当认定为是由其叔叔教唆所致，所以，冬冬的叔叔才是侵权人，侵权责任应由其叔叔承担。因此，在天天的父母要求其承担责任时，冬冬的叔叔应当承担侵权责任，支付相应的费用。

条文链接

《中华人民共和国侵权责任法》

第九条第二款　教唆、帮助无民事行为能力人、限制民事行为能力人实施侵权行为的，应当承担侵权责任；该无民事行为能力人、限制民事行为能力人的监护人未尽到监护责任的，应当承担相应的责任。

法律人生

未成年人由于身心发育不健全，对

超出其年龄、智力的行为无法作出正确的判断，也无法承担相应的责任。因此，一方面，作为未成年人的监护人，应当履行其监护责任，防止未成年人受人教唆侵害他人的合法权益。另一方面，我们应当注意保护未成年人，而不能教唆未成年人实施侵害他人合法权益的行为。否则，我们将会自食其果。

110. 因紧急避险造成他人损害的，可以要求行为人承担责任吗？

案情再现

范某是某村村民，其自己有一辆小货车经常帮助别人运输货物。一天，范某驾驶自己的小型货车在某村送货，其在正常驾驶过程中，突然从一个小胡同里冲出来两个打闹的小男孩，范某来不及停车，只有将方向盘向右转向。不料村民胡某在道旁晒被子，当时在被子后面，被范某的汽车撞倒并造成轻伤。范某为避免撞上两个小男孩而采取紧急避险将胡某撞伤，在事故发生后，范某及时拨打120将胡某送往医院。虽然经过及时抢救，胡某脱离了生命危险，但是，其双腿骨折，而且有轻微脑震荡。由于要承担巨额医疗费，范某认为自己是为了避免撞到两个小男孩所以才将胡某撞伤的。因此，范某想让两个小男孩的家长承担赔偿责任。

法律疑点

那么，范某可以要求两个小男孩的家长承担责任吗？

法律分析

范某的行为属于紧急避险，对于胡某的人身损害，可以要求两个小男孩的家长承担赔偿责任。

紧急避险是指为了使国家、公共利益、本人或者他人的人身、财产和其他权利免受正在发生的危险，不得已采取的紧急避险行为。人的行为、自然界的力量、动物的侵袭，都可能对自己或他人构成人身、财产危险。同时，只有在不得已即没有其他方法可以避免危险时，才允许实行紧急避险。此外，应当注意的是避免本人危险的规定，不适用于职务上、业务上负有特定责任的人。依据《侵权责任法》第三十一条的规定，因紧急避险造成损害的，由引起险情发生的人承担责任。由此可知，因人的行为引起紧急避险，造成损害时，由引起险情发生的人承担赔偿责任。

法律规定了因紧急避险而造成的损害，由引起险情的人承担损害赔偿责任。因为紧急避险人实施紧急避险，是为了保护国家、集体以及第三人的利益，而且引起险情的人本身就存在着一定的过错，有过错就要承担责任。法律作出这样的规定，有利于保护紧急避险人的合法权益，也体现了法律中的公平原则。相反，如果法律要求紧急避险人承担损害赔偿责任，那么，对于紧急避险人而言是不公平的，也会导致部分公民在此种情况下不会选择紧急避险，进而引起更大的损失。

在上面的案例中，范某在村里正常驾驶，为了不撞到突然冲出来的两个小男孩而将汽车转向，误将在被子后面的胡某撞伤，范某的行为是紧急避险，依法不构成对胡某的侵权。对于胡某的伤害可以要求引起险情的两个小男孩的家长进行赔偿。

条文链接

《中华人民共和国侵权责任法》

第三十一条　因紧急避险造成损害的，由引起险情发生的人承担责任。如果危险是由自然原因引起的，紧急避险人不承担责任或者给予适当补偿。紧急避险采取措施不当或者超过必要的限度，造成不应有的损害的，紧急避险人应当承担适当的责任。

法律人生

紧急避险是采用损害一种合法权益的方法以保全另一种合法权益的行为，只有存在对国家、公共利益、本人或者他人的人身、财产和其他权利的危险，才能实行紧急避险。因此，我们在实施紧急避险时，一方面，一定要注意是否符合紧急避险的条件。否则，一旦造成损害，后果不堪设想。另一方面，在实施紧急避险之后，如果造成损害，我们可以要求引起险情的人承担损害赔偿责任。

111. 未成年人给他人财产造成损害的，应当由谁承担赔偿责任？

案情再现

小东是一位年仅13岁的初中一年级学生，他从小就非常贪玩，不认真学习。一天，在学校里，因为小东没有完成老师布置的作业，老师在下课后对小东进行了批评，并让小东的家长来到学校进行谈话。后来，小东的父母也为此对他进行了批评。对此，小东怀恨在心，认为老师小题大做。在某天放学时，小东看到这位老师的车还停在办公室附近，周围也没有人，于是，小东便拿出自己文具盒里的圆规，在老师的车子上划了很多道，将整个车的外观弄得“面目全非”。小东的老师为此花了将近5000元的修理费，并要求小东的父母承担赔偿责任。而小东的父母却说，车子是小东划坏的，应当由小东赔偿，但是，小东没有任何财产，所以他们也没有办法。

法律疑点

那么，未成年人给他人财产造成损害的，应当由谁承担赔偿责任？小东父母的说法是否正确？

法律分析

未成年人造成他人财产损失的，一般应当由其父母承担赔偿责任。

我国《侵权责任法》第三十二条规

定："无民事行为能力人、限制民事行为能力人造成他人损害的，由监护人承担侵权责任。监护人尽到监护责任的，可以减轻其侵权责任。有财产的无民事行为能力人、限制民事行为能力人造成他人损害的，从本人财产中支付赔偿费用。不足部分，由监护人赔偿。"据此可知，未成年人给他人造成损害的，如果未成年人自己有财产，那么，应当先从其本人的财产中支付赔偿费用。如果本人财产无法支付全部费用，则由其父母或者其他监护人承担。

对于未成年人造成损害后，法律责任的承担主体，法律作出了明确的规定。法律作出这样的规定，是因为未成年人缺乏对事物的全面理解和处理能力，理智与自控能力比较差，监护人具有对未成年人进行监督、教育的义务。因此，在未成年人给他人财产造成损害时，监护人没有尽到教育、监督的责任，就要承担相应的赔偿责任。这样规定一方面有利于督促监护人履行对未成年人的监督、教育责任，以保障子女的健康成长，另一方面也可以防止未成年人损害他人合法权利或社会利益。

在上面的案例中，小东作为限制民事行为能力人，在其将老师的汽车划坏之后，根据上述法律规定，由于小东没有任何财产，所以，应当由小东的父母承担赔偿责任。即小东的父母应当支付给小东老师5000元的赔偿费用，如果其能够证明他们已经尽到了监护义务，则可以相应地减轻赔偿责任。

条文链接

《中华人民共和国侵权责任法》

第三十二条 无民事行为能力人、限制民事行为能力人造成他人损害的，由监护人承担侵权责任。监护人尽到监护责任的，可以减轻其侵权责任。

有财产的无民事行为能力人、限制民事行为能力人造成他人损害的，从本人财产中支付赔偿费用。不足部分，由监护人赔偿。

法律人生

对未成年子女进行教育、监督是监护人的责任。作为父母，既然对未成年子女有教育、管教的权利，那么，我们当然也要承担相应的义务，在未成年子女给他人造成损害时，父母也有一定的责任。所以，在未成年子女对他人的人身或财产造成损害时，父母应当承担相应的赔偿责任，而不能以其他借口予以逃避。

112. 相机被盗，后因遗失被人捡起后卖给他人，相机主人是否有权要回？

案情再现

韩某过生日，父母送给其一台相机，价值18000元，韩某对相机爱不释手。在一次出游途中，韩某将相机放在双肩背包里，在公交车上被范某盗取。范某在拿着盗取的相机回家途中，路过某小吃摊吃东西时不慎将该相机遗失。田某在该小吃摊的桌子底下发现了该相机，确认没有人认领，便将该相机装到自己包里离开了。之后，田某立即来到某家数码店里，让店里的工作人员对相机的价值进行了评估，确定该相机价值在15000元以上。过了几天，田某来到某二手数码产品交易地，将该相机以16000元的价格卖给了相机爱好者李某。李某拿着新买的相机拍照时，被韩某发现。

法律疑点

韩某能否直接向李某要回自己的相机？李某能否主张善意取得？

法律分析

李某对相机被盗丢失等事实不知情，其以合理的价格从田某处购得该相机，属于善意取得，韩某无权向李某要回自己的相机。

根据我国《物权法》第一百零六条的规定，无处分权人将不动产或者动产转让给受让人的，所有权人有权追回；受让人构成善意取得的，取得该不动产或者动产的所有权，此时原所有权人有权向无处分权人请求赔偿损失。由此可见，法律保护善意取得行为。而善意取得的条件是：（1）受让人受让该不动产或者动产时是善意的；（2）以合理的价格转让；（3）转让的不动产或者动产依照法律规定应当登记的已经登记，不需要登记的已经交付给受让人。

法律规定物权成立之后，无论该物辗转流于何人之手，权利人均可追及物之所在，直接行使权利，但同时又规定了例外情形，即无权处分人将其财产有偿转让给第三人，如果受让人取得该财产时出于善意，则受让人将依法即时取得对该物产的所有权。这一规定能够均衡所有权人和善意受让人利益，更能维护当事人在交易时的安全感，有利于商品交换秩序的稳定。

在本案中，韩某是相机的所有权人，其他人在没有通过合法途径得到相机之时，对相机的占有都是不合法的。这其中包括范某的盗窃行为以及田某拾得遗失物的行为。因此韩某作为相机的所有权人可以追到田某之处，行使所有物返还请求权。但是田某已经将相机以合理的价格卖给了不知情的李某，并进行了交付，李某就根据善意取得制度取得了相机的所有权，则韩某无权要回相机，但韩某可以向无权处分人田某请求赔偿损失。

条文链接

《中华人民共和国物权法》

第一百零六条　无处分权人将不动产或者动产转让给受让人的，所有权人有权追回；除法律另有规定外，符合下列情形的，受让人取得该不动产或者动产的所有权：

（一）受让人受让该不动产或者动产时是善意的；

（二）以合理的价格转让；

（三）转让的不动产或者动产依照法律规定应当登记的已经登记，不需要登记的已经交付给受让人。

受让人依照前款规定取得不动产或者动产的所有权的，原所有权人有权向无处分权人请求赔偿损失。

当事人善意取得其他物权的，参照前两款规定。

法律人生

随着我国经济体制改革的不断完善，社会主义市场经济日益发展，商品交易在更加广泛的领域和空间中频繁进行。从事商品交易的当事人很难知道对方是否对其占有的物品拥有所有权，很难进行查证。尤其在商机万变的信息时代，要求当事人对每一笔交易对象的权利是否属实加以查证也不太现实。如果受让人不知道或不应当知道转让人无权转让该财产，而在交易完成后因出让人的无权处分而使交易无效，使善意第三人退还所得的财产，这不仅要推翻已形成的财产关系还使当事人在交易中心存疑虑，从而造成当事人交易的不安全，法律为了避免这些不安全因素的干扰规定了善意取得制度。因此，交易当事人在交易中一定要秉承着正义理念，公平交易，这样才能减少纠纷。

113. 一人能否不经他人同意，擅自使用二人合作编排的舞蹈？

案情再现

高某和潘某同为某舞蹈学院的学生，二人在学校组织的一次才艺大赛中结识，因为互相欣赏对方的舞蹈才艺而成为好友，二人经常在一起切磋舞技。2017 年 6 月，正值毕业季，高某与潘某合作编排了一段舞蹈来纪念即将逝去的大学时光，取名为《前程》，其中舞蹈的前半段动作是高某所编，后半段动作则是潘某所编。二人对合作成果很是喜欢，为了保护该舞蹈的纯洁性，二人约定该舞蹈仅限二人使用，任何一方不得将其公开表演。2018 年 3 月，高某在某电视节目中发现，潘某单独表演了《前程》这段舞蹈，并且编舞的名字是潘某。高某很是气愤，找到潘某，质问其擅自使用二人合作编排的舞蹈的事情。

法律疑点

潘某未经高某同意，擅自公开表演二人合作编排的舞蹈合法吗？

法律分析

潘某未经高某同意，擅自公开表演二人合作编排的舞蹈是不符合法律规定的，侵犯了高某的著作权。

根据我国《著作权法》第十三条的规定，两人以上合作创作的作品，著作权由合作作者共同享有。没有参加创作的人，不能成为合作作者。合作作品可以分割使用的，作者对各自创作的部分可以单独享有著作权，但行使著作权时不得侵犯合作作品整体的著作权。因此，对于合作作品，合作者不仅对作品享有共同著作权，而且分别对自己创作的部分单独享有著作权。但是同时，任何一方在行使单独著作权时，不得侵犯合作作品整体的著作权。

法律规定共有著作权关系中，任何一个或一部分权利主体不能行使全部权利并享受全部利益，有利于充分保护该合作作品的完整性，维护共有关系的稳定。各共有人权利的行使都受到其他共有人的制约，每一个共有人行使其权利份额内的权利时，都会影响到其他共有人的权利。即使是在按份共有时，也不是按照其所持份额肆意使用，而应本着协商一致的原则行使。

本案中，高某与潘某合作编排的舞蹈作品属合作作品，并且是一种可分割的合作作品。因此，潘某对其创作的舞蹈后部分可以单独享有著作权，但行使著作权时不得侵犯合作作品整体的著作权。潘某未经高某同意，擅自公开表演了整段舞蹈，侵犯了高某的著作权，理应停止侵权行为，并赔偿高某的损失。

条文链接

《中华人民共和国著作权法》

第十三条 两人以上合作创作的作品，著作权由合作作者共同享有。没有参加创作的人，不能成为合作作者。

合作作品可以分割使用的，作者对各自创作的部分可以单独享有著作权，但行使著作权时不得侵犯合作作品整体的著作权。

法律人生

现实生活中经常存在几人合作创作歌曲、小说以及编排舞蹈的情形，此时通过两人或多人合作共同完成的作品，其著作权应该是由这几个人共同享有，其中的各项成果由个人单独完成的，可以单独对其享有著作权，但是如果成果涉及他人的，就应该取得他人授权之后再行使这部分著作权。

114. 员工在工作期间创作的服装设计图属于员工个人所有还是单位所有？

案情再现

丘某从小就对服装设计很感兴趣，也有一定的天赋，其考大学时就报考了服装设计专业。2016 年 7 月，大学毕业后，丘某经朋友介绍来到一家品牌服装公司做服装设计师。2017 年 6 月，公司要推出一款吊带裙，丘某作为服装设计师需要提交符合要求的设计图。经过几天的冥思苦想，丘某终于设计出一款令领导满意的服装设计图纸。后丘某因不满公司的高强度工作，辞职离开公司。2018 年 5 月，丘某在某时尚杂志中发现了自己的那张服装设计图，版权署名为该服装公司。于是，丘某找到该公司，表示该服装设计图是自己的个人作品，并非公司所有，公司无权未经许可使用。

法律疑点

丘某在工作期间创作的服装设计图究竟属于其个人所有还是归公司所有？

法律分析

丘某在工作期间创作的服装设计图应属于其个人所有，公司仅享有优先使用权，并不享有所有权。

根据我国《著作权法》第十六条的规定，公民为完成法人或者其他组织工作任务所创作的作品是职务作品，著作权由作者享有，但法人或者其他组织有权在其业务范围内优先使用。作品完成两年内，未经单位同意，作者不得许可第三人以与单位使用的相同方式使用该作品。当然，职务作品著作权的归属也有例外情况：（一）主要是利用法人或者其他组织的物质技术条件创作，并由法人或者其他组织承担责任的工程设计图、产品设计图、地图、计算机软件等职务作品；（二）法律、行政法规规定或者合同约定著作权由法人或者其他组织享有的职务作品。此种情况下，作者享有署名权，著作权的其他权利由法人或者其他组织享有，法人或者其他组织可以给予作者奖励。

法律规定职务作品的著作权一般情况下归个人所有，特殊情况下归单位所有，有利于保护创作者的积极性，同时便于单位有效利用作品，从而繁荣文化产业的发展，是有效平衡作者和单位利益的举措。

在本案中，丘某因工作需要创作服装设计图，显然属于职务作品。根据法律规定：职务作品的著作权由作者享有，但单位有权在其业务范围内优先使用。因此，该服装设计图为丘某个人所有，而公司仅享有该作品的优先使用权，但作品完成两年内，未经单位同意，无权许可他人使用。

条文链接

《中华人民共和国著作权法》

第十六条 公民为完成法人或者其他组织工作任务所创作的作品是职务作品，除本条第二款的规定以外，著作权由作者享有，但法人或者其他组织有权在其业务范围内优先使用。作品完成两年内，未经单位同意，作者不得许可第三人以与单位使用的相同方式使用该作品。

有下列情形之一的职务作品，作者享有署名权，著作权的其他权利由法人或者其他组织享有，法人或者其他组织可以给予作者奖励：

（一）主要是利用法人或者其他组织的物质技术条件创作，并由法人或者其他组织承担责任的工程设计图、产品设计图、地图、计算机软件等职务作品；

（二）法律、行政法规规定或者合同约定著作权由法人或者其他组织享有的职务作品。

法律人生

随着公司需求的不断提高，在工作中进行职务创作的行为也是经常发生的。职务作品与公民所担任的职务紧密地联系在一起，它是法人或者非法人单位安排其雇员或工作人员履行职责和任务而创造的成果。在单位工作期间，接受单位安排创作的作品，虽然是自己工作内容的一部分，但是作品的著作权还是归创作人所有，单位可以因业务需要使用该作品，但是单位对作品没有处置权。

115. 买卖合同中，卖方交付产品后两年内买方一直未支付货款，卖方还能否向法院起诉主张权利？

案情再现

A公司是一家纺织公司，对外供应各种布料。B公司是一家服装生产公司。2016年1月初，A公司与B公司签订了布匹购买协议，约定A公司向B公司提供1吨的纯棉布料，1月底B公司向A公司支付货款50万元。合同签订后，A公司如约向B公司提供了布料，但是到期后B公司一直未向A公司支付货款。A公司的工作人员多次向B公司讨要，B公司均以资金周转不开为由拖延支付货款。最后一次催款是在2016年5月，之后由于A公司销售经理变动，再没有人员向B公司催要货款。2018年5月，A公司因资金困难，遂决定向法院起诉，想通过法律手段维护自己的权益。但是B公司表示，时间已经过了两年了，超过了法律诉讼时效，法院是不会受理的。

法律疑点

B公司的说法是否正确？两年过去了，A公司是否还能通过诉讼来主张权利？

法律分析

B公司的说法是错误的，两年过去了，但是未超过诉讼时效，A公司依然可以通过诉讼来主张权利。

根据我国《民法总则》第一百八十八条的规定："向人民法院请求保护民事权利的诉讼时效期间为三年。法律另有规定的，依照其规定。诉讼时效期间自权利人知道或者应当知道权利受到损害以及义务人之日起计算。法律另有规定的，依照其规定。但是自权利受到损害之日起超过二十年的，人民法院不予保护；有特殊情况的，人民法院可以根据权利人的申请决定延长。"可见，根据新颁布的《民法总则》的规定，一般情况下，诉讼时效为三年，自当事人知道或者应当知道自己权利受到损害之日起开始计算。超过该诉讼时效后起诉的，债务人如果以诉讼时效已过为由提出反驳的，债权人将不会胜诉。

我国法律设定诉讼时效制度，设置诉讼时效期间，是为了更好地督促权利人及时地行使自己的权利。如果权利人长期不行使权利，就会导致很多法律关系处于不确定的状态，对社会秩序的稳定造成阻碍。当然，如果权利人超过诉讼时效起诉的，其仍享有诉权，丧失的只是胜诉权，即一旦债务人提出时效问题进行抗辩，则法院将不会支持权利的诉讼主张。

在本案中，A公司与B公司之间存在债权关系，B公司应于2016年1月底将货款支付给A公司。2016年1月至2018年5月，其间只经过两年零四个月，且因A公司一直催要货款，诉讼时效发生了中断，自2016年5月起至2018年5月，仅仅两年时间，并未超过法律中规定的三年诉讼时效期间。因此，B公司的说法没有法律依据。

条文链接

《中华人民共和国民法总则》

第一百八十八条 向人民法院请求保护民事权利的诉讼时效期间为三年。法律另有规定的，依照其规定。

诉讼时效期间自权利人知道或者应当知道权利受到损害以及义务人之日起计算。法律另有规定的，依照其规定。但是自权利受到损害之日起超过二十年的，人民法院不予保护；有特殊情况的，人民法院可以根据权利人的申请决定延长。

法律人生

法律不保护在权利上沉睡的人，现实生活中经常有很多人怠于行使自己的权利，进而导致诉讼时效超过，自己丧失了胜诉权，使得本应可以依法维权的纠纷陷于无路救济的困境。因此，债权人应当积极行使债权，否则将面临债权不受法律认可的命运。

第十章

失踪死亡

116. 在具备哪些条件的情况下，可以宣告公民失踪？

案情再现

韩某出生在一个贫困的农村家庭，父亲45岁的时候才娶了韩某的母亲，48岁时才有了韩某，而韩某的母亲患有先天性精神病，只有7岁孩子的智商，勉强可以做到生活自理。当时由于韩某年纪还小，一家人生活的重担都落在了年迈的父亲身上，虽然日子过得有些清贫，但韩某还是觉得家里很温暖。韩某成年之后，就到省城去打工了，家里只剩下韩某父亲和母亲。2016年1月，韩某父亲在去给人家干活时忘记锁门，结果韩某的母亲偷跑了出来，之后再也没有回来。韩某和父亲四处寻找也没有找到，后来，韩某还通过报纸、电视、网络等各种途径寻找韩某母亲的下落，但都无果。直到2018年4月，还没有韩某母亲的任何消息。

法律疑点

在这种情况下，韩某可以向法院申请宣告其母亲失踪吗？

法律分析

韩某可以向法院申请宣告其母亲失踪。

根据我国《民法总则》第四十条及第四十一条的规定，自然人下落不明满二年的，利害关系人可以向人民法院申请宣告该自然人为失踪人。自然人下落不明的时间从其失去音讯之日起计算。由此可知，宣告公民失踪需要具备以下三个条件：（一）下落不明已满二年；（二）须经利害关系人的申请；（三）须经人民法院宣告。而“下落不明满二年”的起始时间从自然人失去音讯之日起计算。

法律明确规定自然人下落不明后满两年，利害关系人才可向法院申请其失踪。之所以作出这样的规定，一方面是为了保护利害关系人的合法利益不受到侵害，如债务人突然长时间下落不明，而债务又马上到期，此时债权人为了不使自己的利益受损，可以向法院申请宣告债务人失踪；另一方面也是为了保护失踪人的权益不受侵害，当宣告其失踪后，其留下的财物就会由代管人保管，避免财物的灭失。

在上面的案例中，韩某的母亲自2016年1月从家走丢，也就是说，从2016年1月开始计算，到2018年4月，已经满两年，而韩某作为其母亲的儿子，属于利害关系人。因此，根据我国法律的规定，韩某完全可以向法院申请宣告其母亲失踪。

条文链接

《中华人民共和国民法总则》

第四十条　自然人下落不明满二年的，利害关系人可以向人民法院申请宣告该自然人为失踪人。

第四十一条　自然人下落不明的时

间从其失去音讯之日起计算。战争期间下落不明的，下落不明的时间自战争结束之日或者有关机关确定的下落不明之日起计算。

法律人生

尽管我们不愿意自己的亲朋好友无故消失，但一旦发生这种情况，我们要懂得如何维护自己和失踪人的合法权益。法律设定宣告失踪制度，不仅可以保护失踪公民的权益不受侵害，也可以保障利害关系人的权益不受侵害。当我们的亲人或者与我们有利害关系的人失踪之后，我们可以向法院申请宣告其失踪，切不可按照自己的意愿随意处置，否则即使是为了保护个人权益或失踪者的权益，但因未经法定程序，适得其反，甚至触犯法律。

117. 在什么情况下代管人可以变卖失踪人的财产？

案情再现

杨某和丈夫谢某都是当地某中学的教师，为改善家庭生活条件，丈夫谢某决定下海经商。经过十几年的打拼，谢某成立了一家小型的外贸公司，由于经营得当，公司生意还算红火。不过前几年，谢某在好友的蛊惑下，迷上了炒股，起初收益还不错。但2016年的股市突然大跌，好多股民都赔得血本无归，谢某也在其中。而公司也因管理不善，濒临破产。谢某受双重打击，萎靡不振。2016年2月，丈夫谢某以外出散心为由离家，之后就再也没有回来，杨某通过各种途径寻找也没有找到。2018年3月，杨某向当地法院申请宣告丈夫谢某失踪。同年4月，债权人张某找上门讨债，称谢某曾向其借款15万元，并出具了借条。

法律疑点

在这种情况下，杨某可以变卖丈夫谢某的一块价值30万元的手表来偿还张某的债务吗？

法律分析

在这种情况下，杨某变卖丈夫谢某价值30万元的手表来偿还债务是可以的。

根据我国《民法总则》第四十二条的规定，失踪人的财产由其配偶、成年子女、父母或者其他愿意担任财产代管人的人代管。代管有争议，没有前款规定的人，或者前款规定的人无代管能力的，由人民法院指定的人代管。同时，该法第四十三条规定，财产代管人应当妥善管理失踪人的财产，维持其财产权益。失踪人所欠税款、债务和应付的其他费用，由财产代管人从失踪人的财产中支付。由此可知，法院宣告失踪之后，失踪人的财产先由其配偶、父母等愿意担任财产代管人的人代为管理，上述代管人有争议或无能力代管的，由法院指定。财产代管人在代管失踪人财产时，应妥善保管，维护其财产权益。而失踪人在失踪前所欠的税款、债务和其他应付的费用，代管人有权用失踪人的财产支付。

为了保护失踪人的财产权益不受侵害，法律明确为失踪人指定了财产代管人。同时，即使失踪人已经被宣告失踪，但其在失踪前所欠债务、税款和其他应付的费用也应当支付，为此，我国法律明确规定，财产代管人有权用失踪人的财产支付失踪人失踪前所欠的一切费用，这样规定在一定程度上有利于保障利害关系人的权益不受到侵害，维持社会的稳定和谐。

在上面的案例中，杨某作为谢某的妻子，且有能力代管谢某的财产，所以杨某可以成为失踪人谢某财产的代管人。现在债权人张某讨要债务，根据法律规定，财产代管人杨某可以变卖丈夫谢某一块价值30万元的手表用以偿还谢某失踪前欠下的债务。

条文链接

《中华人民共和国民法总则》

第四十二条 失踪人的财产由其配偶、成年子女、父母或者其他愿意担任财产代管人的人代管。

代管有争议，没有前款规定的人，或者前款规定的人无代管能力的，由人民法院指定的人代管。

第四十三条 财产代管人应当妥善管理失踪人的财产，维持其财产权益。

失踪人所欠税款、债务和应付的其他费用，由财产代管人从失踪人的财产中支付。

财产代管人因故意或者重大过失造成失踪人财产损失的，应当承担赔偿责任。

法律人生

虽然被法院宣告失踪，但失踪人在法律上仍是一个健全的自然人，其人身权益和财产权益同样受到保护。因此，为了保障失踪人的财产权益不受侵害，法律为失踪人明确了财产代管人。作为财产代管人，我们应该妥善保管失踪人的财产，维护其合法权益不受侵害。同样，若失踪人失踪前欠有债务、税款和应付的其他费用时，财产代管人可以从失踪人的财产中支付。

118. 具备哪些条件后可以宣告死亡？

案情再现

1999年春天，田某和当导游的妻子刘某经人介绍认识，同年10月，两人便步入了婚姻的殿堂。平日里，妻子刘某的工作十分繁忙，经常带团去往各地，最近几年，妻子刘某又自学了韩语和日语，经常带团去往国外。2015年8月，妻子带团去往江西某地旅游，刚到达该地就突发了洪水。自从洪水发生之后，田某就一直通过各种途径寻找妻子刘某的下落，但至今没有消息。自刘某下落不明之后，田某的离异女同事胡某就一直在帮助他寻找，不仅在物质上帮助他，还经常在精神上鼓励他。经过长期的接触，田某想与胡某结婚，但首先需要向法院申请宣告刘某死亡。

法律疑点

田某可以向法院申请宣告妻子刘某死亡吗?

法律分析

田某可以向法院申请宣告妻子刘某死亡。

根据我国《民法总则》第四十六条的规定，自然人有下列情形之一的，利害关系人可以向人民法院申请宣告该自然人死亡：（一）下落不明满四年。（二）因意外事件，下落不明满二年；因意外事件下落不明，经有关机关证明该自然人不可能生存的，申请宣告死亡不受二年时间的限制。由此可知，要想向法院申请宣告死亡需要满足两个条件：（一）下落不明满四年，或因意外事件下落不明满两年；（二）由利害关系人向法院提出申请。需要注意的是，因意外事件下落不明的，经有关机关证明自然人不可能生存的，申请宣告死亡不受两年时间的限制。

公民在与家人失去联系后马上遇害的概率并不是很大，法律若对失联时间没有规定，利害关系人在发现公民失联后随时可以向法院申请宣告死亡，那么不仅会浪费大量的司法资源，而且不利于保护被宣告人的利益，因为被宣告人很有可能只是无法及时与家人联系，若贸然宣告其死亡，那么其人身关系和财产关系均会发生很大的改变，并且有些权益一旦改变就不会再逆转。所以，法律明确失联时间，减少不必要的麻烦是十分必要的。

在上面的案例中，田某作为刘某的丈夫，属于法律上规定的利害关系人，有权向法院申请宣告刘某死亡；另外，田某的妻子刘某是因为意外事件而失去消息的，根据法律规定，只要满两年就可以向法院申请。因此，田某可以向法院申请宣告妻子刘某死亡。

条文链接

《中华人民共和国民法总则》

第四十一条 自然人下落不明的时间从其失去音讯之日起计算。战争期间下落不明的，下落不明的时间自战争结束之日或者有关机关确定的下落不明之日起计算。

第四十六条 自然人有下列情形之一的，利害关系人可以向人民法院申请宣告该自然人死亡：

（一）下落不明满四年；

（二）因意外事件，下落不明满二年。

因意外事件下落不明，经有关机关证明该自然人不可能生存的，申请宣告死亡不受二年时间的限制。

法律人生

利害关系人申请宣告死亡的，除因意外事件下落不明需要满两年外，其他原因下落不明的需要满四年。当然若因意外事件下落不明，经有关机关证明该自然人不可能生存的，不受两年时间的限制。所以，若我们申请宣告死亡，首先要是利害关系人，其次还要满足时间的要求。在确定失联时间时，我们要实事求是，切不可为了一己私利而胡编乱造。

119. 宣告死亡前必须要先宣告失踪吗？

案情再现

郝某本来有一个温暖幸福的家庭，虽然不是很富裕，但家人之间相亲相爱，家庭氛围非常融洽。然而，天有不测风云，郝某的父亲不幸患上了白血病，为了治病，不仅花光了家里的所有积蓄，还欠下了一大笔外债，最终父亲还是去世了。自从父亲去世后，郝某的母亲汪某就挑起了家里的重担。为了能够养活郝某他们，母亲汪某远走他乡打工挣钱，开始的时候，母亲汪某每个月都会给家里汇款，并时常打电话询问郝某他们的生活情况。但自 2011 年 3 月开始，母亲汪某不再给家里打电话，也不再给家里汇款，郝某曾去过母亲汪某打工的地方找过她，但没有找到。后来，郝某就一边打工一边寻找母亲汪某的下落，直到现在，郝某都没有母亲的消息。郝某觉得都已经过去 7 年了，母亲在人世的概率越来越小，所以打算向法院申请宣告母亲死亡，但有人告诉他要先宣告失踪，才可再申请宣告死亡。

法律疑点

郝某必须要先向法院申请宣告母亲汪某失踪之后才能再申请宣告其死亡吗？

法律分析

郝某不用先申请宣告母亲汪某失踪，可以直接向法院申请宣告其死亡。

根据《最高人民法院关于贯彻执行〈中华人民共和国民法通则〉若干问题的意见》第二十九条的规定，宣告失踪不是宣告死亡的必须程序。公民下落不明，符合申请宣告死亡的条件，利害关系人可以不经申请宣告失踪而直接申请宣告死亡。但利害关系人只申请宣告失踪的，应当宣告失踪，同一顺序的利害关系人，有的申请宣告死亡，有的不同意宣告死亡，则应当宣告死亡。由此可见，宣告失踪并不是宣告死亡的必经程序。利害关系人可以根据实际情况，选择性地向法院进行申请，不必先申请宣告失踪后申请宣告死亡。但同一顺序的利害关系人有宣告失踪的，有宣告死亡的，法院则应当宣告死亡。

利害关系人申请宣告失踪与申请宣告死亡，对下落不明的公民而言会产生截然不同的法律效果。宣告下落不明的公民死亡，就意味着该公民从法律层面来讲已经死亡了，在处理其人身关系以及财产时完全按照自然人死亡后的程序进行。失踪与死亡之间没有必然的联系，因此，完全没有必要先申请宣告失踪再申请宣告死亡，法律这样规定不仅可以节省司法资源，而且有利于保障公民的合法权益。

在上面的案例中，郝某的母亲汪某自 2011 年 3 月就和家里断了联系，从此就完全失去了消息，至今已经有 7 年的时间，完全符合宣告死亡的条件。而郝某作为第一顺序的利害关系人，根据法律规定，完全可以直接向法院申请宣告母亲汪某死亡，不必经过申请宣告失踪的程序。

条文链接

《最高人民法院关于贯彻执行〈中华人民共和国民法通则〉若干问题的意见》

第二十九条 宣告失踪不是宣告死亡的必须程序。公民下落不明，符合申请宣告死亡的条件，利害关系人可以不经申请宣告失踪而直接申请宣告死亡。但利害关系人只申请宣告失踪的，应当宣告失踪；同一顺序的利害关系人，有的申请宣告死亡，有的不同意宣告死亡，则应当宣告死亡。

法律人生

当公民下落不明之后，既满足宣告失踪的条件又满足宣告死亡的条件时，利害关系人可以直接向法院申请宣告其死亡，不必先申请宣告失踪。若同一顺序的利害关系人有申请宣告失踪的，有申请宣告死亡的，法院应当宣告死亡。作为利害关系人，我们在选择申请宣告失踪还是申请宣告死亡时，应该从保护下落不明公民的最大利益的角度出发，妥善处理其人身关系和财产关系。

120. 申请宣告死亡时，利害关系人之间有先后顺序吗？

案情再现

严某和丈夫宋某结婚后，就一起去县城打工了。但孩子出生后，家庭花销越来越大，宋某就与严某商量，想去广州那边打工，因为村里好多年轻人都在那边打工，每年的收入都很好，严某思前想后，最终同意了。一开始，丈夫宋某每个月都会按时给家里寄钱，并且隔三岔五地给家里打电话，称自己找到了挣大钱的路子，很快就飞黄腾达了。但自2013年9月开始，严某就再也没有接到过有关宋某的消息，且宋某不再给家里寄钱。严某曾去宋某工作的地方找过他，但被告知其已经离开，就这样，直到2018年4月，严某仍没有宋某的消息。严某想申请宣告丈夫宋某死亡，但她的公婆却坚持认为只能宣告失踪，怕一旦宣告死亡后严某会带着孙子再婚。

法律疑点

在严某坚持宣告宋某死亡的情况下，宋某的父母可以申请法院宣告失踪吗？

法律分析

在严某坚持宣告宋某死亡的情况下，宋某的父母不能向法院申请宣告其失踪。

根据《最高人民法院关于贯彻执行〈中华人民共和国民法通则〉若干问题的意见》第二十五条的规定，申请宣告死亡的利害关系人的顺序是：（1）配偶；（2）父母、子女；（3）兄弟姐妹、祖父母、外祖父母、孙子女、外孙子女；（4）其他有民事权利义务关系的人。申请撤销死亡宣告不受上列顺序限制。由此可知，申请宣告死亡的利害关系人之间是有先后顺序之分的，其中第一顺序的利害关系人是配偶，父母、子女属于第二顺序的利害关系人。当第一顺序与第二顺序的利害关系人之间对于宣告失踪还是宣告死亡存在争议时，以第一顺序利害关系人的意见为准。需要注意的是，在申请撤销死亡宣告时则不受利害关系人顺序的限制。

在综合考虑财产关系与人身关系的基础上，法律将申请死亡的利害关系人进行了排序，以便能够更好地保护被宣告人及其利害关系人的合法利益。其中，将配偶作为第一顺序的利害关系人，主要是因为配偶与被宣告人在一起生活时间较长，共同利益相对于父母、子女而言更多一些，并且两者之间的人身关系是依据法律关系而并非自然的血缘关系存在的。

在上面的案例中，严某作为宋某的配偶，属于法律上的第一顺序利害关系人，现在宋某已经下落不明满四年，利害关系人既可申请宣告失踪，也可宣告死亡，但严某作为第一顺序的利害关系人明确表示申请宣告死亡，所以，根据法律规定，宋某的父母不得再向法院申请宣告失踪。

条文链接

《最高人民法院关于贯彻执行〈中华人民共和国民法通则〉若干问题的意见》

第二十五条 申请宣告死亡的利害关系人的顺序是：

（1）配偶；

（2）父母、子女；

（3）兄弟姐妹、祖父母、外祖父母、孙子女、外孙子女；

（4）其他有民事权利义务关系的人。

申请撤销死亡宣告不受上列顺序限制。

第二十九条 宣告失踪不是宣告死亡的必须程序。公民下落不明，符合申请宣告死亡的条件，利害关系人可以不经申请宣告失踪而直接申请宣告死亡。但利害关系人只申请宣告失踪的，应当宣告失踪；同一顺序的利害关系人，有的申请宣告死亡，有的不同意宣告死亡，则应当宣告死亡。

法律人生

法律明确规定了申请宣告死亡的利害关系人之间的先后顺序，从而更好地维护了被宣告人以及利害关系人的合法权益。作为利害关系人，我们应该相互理解，相互包容，从对方的角度出发全面考虑问题，尽最大可能地维护被宣告人以及各利害关系人的合法权益。

121. 宣告死亡之后还可以撤销吗？

案情再现

何某和丈夫贺某生活在一个小渔村里，以捕鱼为生。2012 年 7 月，贺某和同村的几个人一起出海捕鱼，由于夏季海风比较大，所以每次夏季出海捕鱼都会花费两三个月的时间才能回来。而这次贺某所在的船队遇到了巨大的海浪，船上的人都下落不明。从此，何某就再也没有贺某的消息。就这样，直到2017年2月，仍然没有任何关于贺某的消息。于是，何某向法院提出宣告贺某死亡的申请，法院依法也作出了宣告贺某死亡的判决。但2018年4月，满身泥垢的贺某却突然回来了，说自己被海浪冲到了一个孤岛上，靠吃岛上的野果活了下来，后来遇见了一艘渔船才得以回来。何某为此又喜又忧，喜的是丈夫回来了，忧的是法院已经宣告贺某死亡了。

法律疑点

在这种情况下，何某可以申请撤销宣告丈夫贺某死亡的判决吗？

法律分析

在这种情况下，何某可以申请撤销宣告丈夫贺某死亡的判决。

根据我国《民法总则》第五十条的规定，被宣告死亡的人重新出现，经本人或者利害关系人申请，人民法院应当撤销死亡宣告。也就是说，本人或者利害关系人可以申请撤销死亡宣告，但需要满足三个条件：（一）有被宣告死亡人存活的事实；（二）有本人或利害关系人的申请；（三）由人民法院判决撤销。而一旦法院撤销死亡宣告，若其配偶没有再婚，或者未向婚姻登记部门作出书面声明不愿意恢复的，夫妻关系自撤销死亡宣告之日起自行恢复；而已经被继承的财产应当被归还。但需要注意的是，在恢复人身关系和财产关系时需要保护善意第三人的利益，即法律对溯及力作了限制。

宣告死亡并不意味着自然人已经真正死亡了，所以法律在规定利害关系人可以申请宣告死亡的同时，也明确规定了撤销死亡宣告制度，以便在最大范围内保护本人及利害关系人的合法利益。

在上面的案例中，何某的丈夫贺某重新出现，事实上并未死亡，何某作为利害关系人，有权向法院申请撤销死亡宣告，同时其丈夫贺某本人也可以自行向法院申请撤销死亡宣告。此外，由于何某一直没有再婚，所以其与丈夫贺某的夫妻关系会自动恢复。

条文链接

《中华人民共和国民法总则》

第五十条 被宣告死亡的人重新出现，经本人或者利害关系人申请，人民法院应当撤销死亡宣告。

第五十一条 被宣告死亡的人的婚姻关系，自死亡宣告之日起消灭。死亡宣告被撤销的，婚姻关系自撤销死亡宣告之日起自行恢复，但是其配偶再婚或者向婚姻登记机关书面声明不愿意恢复的除外。

法律人生

为了能够更好地保护当事人及其亲属的权益，法律在规定宣告死亡制度的同时，还明确规定了撤销死亡宣告制度。一旦撤销死亡宣告，当事人的民事法律关系就会自动恢复，但需要保护善意相对人的利益。所以，当撤销死亡宣告之后，我们不能要求宣告之前的所有民事法律关系完全恢复原状，要懂得从其他人的角度出发去分析问题，切不可为了自己的私欲而做出有违道德甚至有违法律的事情。

122.法定代理人可以代替代理人放弃继承权吗？

案情再现

小明今年10岁了，父亲长期在外地工作，所以他一直跟着妈妈在外祖母家居住。由于小明的父母长期分居两地生活，感情越来越淡，起初他们为了给小明一个健康的成长环境，就一直忍受着对方的种种缺点。现在，小明已经10岁了，他们觉得离婚不会对小明造成太大影响了，所以小明的父母就办理了离婚手续。自此以后，小明就跟随妈妈一起生活。在小明11岁的时候，小明的爸爸因车祸不幸去世，小明的爷爷奶奶认为，虽然小明的父母离婚了，但小明还是其父亲的孩子，而且小明的父亲也只有小明这一个孩子，所以在分配小明父亲遗产时，为小明留下了部分财产，但小明的妈妈得知此事后，却坚决反对，不愿意跟小明父亲家再有任何瓜葛，便代替小明放弃了继承权。

法律疑点

小明的妈妈有权代替小明放弃继承权吗？

法律分析

小明的妈妈无权代替小明放弃继承权。

根据我国《继承法》第六条的规定，无行为能力人的继承权、受遗赠权，由他的法定代理人代为行使。限制行为能力人的继承权、受遗赠权，由他的法定代理人代为行使，或者征得法定代理人同意后行使。同时，《最高人民法院关于贯彻执行〈中华人民共和国继承法〉若干问题的意见》第八条也明确规定，法定代理人代理被代理人行使继承权、受遗赠权，不得损害被代理人的利益。法定代理人一般不能代理被代理人放弃继承权、受遗赠权。明显损害被代理人利益的，应认定其代理行为无效。由此可见，无行为能力人或限制行为能力人的法定代理人确实有权代为行使继承权、受遗赠权，但在代理行使继承权、受遗赠权时，不得有损被代理人的合法权益，若明显存在损害被代理人利益的，其代理行为会被认定为无效。一般情况下，法定代理人无权代理被代理人放弃继承权、受遗赠权。

法律之所以既规定法定代理人可以代理被代理人行使继承权、受遗赠权的同时，又规定法定代理人在代理行使权利时不得损害被代理人的利益。一方面，因为无民事行为能力或限制民事行为能力人本身就欠缺民事能力，有些事情无法作出正确的选择，所以法律为其指定了法定代理人，保护其合法权益；另一方面，虽然法律要求法定代理人要从被代理人的角度出发，保护其合法权益，但现实中还是存在法定代理人侵害被代理人权益的事件，所以法律明确限制了法定代理人代理被代理人行使权利的范围。

在上面的案例中，小明的妈妈作为其法定代理人，有权代为行使小明享有的继承权。虽然小明父母已经离婚，但小明仍对其父亲的遗产享有继承权，出于对小明权益的保护，小明的妈妈没有权利代替小明放弃对其父亲遗产的继承权。

条文链接

《中华人民共和国继承法》

第六条 无行为能力人的继承权、受遗赠权，由他的法定代理人代为行使。

限制行为能力人的继承权、受遗赠权，由他的法定代理人代为行使，或者征得法定代理人同意后行使。

《最高人民法院关于贯彻执行〈中华人民共和国继承法〉若干问题的意见》

第八条 法定代理人代理被代理人行使继承权、受遗赠权，不得损害被代理人的利益。法定代理人一般不能代理被代理人放弃继承权、受遗赠权。明显损害被代理人利益的，应认定其代理行为无效。

法律人生

作为无民事行为能力人或限制民事行为能力人的法定代理人，我们代其所做的一切事情，都应从他们的角度出发，以维护他们的合法权益不受侵害为根本目标，切不可为了自己的一己私利做出有损被代理人利益的事情，一旦存在有损被代理人利益的行为，该代理行为就会被认定无效。

第十一章

常见合同

123. 因受欺诈而签订的合同是否可以撤销?

案情再现

陈某是某公司员工，最近准备买一台新的笔记本电脑。在看了很多款式之后，陈某想买一台苹果牌笔记本，然而，他看上的那台电脑价值将近2万元。为此，陈某非常犹豫。后来，陈某的一个同事听他说最近准备买电脑，又因为价格太贵而犹豫不决。陈某的同事说他的一个朋友有一台电脑，正好是陈某喜欢的那个款式，现在想把它卖了，并且还说他的朋友只买了不到一个月。陈某听到了价格才一万元，而且是九成新，非常高兴，很爽快地答应下来。于是，经过陈某同事的介绍，陈某与其同事的朋友郝某签订了买卖合同。但是陈某在拿到电脑之后，才使用了不到半个月就出现了问题。陈某拿到店里去维修时，维修人员告诉他，电脑质量存在很大问题，需要更换硬盘。此时，陈某觉得自己被骗了。

法律疑点

陈某可以要求撤销电脑买卖合同吗?

法律分析

因欺诈而订立的合同，受欺诈方有权申请撤销。

可撤销合同是指当事人在订立合同时因意思表示不真实，法律允许其行使撤销权，使已经生效的合同归于无效。我国《合同法》第五十四条第二款规定，一方以欺诈、胁迫的手段或者乘人之危，使对方在违背真实意思的情况下订立的合同，受损害方有权请求人民法院或者仲裁机构变更或者撤销。同时，第五十八条规定，该法合同无效或者被撤销后，因该合同取得的财产，应当予以返还；不能返还或者没有必要返还的，应当折价补偿。有过错的一方应当赔偿对方因此所受到的损失，双方都有过错的，应当各自承担相应的责任。据此可知，因受欺诈而订立的合同，受到欺诈的一方当事人有权向法院或仲裁机构申请撤销。在合同被撤销后，存在过错的一方要承担相应的责任。

法律规定了受欺诈签订的合同可以撤销以及撤销后的救济方式，受欺诈的合同之所以可以撤销，是因为合同是双方当事人在自愿的前提下的真实意思表示，受欺诈订立的合同并不是受损害方真实的意思表示，而是因为被对方欺骗而作出了错误的意思表示。所以，法律规定，在此种情况下，受欺诈方可以行使撤销权，使合同归于无效。这一方面是对受欺诈方的救济，维护了其合法权益；另一方面，这也是对欺诈方的一种否定，说明此种情况下订立的合同不会受到法律的保护，从而引导公民在订立合同时要坚持诚实信用的原则。

在上面的案例中，陈某与郝某签订电脑买卖合同时，受到了郝某的欺诈。电脑本身是存在质量问题的，但郝某却对电脑的缺陷进行了隐瞒，导致陈某因此作出了错误的意思表示。所以，根据上述法律规定，陈某可以向法院或仲裁机构提出申请，请求撤销他们之间的买卖合同，使该合同归于无效。在撤销后，陈某可以将电脑归还给郝某，郝某除要返还价款外，还要赔偿陈某一定的损失。

条文链接

《中华人民共和国合同法》

第五十四条第二款 一方以欺诈、胁迫的手段或者乘人之危，使对方在违背真实意思的情况下订立的合同，受损害方有权请求人民法院或者仲裁机构变更或者撤销。

第五十八条 合同无效或者被撤销后，因该合同取得的财产，应当予以返还；不能返还或者没有必要返还的，应当折价补偿。有过错的一方应当赔偿对方因此所受到的损失，双方都有过错的，应当各自承担相应的责任。

法律人生

在现实生活中，经常发生这种当事人一方因受到对方欺诈而订立违背真实意愿的合同的情形。这就需要我们在订立合同时要足够仔细，详细了解标的物的性质，防止被对方所欺骗。另外，当我们因受欺诈而订立了合同时，我们可以向法院或仲裁机构申请撤销合同，使合同归于无效，进而维护我们的合法权益，千万不能自认倒霉，纵容这样的违法行为。

124.悬赏人声明支付报酬，在找到东西后突然反悔，归还者是否可以请求其支付报酬？

案情再现

徐某是某大学的毕业生，毕业离校时，徐某乘坐出租车去机场，在去机场的路上，出租车的后备箱突然坏了，徐某的行李箱掉在了路上。等到徐某和司机发现后备箱莫名打开时，行李箱已经不见了。丢失的行李箱中除了衣服之外，还有徐某的毕业证书和学位证书等重要证件。经过再三寻找，一直没有找到。于是，徐某便到当地的电视台发布一则悬赏广告，称如果有人拾到行李箱并将其归还，徐某愿意支付3000元人民币作为报酬。后来，徐某的行李箱被司机赵某捡到。在看到广告之后，赵某按照广告上的联系方式找到了徐某，并将行李箱归还给了他。可是，徐某只是一再地感谢赵某，丝毫没有想要支付3000元报酬的意思。

法律疑点

那么，在徐某反悔后，赵某是否还可以要求其支付报酬？

法律分析

如果徐某反悔，赵某仍然可以要求其支付报酬。

根据最高人民法院于2009年2月9日通过的《最高人民法院关于适用〈中华人民共和国合同法〉若干问题的解释

（二）》第三条的规定，悬赏人以公开方式声明对完成一定行为的人支付报酬，完成特定行为的人请求悬赏人支付报酬的，人民法院依法予以支持。但悬赏有合同法第五十二条规定情形的除外。该法条明确规定了悬赏人应当按照悬赏合同约定的报酬向完成特定行为的人支付报酬。

法律之所以规定悬赏人应当按照约定支付报酬，是因为悬赏广告事实上属于合同，只是该合同的相对方在特定行为完成之前一直处于不特定的状态，一旦有人完成合同约定的内容，订立合同的当事人，即悬赏人就应当依照合同约定履行合同。这样规定一方面有利于悬赏人及时找到自己所丢失的物品，另一方面也能够保障行为完成者的合法权益，使其悬赏请求权可以得到法律的保护。否则，如果法律不保护完成行为者的权利，那么将会导致社会中的信任危机，也不利于社会的和谐稳定。

在上面的案例中，徐某在丢失行李箱之后发出了一条悬赏广告，那么，他就应当按照自己在悬赏广告中的承诺来履行自己的义务。当赵某捡到徐某的行李箱时，徐某应当主动支付3000元的报酬给赵某。即便徐某反悔，赵某仍然可以依据上述法律规定，要求徐某支付自己相应的报酬。

条文链接

《最高人民法院关于适用〈中华人民共和国合同法〉若干问题的解释（二）》

第三条　悬赏人以公开方式声明对完成一定行为的人支付报酬，完成特定行为的人请求悬赏人支付报酬的，人民法院依法予以支持。但悬赏有合同法第五十二条规定情形的除外。

法律人生

我们做人应该言而有信，不能出尔反尔，诚实信用不仅是我们在从事交易活动中所要遵循的法律原则，生活中的方方面面都应该如此。如果我们经常言而无信，失去的不但是自己的信誉，更可能会因失信承担相应的法律责任。

125. 合同中一方当事人违约时，对方可以既要求支付违约金又要求返还定金吗？

案情再现

程某是某大学的毕业生，工作之后，程某为方便上下班准备自己买一辆汽车。经过再三挑选之后，程某看中了某汽车销售店中一辆价值10万元的汽车。因为当时没有现车，需要预定，程某便支付了2万元定金，并与汽车销售店签订了买卖合同，并在合同中约定，如果一方违约，则要支付违约金3万元。合同签订以后，汽车销售店的一个销售员将程某预订的新车卖给了别人，于是程某要求汽车店承担违约责任，要求汽车销售店双倍返还定金，并支付3万元的违约金。但是，汽车销售店认为程某不能既要求支付违约金又要求双倍返还定金，只能选择其中一种，而程某执意认为自己的做法是对的，并称如果汽车销售店不承担违约责任，那么，他就要起诉到法院。

法律疑点

程某是否可以既要求汽车销售店支付违约金，又要求其双倍返还定金？

法律分析

合同中双方当事人违约时，非违约方不能既要求违约方支付违约金，又要求返还定金，只能选择其中一种。

根据我国《合同法》第一百一十六条的规定，当事人既约定违约金，又约定定金的，一方违约时，对方可以选择适用违约金或者定金条款。由此可知，在合同中既约定了定金又约定违约金的情况下，如果一方当事人违约，非违约方只能在定金与违约金罚则中选择一种适用。即如果是违约方交付的定金，非违约方可以选择不归还定金，或者接受违约金但要按原数归还定金；如果是非违约方交付的定金，则非违约方可以选择对方双倍归还定金或者对方按原数额返还定金，并支付违约金。

法律规定合同中的非违约方不能同时要求定金和违约金，是因为支付定金和违约金都是承担违约责任的方式，而违约方在合同中的违约行为只有一次，那么，就不能要求其承担双倍的违约责任，因为任何人都不能通过法律来获得利润。如果要求违约方同时支付违约金和定金，对其来说违约责任过重，是不公平的。所以，在合同中，一方违约时，要求返还定金或者支付违约金，二者择一即可以实现对非违约方损害的补偿。

在上述案例中，汽车销售店没有按照合同约定将汽车按时交给程某，而是将汽车卖给了别人，汽车销售店的行为已经违反了合同的约定。所以，程某可以按照约定要求其承担违约责任。虽然合同中既规定了定金，也规定了违约金，但是，在汽车销售店违约时，程某只能选择其中的一种，即要求汽车销售店双倍返还定金 4 万元或者支付违约金 3 万元。

条文链接

《中华人民共和国合同法》

第一百一十六条 当事人既约定违约金，又约定定金的，一方违约时，对方可以选择适用违约金或者定金条款。

法律人生

为了平等保障双方当事人的合法权益，定金条款和违约金条款不可同时适用。但是，双方当事人在订立合同时，既约定违约金，又约定定金的，一方违约时，当事人可以根据实际情况选择对自己最有利的方案。

126. 订立合同时隐瞒事实真相，是否需要承担违约责任？

案情再现

石某是某企业的下岗职工，在失业

后，石某一直找不到合适的工作，便决定自己买一辆货车运输货物。可是，石某觉得新的货车价格太贵，因此，想买一辆二手货车。后来，经过一个朋友的介绍，石某得知曾某正在出售自己的一辆货车。双方经过协商之后，达成一致准备签订货车买卖合同，石某还向曾某交了1万元定金。在签订合同之前，石某向保险公司询问关于货车的保险时，他无意中得知原来曾某的车曾经出过严重车祸，而且货车的机器都进行过更换，但是对此曾某只字未提。石某知道后非常生气，称曾某隐瞒了货车的真实情况，当时他们商量购买时曾某根本没有将这些信息告诉自己。于是，石某拒绝签订货车买卖合同，并且要求曾某承担违约责任，双倍返还定金。

法律疑点

那么，曾某是否需要为自己隐瞒事实的行为承担违约责任呢？

法律分析

曾某不需要为自己隐瞒货车事实情况的行为承担违约责任，但是，其需要承担损害赔偿责任。

根据我国《合同法》第四十二条的规定，当事人在订立合同过程中，故意隐瞒与订立合同有关的重要事实或者提供虚假情况，给对方造成损失的，应当承担损害赔偿责任。据此可知，当事人在合同中隐瞒事实的，需要承担损害赔偿责任，而无须承担违约责任。这实际是一种缔约过失责任，所谓缔约过失责任，是指当事人在订立合同过程中，因过错违反依诚实信用原则负有的先合同义务，导致合同不成立，或者合同虽然成立，但不符合法定的生效条件而被确认无效、被变更或被撤销，给对方造成损失时所应承担的民事责任。

法律规定缔约过失责任，也是诚实信用原则的一种体现，即在订立合同过程中，当事人应当如实地将实际情况告知对方。因为如果一方当事人隐瞒了重要事实，而对方当事人在得知此事实后很可能就不会签订合同，而此时对方当事人又为成立合同做了一定的准备，导致其信赖利益的损失。因此，隐瞒事实一方就应当承担一定的责任，这样规定有利于双方在签订合同过程中全面履行自己的告知义务，遵守诚实信用原则，更有利于市场交易秩序的稳定。

在上面的案例中，石某在与曾某协商签订合同的过程中，曾某并未将自己的货车曾经出过严重车祸，并且货车更换过机器的事实告诉石某。因此，曾某需要为自己隐瞒事实的行为承担一定的损害赔偿责任。但是，由于石某与曾某并未签订正式合同，所以，其不能要求曾某承担违约责任，石某可以要求曾某返还定金，并且要求其承担自己在购买货车过程中所遭受的损失。

条文链接

《中华人民共和国合同法》

第四十二条　当事人在订立合同过

程中有下列情形之一，给对方造成损失的，应当承担损害赔偿责任。

（一）假借订立合同，恶意进行磋商；

（二）故意隐瞒与订立合同有关的重要事实或者提供虚假情况；

（三）有其他违背诚实信用原则的行为。

法律人生

在市场交易活动中，当事人隐瞒真实情况的现象是非常常见的。需要我们注意的是，在合同订立前，对方如果隐瞒重要事实真相，我们不能要求其承担违约责任，因为违约责任的承担要以合同的成立为基础，对尚未成立的合同，一方当事人需要承担的责任为缔约过失责任。

127. 因第三人的原因导致违约的，应该由谁承担违约责任？

案情再现

方某是某村村民，其工作就是自己通过在网上联系客户跑长途运输。某日，方某与A市的陈某签订运输合同，合同约定方某将位于B市的2吨货物运往A市，并约定了运输时间，同时约定，如果一方违约，则要向对方支付违约金1万元。方某在运输的路上正常行驶时，因后车司机沈某超速行驶而发生了交通事故，沈某将方某的货车追尾，导致方某没有按时将货物运送到目的地。因为方某未按时履行义务，给陈某带来了严重的经济损失。为此，陈某要求方某承担违约责任。但是，方某认为是因为沈某超速行驶追尾了自己的车辆，才造成了交通事故，并导致自己违约，方某认为应当由沈某承担违约责任。

法律疑点

那么，因第三人导致违约的，应该由谁承担违约责任？

法律分析

因第三人导致违约的，应当由合同中的违约方承担违约责任。

我国《合同法》第一百二十一条规定：“当事人一方因第三人的原因造成违约的，应当向对方承担违约责任。当事人一方和第三人之间的纠纷，依照法律规定或者按照约定解决。”据此可知，在合同履行的过程中，即使当事人一方违约是第三方所导致的，那么也应当由合同中违约的一方当事人承担违约责任。其与第三方的纠纷，可以按照法律的规定或者是双方协商解决。

法律明确规定因第三方原因造成违约时由合同中的违约方承担责任。之所以这样规定，是因为依据合同相对性原则，合同关系只能发生在合同当事人之间，只有合同一方当事人能够向合同的另一方当事人基于合同提出请求或提起诉讼，合同当事人以外的任何第三人不能主张合同上的权利；同时，合同的违约责任只能在特定的当事人之间，即合同关系的当事人之间发生，合同关系以外的人，不负违约责任，合同当事人也不对其承担违约责任。这样规定有利于维护合同中非违约方的合法权益，否则，如果要求第三方承担违约责任，对于非违约方而言是不公平的。

在上面的案例中，虽然方某未能按照合同约定将货物运输到目的地是由于沈某追尾所致，但是，根据合同的相对性原则，方某在违约后，仍然要向陈某承担违约责任。因此，方某需要按照运输合同的约定承担违约责任，向陈某支付1万元的违约金。

条文链接

《中华人民共和国合同法》

第一百二十一条　当事人一方因第三人的原因造成违约的，应当向对方承担违约责任。当事人一方和第三人之间的纠纷，依照法律规定或者按照约定解决。

法律人生

根据合同相对性原则，合同是在特定主体之间的协议，一般只在特定当事人之间发生法律约束力。因此，在日常交易活动中，如果出现第三人造成违约的情形，作为违约方，我们要按照合同约定及时承担违约责任。作为非违约方，我们也无须要求第三人承担违约责任，可以直接请求合同的相对方承担法律责任。

128.赠与人在作出赠与许诺之后是否可以反悔？

案情再现

张女士家境富裕，有非常多的珠宝首饰。在张女士年老之后，儿女们因为工作忙很少回家看望她，而她的侄女经常到家里来陪伴张女士。于是，张女士决定在侄女结婚时将自己的一套价值15万元的珠宝首饰作为礼物赠与侄女。但是张女士担心自己的儿女会阻止，于是，张女士便与侄女签订了一份赠与合同，准备将自己的珠宝在侄女结婚前拿给她。后来，张女士无意间听到侄女和其未婚夫的对话，才知道原来侄女并非真正关心自己，而是为了自己的财产才故意接近自己。为此，张女士非常生气，不想再将如此贵重的礼物赠送给侄女。可是，张女士想到自己已经签订了赠与合同，不清楚自己是否还可以反悔。

法律疑点

赠与人在作出赠与许诺之后是否可以反悔？

法律分析

一般情况下，赠与人在赠与财产的权利转移之前可以撤销赠与。

我国《合同法》第一百八十六条规定："赠与人在赠与财产的权利转移之前可以撤销赠与。具有救灾、扶贫等社会公益、道德义务性质的赠与合同或者经过公证的赠与合同，不适用前款规定。"据此可知，一般情况下，在赠与财产转移之前，赠与人可以撤销赠与。此外，该法第一百九十二条规定了三种在赠与财产权利义务转移后，赠与人可以撤销赠与的情形：（1）严重侵害赠与人或者赠与人的近亲属；（2）对赠与人有扶养义务而不履行；（3）不履行赠与合同约定的义务。但是，赠与人的撤销权应当自其知道撤销原因之日起的一年内行使。因此，赠与人是否可以撤销赠与，主要根据其是否已经转移赠与财产而确定。

法律之所以规定赠与人一般情况下只能在赠与财产权利义务转移前才能撤销，是因为赠与是一种受赠人纯获益的民事法律行为，如果在赠与财产所有权转移之后，仍然允许赠与人随便撤销赠与，是违背诚实信用原则的，甚至可能会导致整个社会秩序的混乱。因此，一般情况下，赠与人在赠与财产的权利转移前才可以撤销赠与。而附条件赠与在赠与目的不能实现时，法律赋予赠与人相应的撤销权，以平衡单务合同中当事人之权利义务。

在上面的案例中，张女士可以撤销其对侄女的赠与，虽然张女士已经签了赠与合同，但是，由于其还没有将赠与的珠宝交给侄女，因此，珠宝的所有权人仍然是张女士。根据上述法律规定，在赠与财产没有转移之前，赠与人可以撤销赠与。即张女士完全可以反悔，进而撤销赠与，不再将珠宝赠与给侄女。

条文链接

《中华人民共和国合同法》

第一百八十六条 赠与人在赠与财产的权利转移之前可以撤销赠与。具有救灾、扶贫等社会公益、道德义务性质的赠与合同或者经过公证的赠与合同，不适用前款规定。

第一百九十二条 受赠人有下列情形之一的，赠与人可以撤销赠与：

（一）严重侵害赠与人或者赠与人的近亲属；

（二）对赠与人有扶养义务而不履行；

（三）不履行赠与合同约定的义务。

赠与人的撤销权，自知道或者应当知道撤销原因之日起一年内行使。

第一百九十四条 撤销权人撤销赠与的，可以向受赠人要求返还赠与的财产。

法律人生

赠与是我们日常生活中的常见现象，很多人认为既然是无偿赠与的财物，那么，当赠与人反悔时，当然可以撤销赠与。但是，需要我们注意的是，作为赠与人，我们在赠与他人物品之前需要考虑清楚，因为一旦将赠与物转移给他人，除非赠与是附条件的，否则，就不能再随意撤销赠与。

129. 委托合同中，委托人是否需要受受托人与第三人所签订的合同约束？

案情再现

胡某是某公司的部门经理，其准备全家移民到加拿大，便委托中介将其名下的一套房子出售。于是，胡某与某中介公司签订了委托合同，中介公司也按照胡某提出的出售价格寻找买主。后来，中介公司将房子卖给了童某，并与童某签订了房屋买卖合同。然而，在签订完房屋买卖合同之后，中介公司联系胡某时，胡某却说由于最近房价上涨，所以他决定暂时不卖了。而中介公司认为，既然他们已经接受胡某的委托并按照其要求将房子出售，并且已经与第三方签订了房屋买卖合同，那么，胡某就应当受到该买卖合同的约束，不能出尔反尔。但是，胡某认为，虽然自己是委托人，但是，他并不受中介公司与第三人所签订的合同的约束，中介与第三人签订的合同与自己无关。

法律疑点

那么，胡某作为委托人是否需要受到中介公司与第三人签订的房屋买卖合同的约束？

法律分析

一般情况下，受托人以自己的名义，在委托人授权范围内与第三人签订的合同，受托人应该受到合同的约束。

委托合同是指受托人为委托人办理委托事务，委托人支付约定报酬或不支付报酬的合同。委托合同是典型的诺成的、双务的合同，具有人身性质，以当事人之间相互信任为前提，既可以是有偿的也可以是无偿的。我国《合同法》第四百零二条规定："受托人以自己的名义，在委托人的授权范围内与第三人订立的合同，第三人在订立合同时知道受托人与委托人之间的代理关系的，该合同直接约束委托人和第三人，但有确切证据证明该合同只约束受托人和第三人的除外。"由此可知，在委托人与第三人签订合同时，除非有证据证明合同只约束受托人和第三人，否则，委托人也是直接受到合同约束的。

法律明确规定，一般情况下，委托人直接受到受托人与第三人所签订的合同的约束。因为受托人接受委托人的委托而与第三人签订合同的，与第三人签订的合同实质上是委托人的意思表示。因此，在受托人与第三方签订合同之后，委托人必须要按照合同的约定履行义务。否则，将会损害受托方与第三方的合法权益，不利于维护市场交易秩序。

在上面的案例中，胡某作为委托合同中的委托人，其在委托中介公司出售房屋之后，应当按照约定履行交付房屋的义务。因此，在中介公司与童某签订的房屋买卖合同中，胡某也要受到合同的约束，不能置身事外。所以在本案中，中介公司的说法是正确的。

条文链接

《中华人民共和国合同法》

第四百零二条　受托人以自己的名义，在委托人的授权范围内与第三人订立的合同，第三人在订立合同时知道受托人与委托人之间的代理关系的，该合同直接约束委托人和第三人，但有确切证据证明该合同只约束受托人和第三人的除外。

法律人生

委托关系在我们的日常生活中非常常见，尤其是委托中介公司买卖房屋的现象更是十分普遍。需要我们注意的是，作为委托人，在合同订立中没有明确体现该合同只约束受托人和第三人的情况下，也直接受合同的约束，不得擅自毁约，拒绝履行合同约定的内容。否则，如果因此导致合同的终止，我们应该承担法律责任并赔偿第三人的损失。

130.乘坐飞机时行李意外丢失，航空公司是否需要承担赔偿责任？

案情再现

罗某是某公司的经理，劳动节假期，罗某和妻子一起坐飞机到海南旅游。旅游结束坐飞机返回时，罗某将自己的两个行李箱办理了托运。但是，在罗某和妻子下飞机之后，到转盘处等行李时，却一直看不到他们的行李箱。后来，罗某去询问机场的工作人员。在经过查询之后，机场的工作人员称他们的行李应该都一起运下来了。但是罗某再三寻找也没有找到自己的行李。于是，罗某便要求该航空公司承担赔偿责任。但是，航空公司却说罗某的行李意外丢失，与航空公司无关，因此拒绝承担责任。罗某一气之下，将航空公司诉至法院，请求法院判决某航空公司承担赔偿责任。

法律疑点

那么，乘坐飞机时行李意外丢失，航空公司是否需要承担赔偿责任？

法律分析

乘坐飞机时行李意外丢失，航空公司需要承担赔偿责任。

我国《合同法》第二百九十三条规定，客运合同自承运人向旅客交付客票时成立，但当事人另有约定或者另有交易习惯的除外。第三百零三条第一款规定，在运输过程中旅客自带物品毁损、灭失，承运人有过错的，应当承担损害赔偿责任。同时，《合同法》第三百一十一条也明确规定，承运人对运输过程中货物的毁损、灭失承担损害赔偿责任，但承运人证明货物的毁损、灭失是因不可抗力、货物本身的自然性质或者合理损耗以及托运人、收货人的过错造成的，不承担损害赔偿责任。由此可知，在客运合同中，如果乘客的行李意外丢失是承运人的过错导致的，除非是不可抗力等原因外，承运人应当承担损害赔偿责任。

法律规定在客运合同中承运人对旅客的行李承担保管责任。作出这样的规定，有利于督促承运人按照规定履行保管义务，尽到善良管理人的义务，对乘客的行李进行妥善保管，避免其遭受到毁损、灭失。反之，如果法律没有要求承运人对乘客的行李丢失承担损害赔偿责任，则将会使乘客的合法权益无法得到保障，也会导致整个运输市场中秩序的混乱。

在上面的案例中，某航空公司作为客运合同中的承运人，自其向旅客交付登机牌时承运合同就已经成立。因此，在运输过程中，由于航空公司过错导致罗某的行李丢失的，其应当负责帮罗某找到行李箱。而在无法找到行李箱的情况下，该航空公司应当承担相应的损害赔偿责任。所以，在本案中，罗某的诉讼请求是可以得到法院的支持的。

条文链接

《中华人民共和国合同法》

第二百九十三条 客运合同自承运人向旅客交付客票时成立，但当事人另有约定或者另有交易习惯的除外。

第三百零三条第一款 在运输过程中旅客自带物品毁损、灭失，承运人有过错的，应当承担损害赔偿责任。

第三百一十一条 承运人对运输过程中货物的毁损、灭失承担损害赔偿责任，但承运人证明货物的毁损、灭失是因不可抗力、货物本身的自然性质或者合理损耗以及托运人、收货人的过错造成的，不承担损害赔偿责任。

法律人生

在现实生活中，当我们乘坐飞机等交通运输工具时，如果行李丢失，我们可以请求航空公司等承运人承担相应的损害赔偿责任，不要在发生行李意外丢失事件后自认倒霉，要懂得运用法律维护自己的合法权益。

131.临时帮助别人看管行李时行李被偷走，应当由谁承担责任？

案情再现

付某是某公司的一名员工，某日，公司派付某与同事董某一起到附近的某城市去和客户谈生意。因为路程比较近，付某和董某便准备坐动车前往。两人在候车室等车时，付某觉得非常饿，所以请董某帮自己看一下行李箱，他去周边的超市买点儿东西吃。然而，在付某走后不久，董某突然觉得自己肚子疼，便起身上卫生间。等到付某买东西回来之后，发现董某和行李都不见了，以为是董某拉着行李箱去了别的地方。后来，付某看到董某从卫生间出来，并没有带任何行李，只是背着他自己的一个背包。付某便上前去问，两人才发现，付某的行李箱被偷走了。为此，付某称行李箱里面有自己价值8000元的笔记本电脑，要求董某为此承担损害赔偿责任。但是，董某认为，行李是自己暂时替付某帮忙照看的，自己没有责任。

法律疑点

那么，临时帮助别人看管行李而被偷走，应当由谁承担责任？

法律分析

临时帮助别人看管行李而被偷走，应当由看管人承担责任。

我国《合同法》第三百六十九条规定："保管人应当妥善保管保管物。当事人可以约定保管场所或者方法。除紧急情况或者为了维护寄存人利益的以外，不得擅自改变保管场所或者方法。"同时，本法第三百七十四条也规定："保管期间，因保管人保管不善造成保管物毁损、灭失的，保管人应当承担损害赔偿责任，但保管是无偿的，保管人证明自己没有重大过失的，不承担损害赔偿责任。"据此可知，在保管合同中，保管人负有保管义务。如果保管是无偿保管，但存在重大过失，也应当承担损害赔偿责任。

法律规定无偿保管合同中，保管人存在重大过失时才承担损害赔偿责任。因为无偿保管合同中，保管人负有保管物品的义务，而寄存人则无须支付任何对价，此时，只要保管人尽到了应有的注意义务，那么，在保管物丢失时其就无须承担责任。否则，如果对保管人的要求过于严格，对保管人而言是不公平的。

在上面的案例中，付某将自己的行李箱交给董某暂时保管，实际上双方已经成立了一个无偿保管合同。因此，董某应当尽到一般注意义务。但是，在保管期间，董某却将付某的行李箱放置一边，自己起身去厕所，由于董某疏于保管，才导致保管物被盗，其行为明显存在重大过失。董某是需要承担相应的损害赔偿责任的。

条文链接

《中华人民共和国合同法》

第三百六十九条 保管人应当妥善保管保管物。当事人可以约定保管场所或者方法。除紧急情况或者为了维护寄存人利益的以外，不得擅自改变保管场所或者方法。

第三百七十四条 保管期间，因保管人保管不善造成保管物毁损、灭失的，保管人应当承担损害赔偿责任，但保管是无偿的，保管人证明自己没有重大过失的，不承担损害赔偿责任。

法律人生

在日常生活中，临时帮助别人保管物品或者请求别人帮忙保管物品都是非常普遍的现象。然而，我们作为保管人，即使是在无偿帮助别人保管物品时，不管是从道德上，还是从法律上，我们都要尽到应有的注意义务，不能因为不是自己的物品就疏于管理。否则，一旦造成保管物毁损或者灭失，作为保管人，在存在重大过失的情况下要承担损害赔偿责任。

第十二章

民间借贷

132. 民间的借款合同应该包括哪些内容呢？

案情再现

梁某经营着一家食品加工有限公司，收入十分可观，是本村小有名气的企业家。2016年8月，梁某想扩大公司的经营规模，但资金紧张，于是梁某便以个人的名义向本村10户村民借款共计200万元，梁某给村民们打了欠条，写明了利率，并口头承诺村民们可以随时要求还款。村民贺某借给梁某10万元，后贺某听其在政府部门工作的亲戚说，欠条里的借款内容太简单了，不仅没有写什么时候还款，也没有写如何还款，到时候万一发生纠纷，欠条只能证明梁某欠贺某的钱，其他的什么都说明不了。贺某一听就想和梁某补签一份借款合同，但其不知道借款合同该如何写，更不知道借款合同应该包括哪些内容。

法律疑点

民间的借款合同应该包括哪些内容呢？

法律分析

民间的借款合同应当包括借款种类、币种、用途、数额、利率、期限和还款方式等内容。

我国《合同法》第一百九十七条规定，借款合同采用书面形式，但自然人之间借款另有约定的除外。借款合同的内容包括借款种类、币种、用途、数额、利率、期限和还款方式等条款。由此可见，借款合同应当载明借款种类、币种、用途、数额、利率、期限和还款方式等内容。除此之外，一般情况下自然人之间的借款合同应采取书面形式，如果当事人另有约定，也可以采取口头形式。但是，不管是书面形式还是口头形式，借款合同都应当同时包含以上内容。

民间借贷是指自然人、法人、其他组织之间及其相互之间进行资金融通的行为。现实生活中，大多数自然人之间的借款是以“借据”的形式出现，由于借据的内容相对比较简单，经常会出现还款期限不明确、利息约定不具体等现象，一旦发生纠纷很难仅凭借据进行处理。因此，为了保障借贷双方的合法权益，《合同法》第一百九十七条规定了借款合同应当载明的内容及形式。

根据以上法律规定可知，本案中贺某在和梁某补签借款合同时，应当在合同中写明借款种类、币种、用途、数额、利率、期限和还款方式等内容。

条文链接

《中华人民共和国合同法》

第一百九十七条　借款合同采用书面形式，但自然人之间借款另有约定的除外。

借款合同的内容包括借款种类、币种、用途、数额、利率、期限和还款方式等条款。

法律人生

民间借贷大多都是发生在朋友、同事，甚至兄弟等熟人之间，而熟人之间往往出于面子、人情等因素的考虑，一般很少写借条或者即便写了借条其相关内容约定也不是很明确，导致一旦产生纠纷，出借人一般很难拿出有效的直接证据来维护自己的合法权益；而当白纸黑字的约定存在时，如果借款人不按约定支付欠款，法律就是对付欠债人最有力的武器。因此，在生活当中，即使是熟人之间借款也要签订借款合同，明确借款内容，以免在发生纠纷时无力举证，导致自己的合法权益得不到保护。

133.高利转贷银行贷款的合同有效吗？

案情再现

2010年，韩某投资设立了一家A钢材贸易公司，在其辛苦经营下，公司每年的效益十分可观。2017年5月，韩某想扩大经营规模，遂与B钢材贸易公司互相担保从某银行各自获得贷款500万元。就在贷款下来不久，韩某突发心梗，经抢救后，需要做心脏搭桥手术。B公司的法人代表杨某见状便找到韩某，称因韩某调养身体，A公司估计还需要好几个月才能恢复正常经营，这期间还得给银行出利息，不如将从银行获得的500万元贷款以月息二分的高息借给B公司半年，这样银行利息不用自己出了，还能再挣个小钱。韩某想了想同意了杨某的建议，便以A公司名义将其从银行获得的500万元贷款借给B公司，并签订了合同。后B公司出现经营危机，未能如期还款，A公司将其诉至法院。

法律疑点

高利转贷银行贷款的合同有效吗？

法律分析

套取金融机构信贷资金又高利转贷给借款人，如果借款人事先知道或者应当知道这一情况的，则借贷合同无效。

根据《最高人民法院关于审理民间借贷案件适用法律若干问题的规定》第十四条第（一）项规定，套取金融机构信贷资金又高利转贷给借款人，且借款人事先知道或者应当知道的，人民法院应当认定民间借贷合同无效。根据此规定可知，套取银行贷款后又高利转贷给借款人的，如果借款人事先知道或者应当知道这一情况，就证明其本身也存在一定的故意，因此，借贷合同是无效的；如果借款人事先不知道或者应当不知道这一情况，则借贷合同就是有效的。

高利转贷经营者往往为追求高额利息而放松了对借款人的资信审查，因此，一旦出现大批借款人无力按期偿还借款的情况，利益链条上的转贷人、银行将承受重大损失。这种行为严重地破坏了金融秩序，扰乱了国家宏观经济调控，具有很大的危害性。基于此，民法明确将高利转贷银行贷款的合同规定为无效合同。

本案中，B公司明知A公司将从银行获得的贷款高利转贷给自己，据此，A公司与B公司之间的借贷合同是无效的。

条文链接

《最高人民法院关于审理民间借贷案件适用法律若干问题的规定》

第十四条　具有下列情形之一，人民法院应当认定民间借贷合同无效：

（一）套取金融机构信贷资金又高利转贷给借款人，且借款人事先知道或者应当知道的；

……

法律人生

套取金融机构信贷资金又高利转贷给借款人，且借款人事先知道或者应当知道的，借贷合同归于无效。而如果是以转贷牟利为目的，套取金融机构信贷资金高利转贷他人的，则违反了国家刑法规定，将承担相应的刑事责任。也就是说，行为人如果高利转贷银行贷款，合同不仅为无效合同，而且行为人很有可能构成贷款诈骗罪。

134. 使用支付宝转账的借款合同何时生效？

案情再现

周某和郑某是多年好友。2018年3月13日，周某慌慌张张地跑到郑某单位，找到正在吃饭的郑某，称家中急需用钱要向郑某借款5万元，郑某表示自己的积蓄全被基金套进去了，自己手头只剩3000元。这时，在郑某旁边吃饭的同事胡某听见后，说可以将钱借给周某，不过周某需要每月向自己支付2分钱的利息，只是目前自己手里只有3万元，需要回家从其妻子的银行卡中再取2万，明天才能把钱给周某。周某考虑了一下便同意了胡某的建议，并与其签订了借款合同，约定借款期限为半年。周某为了方便拿到钱，要求胡某通过支付宝将5万元转账给自己。2018年3月14日下午，胡某通过支付宝转给周某5万元。

法律疑点

使用支付宝转账的借款合同何时生效？

法律分析

借款合同的双方当事人使用支付宝等网上电子汇款形式支付的，借款合同自资金到达借款人账户时生效。

我国《合同法》第二百一十条规定，自然人之间的借款合同，自贷款人提供借款时生效。同时，根据《最高人民法院关于审理民间借贷案件适用法律若干问题的规定》第九条第（二）项规定，以银行转账、网上电子汇款或者通过网络贷款平台等形式支付的，自资金到达借款人账户时可以视为具备《合同法》第二百一十条关于自然人之间借款合同的生效要件。可见，自然人之间的借款合同自贷款方向借款方提供借款时生效，而当借款合同的双方当事人约定使用网上电子汇款等形式支付时，借款合同自资金到达借款人账户时才生效。支付宝转账就属于网上电子汇款中的一种，因此，应当适用该规定。

合同的生效时间在司法实践中有着重要的意义，合同的生效时间一般也是借款利息的起算时间，同时只有合同生效了，双方当事人才能依照合同约定享有权利和履行义务，如果一方不履行义务，另一方才能依据生效的合同追究对方的违约责任。而现实生活中，自然人之间的借款大多是小额，很少有正规合同，且实际履行前变数多，因此，法律规定借款双方当事人在合同成立后并不是立即生效，而是出借人提供借款时合同才生效，习惯上也容易被广大群众接受。

本案中，周某和郑某之间的借款合同自 2018 年 3 月 14 日生效。

条文链接

《中华人民共和国合同法》

第二百一十条 自然人之间的借款合同，自贷款人提供借款时生效。

《最高人民法院关于审理民间借贷案件适用法律若干问题的规定》

第九条 具有下列情形之一，可以视为具备合同法第二百一十条关于自然人之间借款合同的生效要件：

……

（二）以银行转账、网上电子汇款或者通过网络贷款平台等形式支付的，自资金到达借款人账户时；

……

法律人生

现实生活中，有读者认为自然人之间的借款合同自出借人答应借款时合同就生效了，但实际上，自然人之间借款合同的生效时间取决于出借人将所借款项交付给借款人的方式，对于现金交付的，在出借人将借款交给借款人时合同就生效了，但对于非现金交付的借款合同生效时间，则需根据资金实际到账时间来确定合同的生效时间。

135. 自然人之间借款，出借人以交付银行卡的方式支付借款的，借款合同何时生效？

案情再现

2017 年 4 月，费某和周某经人介绍相识，相恋半年后结婚。婚后不久，费某便到其岳父所开办的公司上班。2018 年 3 月 12 日，费某的弟弟费甲找到费某夫妻，称自己想承包某学校的食堂，可是自己手头的钱不够，想向哥嫂借 20 万元。费某以自己手里没钱拒绝了费甲，但周某不想兄弟二人因此产生不愉快，遂决定将自己婚前攒的积蓄拿出来借给费甲，而且不要利息。费某怕别人说自己是图周某的钱才跟周某结婚的，要求费甲每个月出2%的利息，并给周某打了欠条。双方约好周某于三日内将钱打给费甲，可当晚，周某临时接到通知要出差一个月，于是将自己的银行卡和密码交给了费甲，让他自己去取款。

法律疑点

自然人之间借款，出借人以交付银行卡的方式支付借款的，借款合同何时生效？

法律分析

自然人之间借款，出借人以交付银行卡的方式支付借款的，出借人将自己的银行卡及密码交给借款人时，借款合同便已生效。

我国《合同法》第二百一十条规定，自然人之间的借款合同，自贷款人提供借款时生效。同时，《最高人民法院关于审理民间借贷案件适用法律若干问题的规定》第九条第（四）项规定，出借人将特定资金账户支配权授权给借款人的，自借款人取得对该账户实际支配权时可以视为具备《合同法》第二百一十条关于自然人之间借款合同的生效要件。由此可知，自然人之间的借款合同并非订立时就生效，而是自贷款人提供借款时生效。如果贷款人支付借款的方式是把自己资金账户的支配权授予借款人，那么，当借款人取得该账户的支配权时，借款合同才生效。对于以交付银行卡的方式支付借款的，当出借人将自己的银行卡及密码交给借款人时，借款人便已经取得了对资金的支配权，此时，应当视为借款合同生效。

自然人之间借款合同的生效时间是贷款人将资金提供给借款人时，也就是说借款方“钱到手”了，借款合同才生效。那么，如何理解“钱到手”了呢？根据我国相关法律规定，如果出借方以现金支付的，自借款人收到借款时借款合同生效；如果出借方以票据交付的，自借款人依法取得票据权利时，合同生效；以银行转账、网上电子汇款或者通过网络贷款平台等形式支付的，自资金到达借款人时，合同生效；出借人将特定资金账户支配权授权给借款人的，自借款人取得对该账户实际支配权时合同生效；出借人以与借款人约定的其他方式提供借款并实际履行完成时，合同生效。

本案中，周某将银行卡及密码交付给费甲，这属于将自己的资金账户的支配权交付给借款人使用，因此，当费甲取得周某的银行卡以及密码时，其就取得了对周某资金账户的支配权，此时借款合同即告生效。

条文链接

《中华人民共和国合同法》

第二百一十条　自然人之间的借款合同，自贷款人提供借款时生效。

《最高人民法院关于审理民间借贷案件适用法律若干问题的规定》

第九条　具有下列情形之一，可以视为具备合同法第二百一十条关于自然人之间借款合同的生效要件：

……

（四）出借人将特定资金账户支配权授权给借款人的，自借款人取得对该账户实际支配权时；

……

法律人生

当借款双方达成合意时，借款合同就已经成立，但在借款人所借款项未到手时，合同并未生效，此时双方并不享有或承担合同中约定的权利、义务，若一方反悔另一方是无法请求对方继续履行合同的；而合同生效则意味着合同对双方当事人产生了法律约束力，一旦一方不履行合同规定的义务，另一方当事人可寻求法律保护。不仅如此，合同生效后，合同当事人之外的第三人不得对合同当事人进行非法干涉，合同所规定的条款也将成为处理合同纠纷的重要依据。

136. 明知借款人将借款用于违法犯罪活动而仍然借款的，该借款合同效力如何？

案情再现

甄某从2008年开始在镇上开了一家服装店，一开始生意还不错，可随着网络购物的兴起，其服装生意越来越不好做，日渐亏损。最终，甄某的服装店无法经营下去，其将服装店转出后，还欠了15万元外债。之后，甄某沉溺于赌博，妄想通过赌博一下子赢一大笔钱用来翻身。2017年3月，甄某输光了身上所有钱之后，为了捞本便向身后观看的邻居贾某开口借3万元，并承诺三个月后归还时多给贾某2000元。贾某心想自己家就挨着甄某家，不怕他不还钱，而且自己还能挣个利息钱，遂将钱借给了甄某。后来，甄某未能如期还款，贾某多次催讨，但甄某总拖延不还。最后，贾某诉至法院要求甄某归还本金及支付利息。

法律疑点

明知借款人将借款用于违法犯罪活动而仍然借款的，该借款合同效力如何？

法律分析

出借人明知借款人借款用于违法犯罪活动仍然提供借款的，借款合同无效。

《最高人民法院关于审理民间借贷案件适用法律若干问题的规定》第十四条第（三）项规定，出借人事先知道或者应当知道借款人借款用于违法犯罪活动仍然提供借款的，人民法院应当认定民间借贷合同无效。根据该规定可知，借款人借款后从事违法犯罪活动，出借人知道或者应当知道但是仍然向其提供借款的，借款合同无效；借款人不知道或者应当不知道的，借款合同才有效。

出借人事先知道或者应当知道借款人借款用于违法犯罪活动仍然提供借款的，这属于将借款用于损害第三人、集体或国家的利益、社会公共利益或金融市场秩序的情形，是违背社会公序良俗的，因此，法律将其规定为无效合同。那么，合同被认定为无效的法律后果是什么呢？根据《合同法》第五十八条规定可知，因无效合同取得的财产，应当予以返还；不能返还或者没有必要返还的，应当折价补偿。有过错的一方应当赔偿对方因此所受到的损失，双方都有过错的，应当各自承担相应的责任。

本案中，贾某明知甄某借钱是为了赌博，符合法律中规定的“事先知道或者应当知道借款人借款用于违法犯罪活动仍然提供借款”，据此，甄某和贾某之间的借贷合同是无效的。而贾某已经支付的本金，属于借款人甄某因无效合同取得的财产，甄某应当予以返还，对于贾某主张的利息请求，鉴于其明知甄某将钱用于赌博而出借资金，存在过错，是得不到保护的。

条文链接

《最高人民法院关于审理民间借贷案件适用法律若干问题的规定》

第十四条 具有下列情形之一，人民法院应当认定民间借贷合同无效：

……

（三）出借人事先知道或者应当知道借款人借款用于违法犯罪活动仍然提供借款的；

……

《中华人民共和国合同法》

第五十八条 合同无效或被撤销后，因该合同取得的财产，应当予以返还；不能返还或者没有必要返还的，应当折价补偿。有过错的一方应当赔偿对方因此所受到的损失，双方都有过错的，应当各自承担相应的责任。

法律人生

在日常生活当中，许多出借人出于亲戚、朋友之间关系的考虑，即便明知对方借款是用于非法吸收公众存款、集资诈骗、贩卖毒品、赌博等违法犯罪活动，却往往碍于情面不好意思拒绝。但是，如果在这种情况下出借，很容易使自己的资金陷于不受法律保护的风险。因此，提醒广大读者朋友们，在进行民间借贷活动时，务必问清楚借款的用途，如果得知借款被用于违法犯罪活动时，应当坚决拒绝对方的借款请求。

137.自然人借款合同没有约定利息，还钱的时候需要还利息吗？

案情再现

2016年8月10日，彭某的儿子订婚时给了女方8万元彩礼，接下来要装修婚房，还要办酒席，家中所剩积蓄远远不够，于是彭某便向邻居汤某借了5万元。当时，二人仅仅口头约定一年以后还款，后来汤某觉得口说无凭，还是让彭某给打个借条比较放心，随后又找到彭某，说明来意后彭某很爽快地给汤某打了个借条，但借条上仅仅写明：“今欠汤某人民币 5 万元，一年后归还”，二人也并未约定利率。后来借款到期，汤某多次要求彭某偿还本金及利息均未果，遂诉至法院。彭某辩称，借款是事实，但二人并未约定利息，且欠条上也没有写明要支付利息，所以自己只需要偿还本金，根本不用支付利息。

法律疑点

自然人借款合同没有约定利息，还钱的时候需要还利息吗?

法律分析

自然人之间的借款合同对支付利息没有约定或者约定不明确的，视为不支付利息。

我国《合同法》第二百一十一条规定，自然人之间的借款合同对支付利息没有约定或者约定不明确的，视为不支付利息。自然人之间的借款合同约定支付利息的，借款的利率不得违反国家有关限制借款利率的规定。也就是说，在借款合同中，如果当事人未对利息作出约定，则视为双方未约定利息，借款人在还款时不需要支付利息。同时，我国《最高人民法院关于审理民间借贷案件适用法律若干问题的规定》第二十五条第一款也规定，如果借贷双方未约定利息，而出借人向借款人主张支付利息的，法院不支持出借人的主张。

借款合同一旦生效，对双方当事人即产生法律约束力，任何一方不得随意解除和变更合同内容，而且合同中规定的条款是双方当事人享受权利，履行义务的依据，如果合同中没有规定，则不能随意给合同中的当事人增加义务。因此，自然人之间的借款合同对支付利息没有约定或者约定不明确的，则视为不支付利息。

本案例中，彭某和汤某的借款合同中并没有约定利息，所以汤某不能要求彭某支付利息。

条文链接

《中华人民共和国合同法》

第二百一十一条 自然人之间的借款合同对支付利息没有约定或者约定不明确的，视为不支付利息。

自然人之间的借款合同约定支付利息的，借款的利率不得违反国家有关限制借款利率的规定。

《最高人民法院关于审理民间借贷案件适用法律若干问题的规定》

第二十五条第一款 借贷双方没有约定利息，出借人主张支付借期内利息的，人民法院不予支持。

法律人生

在出借款项时，我们最好是对借期内的利息进行明确的约定，要抱着先小人后君子的心态约定清楚，这样，法律才能充分保护自己的权益，不至于到最后，失去钱财还没了朋友。另外，虽然自然人借款合同没有约定利息，还钱的时候就不需要还利息，但根据相关法律规定，公民之间的无息借款，如果约定了偿还期限而借款人不按期偿还，或者未约定偿还期限但经出借人催告后，借款人仍不偿还的，出借人可以要求借款人偿付逾期利息。

138. 借款合同的当事人可以随意约定借款利率吗？

案情再现

孙甲和孙乙是姐妹俩，二人先后嫁到了同一个村子。2017 年 1 月，孙甲到孙乙家串门，二人聊到私房钱的时候，孙甲称听说某造纸厂这两天正用钱呢，问孙乙有没有攒私房钱，并劝说道要是攒了，不妨也借出去，还能挣个高利息。还说自己偷偷攒的 10 万元已经借给造纸厂一年多了，月利息三分，一年来挣了不少钱。孙乙想了想，姐姐的钱在那儿已经放了一年，那个造纸厂应该比较可靠，所以将自己攒的 5 万元借给了造纸厂，并签订了借款合同，约定借款期限为一年，按月支付 3% 的利息。一开始，孙乙确实领到了好几个月的利息。可是，从 2017 年 10 月开始，造纸厂便未再按月支付利息，现在借款到期后也未如期还款，后姐妹俩将造纸厂诉至法院。

法律疑点

借款合同的当事人可以随意约定借款利率吗？

法律分析

自然人之间的借款合同约定支付利息的，借款的利率不得违反国家有关限制借款利率的规定。

关于借款合同中如何规定利息的问题，我国《合同法》第二百一十一条中做了规定，自然人之间的借款合同对支付利息没有约定或者约定不明确的，视为不支付利息。自然人之间的借款合同约定支付利息的，借款的利率不得违反国家有关限制借款利率的规定。同时，我国《最高人民法院关于审理民间借贷案件适用法律若干问题的规定》在第二十六条中也规定，借贷双方约定的利率未超过年利率 24%，出借人请求借款人按照约定的利率支付利息的，人民法院应予支持。借贷双方约定的利率超过年利率 36%，超过部分的利息约定无效。借款人请求出借人返还已支付的超过年利率 36% 部分的利息的，人民法院应予支持。因此，借款合同的当事人不可以随意约定借款利率，法律只保护在法定范围内约定的利息额。

借款合同由当事人自主协商确定，当然也可以对借款的利息作出约定，但是为规范人们的借款行为，使民间借贷不至于为人们恶意利用，以免在合同中约定过高的利息，侵害借款人的利益，我国法律作出了限制当事人随意约定利息的条款。根据相关法律规定，年利率 24% 以内受法律保护；24% 至 36% 作为一个自然债务区，法律不干涉，多给了不能要回，没给也不能强求；年利率 36% 以上的为无效，多给了可以要回来。

本案中，孙某姐妹二人在与某造

纸厂的借款合同中，约定的年利息超出24%，因此，二人要求某造纸厂支付24%以内的利息可以得到支持，超出的部分不受法律保护。

条文链接

《中华人民共和国合同法》

第二百一十一条 自然人之间的借款合同对支付利息没有约定或者约定不明确的，视为不支付利息。

自然人之间的借款合同约定支付利息的，借款的利率不得违反国家有关限制借款利率的规定。

《最高人民法院关于审理民间借贷案件适用法律若干问题的规定》

第二十六条 借贷双方约定的利率未超过年利率24%，出借人请求借款人按照约定的利率支付利息的，人民法院应予支持。

借贷双方约定的利率超过年利率36%，超过部分的利息约定无效。借款人请求出借人返还已支付的超过年利率36%部分的利息的，人民法院应予支持。

法律人生

现实生活中，高利借款纠纷较为普遍，其中出借人变相提高利率的情况也是常有的，而借款人往往因欠缺相应的知识导致自己吃亏。因此，在约定借款利息时应当符合法律规定，切不可随意约定，因为只有借款当事人依照法律规定去约定利息，才能受到法律的保护。同时，当自己不确定合同的利率是否合理时，应当事先找律师咨询，避免不必要的损失。

139.借款利息可以从本金中提前扣除吗？

案情再现

冯某和朱某是老乡而且又在同一公司工作，因此平时关系还不错。冯某平时除了上班没有什么爱好，工资都存了起来；而朱某平时花钱大手大脚，又经常换女朋友，所以工资根本不够花。后来朱某为了满足自己的高消费，便申请了好几张信用卡，可是由于长时间的入不敷出，朱某信用卡里的钱很快就花完了，眼看信用卡的还款日期就要到了，朱某遂开口向冯某借款5万元用来周转，期限为三个月。冯某答应借钱给朱某，但是提出要朱某支付3%的利息，共计4500元，并且直接从本金中扣除。朱某虽觉得不妥，但因着急用钱，便答应了冯某的要求，并在拿到4.55万元后出具了一张借款5万元的借条。

法律疑点

借款利息可以从本金中提前扣除吗？

法律分析

借款利息不可以从本金中提前扣除，如果预先在本金中扣除利息的，人民法院应当将实际出借的金额认定为本金。

现实的民间借贷中，一般会对借款的利息作出约定，而一些贷款人为确保能收回利息，往往在提供借款时就将利息预先从本金中扣除。对此，我国《最高人民法院关于审理民间借贷案件适用法律若干问题的规定》第二十七条规定，借据、收据、欠条等债权凭证载明的借款金额，一般认定为本金。预先在本金中扣除利息的，人民法院应当将实际出借的金额认定为本金。也就是说，法律一般不认可出借人在借钱时先在本金中扣除利息的行为。当然，这种违法行为并不直接导致借款合同无效，若出借人将利息扣除，则应当按实际借给借款人的钱数确定为出借的本金。

借款人在提供借款时就将利息预先从本金中扣除的行为，导致借款人实际借款数额仅仅是本金扣除利息后的数额。这种做法不仅影响了借款人对资金的正常使用，而且片面加重了借款人的资金成本，损害了借款人的合法权益，是显失公平的。同时，预扣利息的行为变相提高了贷款利息，扰乱了我国的经济秩序。因此，《合同法》禁止贷款人在提供借款时预先将利息从本金中扣除。

本案中，冯某提前将利息扣除的做法是不当的，朱某只需按照实际借款4.55万元支付利息即可。当然，其二人之间约定的年利息超过了24%，超出部分属于自然债务，法律是既不阻止也不保护的。

条文链接

《最高人民法院关于审理民间借贷案件适用法律若干问题的规定》

第二十七条　借据、收据、欠条等债权凭证载明的借款金额，一般认定为本金。预先在本金中扣除利息的，人民法院应当将实际出借的金额认定为本金。

法律人生

日常的民间借贷活动中，资金的出借方往往利用自己的强势地位和对方急需资金的心理，提前将利息从本金中扣除，而且放贷者在借贷时让借款人直接出具的借据的数额都是借款数额，根本看不出已经扣除了利息。我们在借款时应当注重收集和保护证据，以便在日后的诉讼中保护自己的合法权益。

140. 借款人提前还款的，利息怎么算？

案情再现

石某大学一毕业就被本市某政府部门录用为公务员，并经他人介绍与当地的钱某结婚。婚后初期，二人感情尚可，可是钱某是某事业单位的临时工，一个月工资只有1000元，家里的开支都由石某负责，时间一长二人之间开始出现矛盾，二人最终离婚。离婚后，性格要强的石某为在人前表现出自己过得很好，遂四处举债在市里买了一套小面积的房子，其中有一笔3万元的债务是其经同事介绍向林某所借，为此二人之间签订了借款合同，并约定了还款期限及利息。后来石某听说单位要涨工资，而且会一次性补发3万元。所以，石某想提前将林某的借款还了。

法律疑点

借款人提前还款的，利息怎么算？

法律分析

借款人提前偿还借款的，应当按照实际借款期间计算利息。但借款合同中明确约定不可以提前还款，或者提前还款应当支付全部利息的，则应当按照合同约定处理。

《最高人民法院关于审理民间借贷案件适用法律若干问题的规定》第三十二条第二款规定，借款人提前偿还借款并主张按照实际借款期间计算利息的，人民法院应予支持。同时，《合同法》第二百零八条作出规定，借款人提前偿还借款的，除当事人另有约定的以外，应当按照实际借款的期间计算利息。也就是说，借款人提前偿还借款的，应当按照实际借款期间计算利息。但如果借款合同中明确约定不可以提前还款，或者提前还款应当支付全部利息的，就应当按照约定处理。

法律之所以这样规定，是因为在有息借款合同中，借款人提前还款意味着缩短了借款期限，而出借人同意或接受借款人提前还款的，实际上是双方当事人变更了借款合同中的原借款期限，因此，借款人应当按照变更后的借款期限支付利息，即按照实际借款期间计算利息。当然，如果出借人不同意或不接受借款人提前还款，出借人应当在借款合同中作出明确约定，当事人的这种约定原则上是对当事人双方具有法律约束力的，此时应当根据约定处理提前还款问题。

本案中，石某与林某之间并未明确约定提前还款的相关事项，所以，石某提前还款的，应当按照其实际借款时间计算利息。

条文链接

《中华人民共和国合同法》

第二百零八条 借款人提前偿还借款的，除当事人另有约定的以外，应当按照实际借款的期间计算利息。

《最高人民法院关于审理民间借贷案件适用法律若干问题的规定》

第三十二条 借款人可以提前偿还借款，但当事人另有约定的除外。

借款人提前偿还借款并主张按照实际借款期间计算利息的，人民法院应予支持。

法律人生

人们在订立借款合同时，一般会对还款的期限进行约定，但是在现实中也常常出现借款人提前还款的情况。法律虽然允许当事人自由约定借款人提前还款时的利息支付问题，但在此还是建议那些对借款期限有严格要求的出借人，应当对提前还款予以书面的明确约定。同时，需要提醒出借人注意的是，这样的约定将可能使借款人丧失提前还款的动力，从而导致自己遭受的风险性大大增加。

141. 妻子有义务偿还丈夫为赌博所借的钱吗？

案情再现

余某和钟某大学期间恋爱，感情很好，二人准备一毕业就结婚。可是一毕业，余某就考到临市某县成了一名公务员，钟某则自己在家开了个小饭店。二人经历了半年的异地恋之后结婚，刚开始时夫妻二人感情和睦，可是婚后不久，钟某的父亲因故突然去世，其母亲半年后便改嫁他人。钟某感觉自己突然变成了无父无母的孩子，妻子也不能经常陪在自己身边，于是慢慢地沉溺于赌博。随着时间的推移，二人之间的沟通越来越少，感情也越来越淡。最终，余某提出离婚，可此时余某才知道钟某早已经将小饭店转让出去，还欠了20万元的赌债。

法律疑点

妻子有义务偿还丈夫为赌博所借的钱吗？

法律分析

丈夫欠下的赌债不属于夫妻共同债务，妻子没有偿还的义务。

《最高人民法院关于适用〈中华人民共和国婚姻法〉若干问题的解释（二）的补充规定》第二十四条第三款明确规定，夫妻一方在从事赌博、吸毒等违法犯罪活动中所负债务，第三人主张权利的，人民法院不予支持。可见，丈夫从事赌博活动中所负的债务，第三人主张债权，法院是不予支持的。因为赌博活动是为我国法律所明令禁止的行为，赌债也是非法债务，不受法律保护。对此，《最高人民法院关于人民法院审理借贷案件的若干意见》第十一条规定，出借人明知借款人是为了进行非法活动而借款的，其借贷关系不予以保护。也就是说，如果出借人明知借款方是为了从事赌博活动还向其出借，出借人的债权同样也是不受法律保护的。

现实生活中，人们往往将一方的赌债视为夫妻共同债务，要求另一方共同承担。其实，这种观点是错误的，所谓夫妻共同债务，指的是出于满足夫妻共同生活之需要的目的，用于夫妻共同生活或家庭生活所负的债务，如夫妻双方共同从事生产经营活动、抚养子女、赡养老人、为负有法定义务的人治病所负的债务等，对此类债务夫妻双方才负有连带清偿责任。显而易见，丈夫为赌博欠债，该债务并未用于夫妻共同生活或家庭生活，因此，赌债不属于夫妻共同债务，妻子对丈夫欠下的赌债没有连带清偿责任。

本案中，钟某所欠20万元赌债并非夫妻共同债务，余某对此没有清偿的义务。

条文链接

《最高人民法院关于适用〈中华人民共和国婚姻法〉若干问题的解释（二）的补充规定》

第二十四条第三款　夫妻一方在从事赌博、吸毒等违法犯罪活动中所负债务，第三人主张权利的，人民法院不予支持。

《最高人民法院关于人民法院审理借贷案件的若干意见》

第十一条 出借人明知借款人是为了进行非法活动而借款的，其借贷关系不予以保护……

法律人生

社会生活中，因赌博而导致自杀、吸毒、伤害他人、倾家荡产、妻离子散、家破人亡的案例比比皆是。人一旦沾染了赌博，往往是经济上先出现问题，进而变得缺乏爱心和责任感，最终导致人性的丧失，引发害人害己的惨果。我们要珍惜自己的生活，远离赌博。同时，也希望那些还走在赌博这条不归路上的人能够回归正途，重新开始新的生活。

第十三章

违法犯罪

142. 过失致人死亡的，是否构成犯罪？

案情再现

老李为人忠厚老实，唯一的缺点就是脾气有点暴躁。不久前，在下班回家的路上，老李从路边水果摊贩胡某那里买了一斤葡萄，老李接过葡萄掂量了一下觉得不足一斤，便和胡某争论起来。胡某也毫不示弱，声称自己绝不会缺斤短两，老李见状更加气愤，便和胡某撕扯到一起。后来，老李一把将胡某推向马路中央，不料马路上突然驶来一辆高速行驶的汽车，胡某正好撞上汽车当场死亡。面对胡某死亡的后果，老李后悔莫及，他觉得自己的行为纯属“过失”之举。

法律疑点

那么，老李的“过失”之举，是否构成犯罪？

法律分析

老李的行为虽系“过失”之举，但是，老李已经构成过失致人死亡罪。

何谓过失？对此，我国《刑法》第十五条规定，应当预见自己的行为可能发生危害社会的结果，因为疏忽大意而没有预见，或者已经预见而轻信能够避免，以致发生这种结果的，是过失犯罪。过失犯罪，法律有规定的才负刑事责任。可见，过失分为疏忽大意的过失和过于自信的过失，但是行为人不论存在哪一类型的过失，只要导致损害结果发生的，都会构成过失犯罪。《刑法》第二百三十三条规定，过失致人死亡的，处三年以上七年以下有期徒刑；情节较轻的，处三年以下有期徒刑。本法另有规定的，依照规定。可见，行为人犯过失致人死亡罪的，将会被处以7年以下有期徒刑。

行为人的“过失”之举如果引发了较为严重的法律后果就会涉嫌犯罪，但是，根据“罪责刑相适应”原则，对过失犯罪的处罚要比故意犯罪处罚力度小。可见，上述规定为司法机关处罚过失犯提供了明确的指导。

具体到本案，老李在下班途中停在路边购买水果，马路上的人流量以及车流量正是一天中的高峰时段，老李应该很清楚把水果摊贩胡某猛然推向马路中央将会导致何种后果。也就是说，老李可能已经预见到将胡某推倒可能会有危险，但是轻易地相信可以避免；老李也可能由于疏忽大意根本就没预见危险，导致了结果的发生。因此，老李应当被认定为过失。根据上述法律规定可知，老李已经涉嫌过失致人死亡罪，将会面临刑罚处罚。

条文链接

《中华人民共和国刑法》

第十五条　应当预见自己的行为可能发生危害社会的结果，因为疏忽大意而没有预见，或者已经预见而轻信能够避免，以致发生这种结果的，是过失犯罪。

过失犯罪，法律有规定的才负刑事责任。

第二百三十三条 过失致人死亡的，处三年以上七年以下有期徒刑；情节较轻的，处三年以下有期徒刑。本法另有规定的，依照规定。

法律人生

过失犯罪与故意犯罪以及意外事件存在明显的区别：过失犯罪行为人并不积极追求损害后果的发生，故意犯罪指的则是行为人明知自己的行为会发生危害社会的结果，并且希望或者放任这种结果发生；意外事件则根本不会构成犯罪，行为人虽然造成了损害结果，但是不是出于故意或过失，而是由不能抗拒或者不能预见的原因所引起的。切勿以为“过失”之举不是犯罪、不会受到刑罚处罚，莫等损害结果发生后再追悔莫及。

143. 教唆侄子实施抢夺，构成犯罪吗？

案情再现

陈某今年28岁，大学毕业后，一直没有找到让自己满意的工作，这几年来一直待在家里，是个典型的“啃老族”。父母总是苦口婆心地对陈某进行说服教育，但是并没有任何起色。一次，陈某在家中又一次遭到家人的唠叨和埋怨，于是陈某决定这次无论如何自己也要弄点钱来，让他们不再唠叨自己。某日，陈某将14岁的侄子小陈叫入自己房间，并以各种花言巧语唆使侄子去街上进行抢夺。小陈少不更事，禁不住诱惑，觉得抢东西也没有什么难的，还能收获一笔“横财”，而且抢完就跑别人肯定也抓不住他。于是，小陈走到大街上，在观察许久之后，趁一位中年妇女买菜时不注意抢走了她的手包。事后，中年妇女立刻报警，警方很快就控制了陈某以及侄子小陈。

法律疑点

那么，陈某教唆侄子小陈实施抢夺的行为，构成犯罪吗？

法律分析

陈某教唆侄子小陈抢夺的行为，构成犯罪，且应当从重处罚。

根据我国《刑法》第二十九条第一款的规定，教唆他人犯罪的，应当按照他在共同犯罪中所起的作用处罚，如果教唆的是未满十八周岁的未成年人，还应当对教唆者从重处罚。教唆者虽然没有直接实施犯罪行为，但是他在主观上故意引起了他人实施犯罪的客观违法行为，因此对于教唆犯来说，理应受到法律的惩罚。

法律规定教唆犯应当负刑事责任，虽然教唆犯并不是犯罪行为的直接实施者，但是因为他的教唆而直接导致他人实施违法犯罪行为，如果不对其进行法律制裁，对被教唆者实属不公，也不利于控制犯罪行为的发生。此外，法律同时规定，如果教唆不满18周岁的人犯罪，应当从重处罚，是出于保护未成年人的考虑。未成年人本来就心智不成熟，很容易受到诱惑和教唆，教唆未成年人犯罪，对于其身心健康和成长都会产生不利影响。为了打击这种行为，应当对教唆犯以及教唆未成年人犯罪的行为从重处罚。

案例中，陈某教唆14岁的侄子实施抢夺行为，陈某属于教唆犯，并且是教唆未成年人犯罪，应当对其从重处罚。

条文链接

《中华人民共和国刑法》

第二十九条 教唆他人犯罪的，应当按照他在共同犯罪中所起的作用处罚。教唆不满十八周岁的人犯罪的，应当从重处罚。

如果被教唆的人没有犯被教唆的罪，对于教唆犯，可以从轻或者减轻处罚。

法律人生

当前我国倡导全面依法治国，建设法治国家，国家和社会加强全民的法治宣传教育，提高公民的法律意识和法治素养。作为公民个人，我们应当利用闲暇时间，多多学法，用法，这既是紧随国家发展步伐的要求，也是公民个人维护自身合法权益，避免违法犯罪的必然要求。对于想要教唆他人实施犯罪的人来说，不要认为自己没有直接实施犯罪行为，就可以逃脱法律的追究。恰恰相反，一旦教唆他人实施犯罪行为，就会根据其在共同犯罪中所起的作用处罚，而且教唆未成年人犯罪的，还会受到从重处罚。所以，教唆他人犯罪是名副其实的“损人不利己”的行为，我们千万不要去以身试法。

144.用砖击向欲行强奸的男子头部，致其死亡，需要负刑事责任吗？

案情再现

某日，李女士工作的服装厂接到一批紧急任务，需要将三千余件衣服连夜赶制出来，领导要求全体生产线员工留下来加班。于是，李女士和同事加班加到将近一点钟才将工作任务完成。下班后，李女士心想，今天加班到这么晚，要想早点到家还是抄小路吧，而且平常自己偶尔也会走这条小路，虽然有点荒僻，但也没发生过什么危险。然而就在李女士在小路上骑行时，前面突然冒出一个男子，一把将其拦下，并将李女士拽向路边，欲行强奸，李女士奋力抵抗，她在路边摸索到一块砖头，情急之下砸中男子的头部，后来男子因失血过多而身亡。

法律疑点

对于男子的死亡，李女士需要承担刑事责任吗？

法律分析

李女士的行为属于正当防卫，不必负刑事责任。

根据我国《刑法》第二十条的规定，为了使国家、公共利益、本人或者他人的人身、财产和其他权利免受不法侵害，而采取措施制止不法侵害行为的，对不法侵害人造成损害的，不负刑事责任。对正在进行的强奸等严重的暴力犯罪，正当防卫造成不法侵害人死亡的，不负刑事责任。正当防卫是法律规定的一种客观违法阻却事由，即行为人虽然造成了他人的损害，但是是出于保护自己合法权益的目的，因此不构成犯罪。

正当防卫之所以受到法律的保护，是法律出于维护弱者利益的考虑。在犯罪分子面前，受害人往往处于弱势和被动的地位，如果法律不赋予受害人进行正当防卫的权利，那么受害人在面对不法侵害时，只能“束手就擒”。因此，法律保护正当防卫，是为了维护受害人的权益，惩治犯罪行为。

案例中，李女士用砖拍向男子头部致其死亡，是因为男子欲对其实施强奸，因此，李女士的行为属于正当防卫，而不属于防卫过当，不应负刑事责任。

条文链接

《中华人民共和国刑法》

第二十条 为了使国家、公共利益、本人或者他人的人身、财产和其他权利免受正在进行的不法侵害，而采取的制止不法侵害的行为，对不法侵害人造成损害的，属于正当防卫，不负刑事责任。

正当防卫明显超过必要限度造成重大损害的，应当负刑事责任，但是应当减轻或者免除处罚。

对正在进行行凶、杀人、抢劫、强奸、绑架以及其他严重危及人身安全的暴力犯罪，采取防卫行为，造成不法侵害人伤亡的，不属于防卫过当，不负刑事责任。

法律人生

法律最重要的一个功能，就是在各个法益之间寻求一个相对的平衡。虽然正当防卫行为在很多时候可能会对犯罪行为人的生命权、健康权等造成极大的侵害，但是法律仍然要对这种行为进行保护。因为受害人对犯罪分子实施侵害，是由于犯罪分子先对其人身、健康、财产等权益进行挑衅和侵害，如果法律不赋予受害人进行正当防卫的权利，就等于从侧面助长了犯罪行为人的“气焰”，因为他们预设到自己的犯罪行为有可能逃脱法网，甚至还受法律的保护。当然，对于一般的犯罪行为，受害人在进行防卫时还是要注意一定的限度，避免不相适应的防卫，这既是法律的要求，也是人性的要求。

145. 聚会上喝醉酒后驾车回家，构成犯罪吗？

案情再现

魏某与张某是大学舍友，大学毕业

后一直保持联系，彼此有着深厚的感情。某日，魏某和家人乔迁新居，于是魏某邀请张某等众多好友来新家“暖房”。魏某的妻子做了一桌拿手好菜招待客人。魏某和张某已经很久没见面，再加上这次的“乔迁之喜”，二人回忆起往事，感慨颇多。于是二人推杯换盏，酩酊大醉。其他客人酒足饭饱之后都已散去，而张某仍拉着魏某感慨往事和畅想未来。夜深了，魏某和妻子都让张某在自己家过夜。而张某扬言自己并未喝多，而且他会找代驾送自己回家。魏某和妻子也不好强迫，于是叮嘱张某路上注意安全。而张某喝得晕晕乎乎，开车途中遇到查酒驾的交警，经查，张某每百毫升血液中酒精含量达90mg。

法律疑点

张某喝醉酒驾驶机动车的行为构成犯罪吗?

法律分析

张某的行为构成犯罪。

根据我国《刑法》第一百三十三条之一的规定，在道路上醉酒驾驶机动车的，属于危险驾驶罪的一种情形，应当处拘役，并处罚金。根据相关规定，醉酒驾驶是指车辆驾驶人员血液中的酒精含量大于或者等于80mg/100ml的驾驶行为。

在现实生活中，酒驾等行为对很多人的生命安全造成了重大威胁。公共道路因其开放性，人流量巨大，一旦有醉酒驾驶或者是追逐竞驶等行为，就很可能对不特定多数人的生命和健康造成极大的威胁。

案例中，张某在喝得酩酊大醉，每百毫升血液中酒精含量高达90mg，超出了法律规定的范围，属于醉酒驾驶，构成危险驾驶罪，应当负刑事责任。

条文链接

《中华人民共和国刑法》

第一百三十三条之一 在道路上驾驶机动车，有下列情形之一的，处拘役，并处罚金：

（一）追逐竞驶，情节恶劣的；

（二）醉酒驾驶机动车的；

（三）从事校车业务或者旅客运输，严重超过额定乘员载客，或者严重超过规定时速行驶的；

（四）违反危险化学品安全管理规定运输危险化学品，危及公共安全的。

机动车所有人、管理人对前款第三项、第四项行为负有直接责任的，依照前款的规定处罚。

有前两款行为，同时构成其他犯罪的，依照处罚较重的规定定罪处罚。

法律人生

“喝酒不开车，开车不喝酒”“司机一杯酒，亲人两行泪”，这些醒目的标语无不显示着酒后驾驶机动车的严重后果。然而，现实生活中，还是有很多人对这些话表示漠视和不屑。他们认为这是“小题大做”，太过夸张，仍然有很多人在酒后抱着侥幸心理选择继续驾驶机动车。这也就是为什么目前社会上的交通事故发生率只高不降。法律应当随着社会生活的发展而不断变化，面对这样的大背景，法律有必要对酒后驾驶机动车行为进行更高层次的规制。由此，危险驾驶罪应运而生。这提示我们，永远不要把法律规定当儿戏，作为社会中的一分子，我们应当严格遵守法律规范，尊重法律，敬畏法律。当然，我们也应当懂得尊重他人的生命。远离酒驾，既是对自己的生命负责，也是对他人的生命负责。

146. 学校将学生个人信息提供给教育机构，会受到刑事追究吗？

案情再现

张先生的女儿小张在读小学六年级，一次，学校为了能够在学生小升初的过程中时刻与家长保持联系，就要求全体在校的六年级学生统一登记父母的联系方式。小张便留了自己父亲的姓名和联系电话。没多久后，张先生在工作时接到一通陌生电话，说是某教育机构的课程顾问，想要看看张先生的孩子是否有报小升初冲刺班的需求。张先生表示拒绝后，由于当时手头有工作，也没多想。后来，张先生不断接到各种教育机构的电话，询问自己的孩子是否想要报小升初辅导班。张先生心想，自己没有向教育机构留过联系方式，也没听女儿说过有人问自己的联系方式，这些教育机构究竟是从哪里得知的自己的个人信息呢？后来张先生得知，学校将学生的个人信息和家庭信息提供给了一些教育机构。

法律疑点

学校的这种行为构成犯罪吗？

法律分析

学校将学生和家长信息提供给教育机构，情节严重的，构成侵犯公民个人信息罪。

根据我国《刑法》第二百五十三条之一的规定，违反国家规定，向他人出售或提供公民个人信息，情节严重的，成立侵犯公民个人信息罪，单位犯罪的，对单位判处罚金，并对其直接负责的主管人员和其他直接责任人员，进行相应的惩罚。侵犯公民个人信息罪包括向他人出售、提供个人信息，也包括窃取或以其他方法获取个人信息。

侵犯公民个人信息罪是针对现实生活中公民个人信息屡屡泄露的社会现象的一种法律规制。法律存在的目的就是让人们对现实生活有一个稳定的预期。违法向他人出售或者提供公民个人信息或者窃取他人信息，会使公民处于一个没有隐私的世界，个人信息暴露于他人的掌控之下，也会使个人面临无法预期的骚扰甚至是生命危险。

案例中，张先生女儿的学校违反法律规定，将学生的个人信息提供给教育机构，如果情节严重，法律会对学校判处罚金，并对学校直接责任人处以相应刑罚。

条文链接

《中华人民共和国刑法》

第二百五十三条之一　违反国家有关规定，向他人出售或者提供公民个人信息，情节严重的，处三年以下有期徒刑或者拘役，并处或者单处罚金；情节特别严重的，处三年以上七年以下有期徒刑，并处罚金。

违反国家有关规定，将在履行职责或者提供服务过程中获得的公民个人信息，出售或者提供给他人的，依照前款的规定从重处罚。

窃取或者以其他方法非法获取公民个人信息的，依照第一款的规定处罚。

单位犯前三款罪的，对单位判处罚金，并对其直接负责的主管人员和其他直接责任人员，依照各该款的规定处罚。

法律人生

公民个人信息属于公民的隐私，每个人都有维护自己隐私的权利。公民个人信息不仅仅是一个电话号码或者一个家庭地址，它更是与公民个人生命安全和生活安宁息息相关的独特符号。因此，国家保护公民的个人信息不受侵犯。任何组织或个人不得非法窃取公民个人信息，任何组织和个人也不得未经公民本人允许，私自将公民个人信息出售或者提供给第三人。唯有如此，我们才能生活在一个安宁和稳定的社会环境之中。

147. 在单位公然侮辱同事致其自杀，行为人对此是否需要负刑事责任？

案情再现

张天与李艾同是某外贸公司的销售员，二人在工作上一直明争暗斗，关系并不融洽。一次，张天通过自己的朋友圈新结识了一位客户，二人聊得比较愉快，客户对张天的业务能力和其公司的产品都表示比较满意，张天满心欢喜地以为这次又能谈成一笔生意了。然而，几天后张天便与这位客户失去了联系，怎么也联系不上。后来，张天惊讶地发现，之前和自己聊得非常愉快的这位客户竟然与李艾成了合作伙伴。张天非常生气，她怨恨李艾把自己到手的生意抢走了，决心报复李艾。一天，张天趁大家都要下班时，大声对李艾说，“下班时是不是又要去陪客户啊，长得这么漂亮，用美色勾引客户，客户都会上钩，真是不知羞耻的狐狸精”。大家一片喧哗。李艾不堪张天的侮辱，边哭边跑走了，李艾觉得以后在同事面前抬不起头了，于是在家自杀。

法律疑点

张天对李艾的死是否要负刑事责任？

法律分析

张天的行为构成侮辱罪，应当负刑事责任。

根据我国《刑法》第二百四十六条第一款的规定，以暴力或者其他方法公然侮辱他人，情节严重的，构成侮辱罪，处三年以下有期徒刑、拘役、管制或者剥夺政治权利。侮辱罪是指以真实的事实或者是捏造的虚假事实，在公共场所公然对他人进行语言或者是身体等刺激，侵犯他人名誉权的犯罪行为。

我国法律规定侮辱罪、诽谤罪等罪名，是出于保护公民名誉权的需要。名誉权是公民人格权中的一项重要权利，任何人都不应当公然地、以不正当地方式对他人的名誉进行侮辱和侵犯，否则，如果受害人报案，并经依法查实，侵害人要受到法律的惩罚。

案例中，张天在公司同事面前，公然地用过分的言语对李艾进行侮辱，导致李艾自杀，张天的行为已经构成侮辱罪，应当负刑事责任。

条文链接

《中华人民共和国刑法》

第二百四十六条 以暴力或者其他方法公然侮辱他人或者捏造事实诽谤他人，情节严重的，处三年以下有期徒刑、拘役、管制或者剥夺政治权利。

前款罪，告诉的才处理，但是严重危害社会秩序和国家利益的除外。

通过信息网络实施第一款规定的行为，被害人向人民法院告诉，但提供证据确有困难的，人民法院可以要求公安机关提供协助。

法律人生

人生在世，从某种程度上来说，每个人都是为了自己的尊严而努力学习、工作和生活，每个人都渴望过上有尊严的生活。而名誉权作为公民人身权中的一项重要权利，也是为我国法律所明确保护的。即使是品行不端的人或者是犯罪分子，他们同样应当享有作为一个人而应当享有的基本权利，他们的不良行为应当受到的是合法合理的制裁，而不是任何一个人都可以对他们进行公然的、毫无底线的人身攻击。因此，无论是从法律的角度来说，还是从道德的角度来说，我们每个人都应当去尊重他人的人格，不进行公然诽谤和侮辱。只有这样，我们每个人才可能生活在一个有尊严的、和谐的社会。

148. 公民公然进入邻居住宅进行搜查的行为，是否违法？

案情再现

孟某生性嗜酒，在喝完酒后经常与妻子发生争执，甚至对妻子进行殴打和辱骂。后来，妻子无法忍受丈夫的恶习，便与孟某协议离婚，双方达成一致，9 岁的儿子由孟某抚养。离婚后，孟某依然没有什么改进，整日酗酒，喝完酒后就打孩子。一天晚上，因为儿子在学校违反纪律被老师叫家长，孟某酒后对儿子拳打脚踢，儿子实在忍受不住，就跑了出去。孟某急忙追出，却不见儿子身影。他想，儿子这么快就不见人了，一定是跑到楼下邻居那里去了。于是，孟某便跑到邻居家大声敲门，邻居张某开门后，孟某就要往里冲，张某看到孟某醉醺醺的，就拦着他不让他进，并询问具体情况。而孟某酒劲正足，一心就想教训儿子，硬是不顾张某阻拦，闯进其家中，把张某的家翻了个底朝天，也没能找到儿子。

法律疑点

孟某强行闯入邻居家搜查，是否需要负刑事责任？

法律分析

孟某不可以随便进入邻居家搜查，需要负刑事责任。

根据我国《刑法》第二百四十五条以及《中华人民共和国刑事诉讼法》第一百三十四条、第一百三十六条的规定，一般情况下，只有侦查人员凭搜查证才可以对公民的住宅等地方进行搜查。非法搜查他人身体、住宅，或者非法侵入他人住宅的，处三年以下有期徒刑或者拘役。在我国，公民的住宅享有依法不受侵犯的权利，只有侦查人员为了收集犯罪证据、查获犯罪人，才可以对相关住处进行搜查，并且一般要出示搜查证。

法律之所以对搜查公民住宅的主体和程序作出了严格的规定，是为了保障公民的生活安宁。公民的住宅是公民最为私密的生活场所，因此，任何人都应当避免侵入他人的私人领域，对他人的私生活造成干扰。如果确实有必要，也应当有专业的公安司法人员对公民住宅进行搜查。只有这样，才能给公民一个稳定生活的预期。

案例中，孟某凭借自己的猜测，认为儿子藏在邻居家中，就强闯邻居住宅，并进行搜查，这是不符合法律规定的，应当负刑事责任。

条文链接

《中华人民共和国刑法》

第二百四十五条 非法搜查他人身体、住宅，或者非法侵入他人住宅的，处三年以下有期徒刑或者拘役。

司法工作人员滥用职权，犯前款罪的，从重处罚。

《中华人民共和国刑事诉讼法》

第一百三十四条 为了收集犯罪证据、查获犯罪人，侦查人员可以对犯罪嫌疑人以及可能隐藏罪犯或者犯罪证据的人的身体、物品、住处和其他有关的地方进行搜查。

第一百三十六条 进行搜查，必须向被搜查人出示搜查证。

在执行逮捕、拘留的时候，遇有紧急情况，不另用搜查证也可以进行搜查。

法律人生

实体的公平正义需要靠程序的公平正义来维护。公民的住宅不受非法侵犯的实体权利应当通过一些程序性的要求来实现。比如侦查人员在非紧急的情况下，应当先出示搜查证才得搜查公民的住宅等。唯有如此，公民才能对自己的个人生活和隐私有一个稳定的、合理的预期，公民的个人隐私才能得到真正的保护，整个社会才能处于一个法律至上，稳定和谐的环境之中。

149. 允许朋友在自己家中吸毒，是否构成犯罪？

案情再现

李某与刘某同是某知名房地产开发公司的高级主管人员，二人私交也非常好。在一次聚会时，刘某酒后吐真言，透露给李某说，公司最近新开发的一个项目让自己面临非常大的压力，于是自己在吸了一次毒后便一发不可收拾地沾染上了毒瘾，他还描述了自己在吸毒的过程中那种精神愉悦的感觉并且鼓动李某和自己一起吸毒。李某听到后，委婉拒绝，并且劝刘某还是早日戒掉毒瘾，否则后果不堪设想。但是刘某说没事的，自己会掌握好分寸。一天，工作结束后，刘某与李某相约来到李某家里吃饭喝酒，其间刘某竟然拿出毒品来吸毒，李某本来又想再次劝说刘某，但是想到之前的劝说毫无作用，而且也怕伤了兄弟情谊，也就不好再插手，于是对刘某在自家吸毒的行为睁一只眼闭一只眼。

法律疑点

李某容留朋友刘某在自己家中吸毒，构成犯罪吗？

法律分析

李某容留朋友刘某在自己家中吸毒的行为，构成犯罪。

根据我国《刑法》第三百五十四条的规定，容留他人吸食、注射毒品的，处三年以下有期徒刑、拘役或者管制，并处罚金。虽然行为人本人并没有积极主动地实施吸毒或者与毒品有关的其他行为，但是仅仅是容留他人在自己家中吸毒也是构成犯罪的。因为毒品在我国本身属于禁止流通的物品，其对个人和社会都有极大的危害性，而容留他人吸毒者明知毒品的严重危害性，却对他人的吸毒行为进行放纵，构成了不作为的犯罪。

法律对容留他人吸毒的行为规定了相应的刑事责任，这与毒品的特殊属性是分不开的。因为毒品属于国家明令禁止流通的物品，这是每个人都知道的，在这种情况下，如果仍然容留他人在自己的私人空间内吸毒，就是对吸毒行为持间接故意的态度，放任危害结果的发生，因此法律对这种行为予以惩治，有利于控制和打击吸毒行为。

案例中，李某容留朋友刘某在自己家中吸毒，构成了容留他人吸毒罪，应当负相应的刑事责任。

条文链接

《中华人民共和国刑法》

第三百五十四条 容留他人吸食、注射毒品的，处三年以下有期徒刑、拘役或者管制，并处罚金。

法律人生

法律对公民既规定了作为的义务，也规定了不作为的义务。那么同样地，在刑法中，既有作为的犯罪，也有不作为的犯罪。并不是说只有实施法律禁止的行为，才构成违法或者犯罪。因为作为公民，我们在享有权利的同时，也有很多的义务去履行。此时我们如果不去依法履行法律规定的义务，就有可能构成不作为的犯罪。吸毒行为是害人害己的，因为吸毒不仅会危害个人的身体健康，还会毁掉一个家庭，严重的甚至还会摧毁整个民族的精神脊梁。因此，法律将毒品明确列为禁止流通的物品。当他人企图在我们自己家中吸毒时，出于法律的要求和道义的要求，我们都应当及时地进行规劝和阻止，否则就是故意纵容这种违法行为的发生，对此容留行为也应当负刑事责任。

150. 公民购物时严重透支信用卡且拒不还款，是否构成犯罪？

案情再现

赵某大学读的是旅游管理专业，大学毕业后她与一家旅行社签订了劳动合同，成为一名女导游。刚刚工作不久后，一家银行通过电话联系到赵某，告诉赵某她已经符合该行办理信用卡的相关条件，信用卡的额度为 4 万元，而且现在办理信用卡还可以赠送很多精美的礼品。赵某心想办理信用卡后花钱也很方便，于是同意在该行办理信用卡。信用卡办好后，第一次拿到信用卡的赵某很是激动，她觉得既然可以透支信用卡，何不把自己心仪已久的东西都买回来呢？于是赵某在下班后来到商场疯狂购物，从香水到包包到口红和衣服，赵某把想了好久却不舍得买的东西一下子全都买了。就这一晚上，赵某就消费了 5 万余元，而且自己根本就不具备还款能力。后经银行多次催债，赵某都没有还款。

法律疑点

赵某严重透支信用卡且不及时还款的行为是否构成犯罪？

法律分析

赵某的行为透支信用卡且拒不还款的行为构成犯罪。

根据我国《刑法》第一百九十六条的规定，持卡人以非法占有为目的，恶意透支信用卡，并且经发卡银行催收后仍不归还的，数额较大的，构成信用卡诈骗罪，根据数额的不同和情节的严重程度处以相应的刑罚。恶意透支信用卡且拒不还款的行为，破坏了正常的金融管理秩序，因此受到我国刑法的规制。

信用卡诈骗罪侵害的法益是正常的金融管理秩序，使用伪造的、作废的信用卡或者冒用他人信用卡或者恶意透支信用卡等信用卡诈骗活动，会严重破坏现有的金融管理秩序，对当前的市场经济来说，无疑会造成很大的负面影响。因此，此类行为应当纳入我国刑法的调整范围。

案例中，赵某明知自己在还款期限内无法还上巨额透支，仍然严重透支信用卡，并且经银行多次催促仍不还款，构成信用卡诈骗罪。

条文链接

《中华人民共和国刑法》

第一百九十六条 有下列情形之一，进行信用卡诈骗活动，数额较大的，处五年以下有期徒刑或者拘役，并处二万元以上二十万元以下罚金；数额巨大或者有其他严重情节的，处五年以上十年以下有期徒刑，并处五万元以上五十万元以下罚金；数额特别巨大或者有其他特别严重情节的，处十年以上有期徒刑或者无期徒刑，并处五万元以上五十万元以下罚金或者没收财产：

（一）使用伪造的信用卡，或者使用以虚假的身份证明骗领的信用卡的；

（二）使用作废的信用卡的；

（三）冒用他人信用卡的；

（四）恶意透支的。

前款所称恶意透支，是指持卡人以非法占有为目的，超过规定限额或者规定期限透支，并且经发卡银行催收后仍不归还的行为。

盗窃信用卡并使用的，依照本法第二百六十四条的规定定罪处罚。

法律人生

在日常生活中，我们应当树立正确的消费观念，要“量入为出，适度消费，避免盲从，理性消费”。即在消费时，我们应当理性地认识自己的经济能力，即使是使用信用卡，也应当考虑好自己有多大的还款能力。如果一味地利用银行的信任，而恶意透支信用卡达到一定数额，且无法按时还款的，不仅自己可能会受到法律的惩罚，还会对正常的金融管理秩序造成不利的影响。